当代传媒系列丛书

当代新闻播音实用教程

DANGDAI XINWEN BOYIN SHIYONG JIAOCHENG

李俊文 李克振 ◎ 编著

清华大学出版社
北京

本书封面贴有清华大学出版社防伪标签，无标签者不得销售。
版权所有，侵权必究。举报：010-62782989，beiqinquan@tup.tsinghua.edu.cn。

图书在版编目(CIP)数据

　　当代新闻播音实用教程 / 李俊文，李克振 编著. —北京：清华大学出版社，2017（2023.2重印）
（当代传媒系列丛书）
　ISBN 978-7-302-44891-4

　Ⅰ.①当… Ⅱ.①李…②李… Ⅲ.①新闻—播音—教材 Ⅳ.①G222.2

　中国版本图书馆 CIP 数据核字(2016)第 201661 号

责任编辑：王燊娉　张雪群
封面设计：赵晋锋
版式设计：方加青
责任校对：成凤进
责任印制：丛怀宇

出版发行：清华大学出版社
　　网　　址：http://www.tup.com.cn, http://www.wqbook.com
　　地　　址：北京清华大学学研大厦 A 座　　邮　　编：100084
　　社　总　机：010-83470000　　邮　　购：010-62786544
　　投稿与读者服务：010-62776969，c-service@tup.tsinghua.edu.cn
　　质　量　反　馈：010-62772015，zhiliang@tup.tsinghua.edu.cn
　　课　件　下　载：http://www.tup.com.cn, 010-62781730
印 装 者：三河市铭诚印务有限公司
经　　销：全国新华书店
开　　本：185mm×230mm　　印　张：14.25　　字　数：238 千字
版　　次：2017 年 1 月第 1 版　　印　次：2023 年 2 月第 9 次印刷
定　　价：45.00 元

产品编号：065380-02

丛书编委会

总主编：田园曲

顾　问(按姓氏笔画排序)：
刘　静　罗共和　贾　宁　黄元文　曾　致

编　委(按姓氏笔画排序)：

丁　亮	王　炜	王兰君	王钊熠	王怀武	王雪玉洁	田军成	吕　丹
伍娜娜	刘　莉	刘　黎	许　嫱	孙宁丰	纪　洁	曾　毅	李　菁
李艺晨	李俊文	李燕湘	吴婷婷	余　乐	辛逸乐	宋晓宇	陈一鸣
邵振奇	欧阳平	易　军	罗文筠	赵万斌	赵小蓉	赵熙敏	袁　乐
徐　江	翁　如	郭孙圆	唐华军	黄　娅	黄　娟	董　攀	翟　清

丛书序 SERIES ORDER

博观约取，求索创新。

人类传播方式的每一次飞跃，都与社会发展、技术进步以及人们对信息的渴求密切相关。大众传媒是社会发展的产物，并随着其发展，影响着人们的生活、工作以及娱乐。所以，作为传媒业从教与研究者的我们更应在这诸多变化当中，剥离纷繁的物质表象，准确把握行业深层次的变与不变，并将我们的研究所得作用于人才培养的全过程，以有效推动传媒教育事业的科学发展。

在经济全球化、文化多元化和传播媒介多样化的背景下，综合分析传媒行业的变与不变，我们就会发现，变化的是传播方式、技术手段、运作模式与播出内容；而不变的则是我们必须遵循的传播法则，即传播的使命、传播的价值观、信息的真实性以及内容的服务性与有效性等。这所有的不变聚合起来，便构成了大众传媒的基因。因此，我们的高校传媒教育，也理应在这个大前提下，有效结合行业变与不变的现实情况，从人才培养模式、课程体系设计以及教学内容安排等方面进行深入细致的思考与探究，该坚守的坚守，该调整的调整，该变革的也理应顺势变革。

然而，相关法则究竟应该如何坚守？教学内容到底要怎样变革？这不能只是个命题，更应该落实于白纸黑字的有效践行上。于是，本着这种放眼世界、博采众长、精益求精和勇于创新的精神，一批懂业务、宽视野、善思考、厚积淀，并且有着传媒使命感的教师聚集了起来，携手清华大学出版社共同开发、出版了这套《当代传媒系列丛书》，以期在高速发展的社会里，用符合时代特点、反映行业规律、贴合教学需要的内容，为读者呈现出当代传媒五彩斑斓的大千世界。同时，为了保证教材质量，我们在编写时也遵循了以下原则：

第一，抵近教学一线。

第二，反映时代需求。

第三，紧扣行业脉搏。

第四，科学安排内容。

第五，注重读者体验。

在这些原则框架的基础上，我们力求丛书能符合教师教学、学生学习与传媒爱好者自学的需要，也期待着广大读者在阅读、使用过程中能给我们提出宝贵意见和建议，以使这套丛书日臻完善。

《当代传媒系列丛书》的出版，得到了多位业界专家的悉心指点，也得到了国内众多院校的大力协助以及诸多媒体同仁的鼎力支持，在此一并致谢。

让我们心系传媒，立足课堂；积聚力量，行在路上！

田园曲

2014年6月

前言 PREFACE

"新闻播音"历来是播音与主持艺术专业本、专科培养方案中的一门主干课程。50多年来，前辈们的不断努力与求索，使得课程体系建设与教学方案日臻完善，并在实践中积累了丰富的经验，这些都为进一步探索教学规律、改进教学方法打下了坚实基础、提供了有力支撑。

播音员作为广播电视媒介信息传播的关键一环，其水平也在一定程度上影响着所在媒体的公信力。随着近年来我国广播电视事业的快速发展，播音的创作道路、语言风格和播报形式等也呈现出新的特点，这就要求播音员继续加强专业基本功训练，与时俱进，不断提高核心业务能力。

为了适应广播电视发展对新闻播音人才培养的实际需求，我们研读了大量文献资料，融汇了近年来的教学实践与思考，参考了数十位学界及业界前辈的意见建议，编写了这本《当代新闻播音实用教程》。本书紧扣"当代"与"实用"这两个关键词，注重理论讲授的同时更侧重对实践练习的方法指导，所选取的绝大部分练习稿件也都为近几年广播电视新闻节目的播出稿件，以便教师授课使用和学生课后练习。本书的相关教学课件、音视频文件，可以从http://www.tup.com.cn/或http://www.tupwk.com.cn/downpage网站下载。

本书第一、二、三、八章及附录部分由李俊文执笔，第四、五、六、七章由李克振执笔，部分示范录音由北京人民广播电台新闻台编辑部副主任、主任播音员滕欢录制。

感谢中国传媒大学播音主持艺术学院李洪岩教授、徐树华副教授在我们求学成长道路上给予的鼓励与帮助。在编写过程中，我的老师《当代传媒系列丛书》总主编田园曲老师从前期策划到付梓出版给予了很多专业指导，并提出了中肯建议，老师严谨务实的治学态度也激励着我潜心研究，不断成长。

本书的顺利出版，离不开责任编辑王燊娉老师所付出的辛劳。同时，陈琳、刘诗毅、喻冰妍、郭晋华、李心、张瑞景、熊悦、汪露珍等同学在资料搜集、文字校对等方面也做了大量工作，在此表示感谢。

有人说播音是遗憾的艺术，书稿的写作也是一样，囿于文字语言的局限性，一些好的想法总是难以在笔下实现。书稿虽再三修改完善，疏漏、浅薄之处仍然在所难免，期待读者朋友不吝斧正。

李俊文

2016年5月

目录 CONTENTS

第一章 新闻播音概说

第一节　走进新闻播音 ………………………………………………… 1
　　一、新闻播音的母体——新闻 …………………………………… 1
　　二、新闻节目在广播电视机构的地位 …………………………… 4
　　三、对新闻稿件的二度创作——新闻播音 ……………………… 4
第二节　新闻播音的语言特征 …………………………………………… 5
第三节　新闻播音的播报样式 …………………………………………… 6
第四节　新闻播音员的综合素养 ………………………………………… 7
第五节　延伸思考 ……………………………………………………… 10

第二章 新闻播音重难点解析

第一节　新闻稿件结构的把握 ………………………………………… 11
　　一、理论阐述 …………………………………………………… 11
　　二、示例分析 …………………………………………………… 17
　　三、实训材料 …………………………………………………… 21
第二节　新闻播音长句子的处理 ……………………………………… 24
　　一、理论阐述 …………………………………………………… 24
　　二、示例分析 …………………………………………………… 26
　　三、实训材料 …………………………………………………… 28
第三节　数字处理 ……………………………………………………… 31
　　一、理论阐述 …………………………………………………… 31
　　二、实训材料 …………………………………………………… 35

	第四节	专业技术性词语处理	37
		一、理论阐述	37
		二、实训材料	38
	第五节	新闻播音语速的把握	42
		一、理论阐述	42
		二、实训材料	46

第三章 时政新闻播音

	第一节	理论讲解	49
		一、时政新闻定义	49
		二、时政新闻分类	51
		三、时政新闻播音总体要求	52
	第二节	实例剖析	55
		一、公告命令类	55
		二、会议新闻类	57
		三、外交事务类	59
		四、考察调研类	61
		五、重大突发事件类	63
		六、重大庆典、活动类	67
		七、国际新闻类	71
		八、讣告类	73
	第三节	实训材料	74
	第四节	延伸思考	80

第四章 财经新闻播音

	第一节	理论讲解	81
		一、财经新闻定义	81
		二、财经新闻特点	82

目录 CONTENTS

　　　　三、财经新闻播报总体要求 ·················· 83
　第二节　实例剖析 ································ 84
　第三节　实训材料 ································ 93
　第四节　延伸思考 ································ 99

第五章　民生新闻播音

　第一节　理论讲解 ······························· 101
　　　　一、民生新闻的定义 ······················ 101
　　　　二、民生新闻节目的传播特点 ·············· 102
　　　　三、民生新闻节目主持人的语言特点 ········ 104
　第二节　实例剖析 ······························· 106
　第三节　实训材料 ······························· 118
　第四节　延伸思考 ······························· 125

第六章　文娱新闻播音

　第一节　理论讲解 ······························· 127
　　　　一、什么是文娱新闻 ······················ 127
　　　　二、文娱新闻播音的语言特点 ·············· 128
　第二节　实例剖析 ······························· 129
　第三节　实训材料 ······························· 135
　第四节　延伸思考 ······························· 139

第七章　新闻评论播音

　第一节　理论讲解 ······························· 141
　　　　一、新闻评论的定义 ······················ 141
　　　　二、广播电视新闻评论 ···················· 142
　　　　三、广播电视新闻评论的类型 ·············· 142

四、新闻评论播音的语言特点 143
 第二节 实例剖析 144
 第三节 实训材料 155
 第四节 延伸思考 164

第八章 新闻配音

 第一节 理论讲解 165
  一、新闻配音的方式 166
  二、新闻配音的呈现形式 166
  三、新闻配音的语言特点 169
  四、新闻配音的类型 171
 第二节 实例剖析 173
  一、时政新闻配音 173
  二、民生新闻配音 176
  三、生活服务提示配音 180
 第三节 实训材料 182
 第四节 延伸思考 191

附录A 容易读错的地名、姓氏字音

附录B 新闻稿件中常见的专业词语

参考文献 213

第一章 新闻播音概说

第一节 走进新闻播音

一、新闻播音的母体——新闻

(一) 新闻的定义

关于新闻的定义,国内外不同学者有着众多的阐述,且存在着一些争议,至今尚无较为统一的认识。美国哥伦比亚大学新闻学院教授麦尔文·门彻认为新闻总是要遵循两个基本原则:首先新闻应该是反映生活常态的突破或改变的信息;其次新闻应该为受众的生活行为决策提供信息参考。无论对新闻怎样定义,都不能抛弃这两个基本原则。

从新闻学的角度来说,新闻有广义与狭义两种解释。广义的新闻指及时报道新近发生的重要事件或生活现象的各种文章,包括消息、通讯、调查报告、访谈、特写等体裁。狭义的新闻则专指消息,是指对新近或正在发生的有一定价值的事实的报道。

"人们本能地具有了解世界发生了什么的内在需求,这会令我们感到安全和自信,觉得世界在我们的控制之中。"[①]新闻满足人们"秀才不出门,便知天下事"的欲望,是人们社会生活中不可或缺的一部分。人们通过新闻了解生活环境中的最新变动,直接影响人们的生活方式和生活质量。当今世界与当代中国正在发生着广泛而深刻的变化,面对这个不断变化的世界,"社会公众无论从自身的安全着想,还是为自身的发展设计,都会更为迫切地想了解自身生存环境发生的变化"[②]。

(二) 新闻的特点

1. 真实性

先有事实,后有新闻。客观存在的事实是新闻的本源,以事实为依据是新闻的生命,新闻的内容必须客观、全面、公正。在新闻稿件中,新闻的六要素,即新闻的时间、地点、人物,事件的起因、经过、结果,必须准确无误。

新闻的真实性是评价媒体公信力的首要标准。虚假的新闻报道违背新闻行业规范标准和职业道德准则,严重损害媒体的公信力及影响受众对新闻事业的信任。《新闻记者》杂志从2001年开始每年评选出"十大假新闻",所评选出的假新闻层出不穷、花样百出,对假新闻的产生有极大的遏制作用。抵制假新闻需要加强媒体自律与行业、法规的监督。

2. 时效性

新闻贵在"新"。新闻依靠时效性而存活,"是贬值最快的商品"。新闻时效性直接影响新闻价值,新闻价值随着时间的推移而急速递减。"既然新闻只存在于时间长河的一瞬间,时效对新闻就具有重要的意义。失去时效,新闻就变成旧闻。"[③]

随着新媒体的迅猛发展,对新闻时效性的要求也由"及时"变为了"即时"。新闻时效性是媒体的核心竞争力,一些新闻在第一时间发布,才能赢得时间,赢得受众。2011年3月11日,日本当地时间14时46分,日本东北部海域发生里氏9.0级强烈地震并引发海啸,日本NHK电视台在地震到来的十几秒前在国会直播的过程中在

---

① 华南新闻传媒协同育人中心.传媒领袖演讲录[M].广州:南方日报出版社,2014:81.
② 高钢.新闻报道教程:新闻采访新作的方法与技术[M].北京:高等教育出版社,2010:8.
③ 何梓华.新闻理论教程[M].北京:高等教育出版社,1999:38.

屏幕下方发布紧急地震警报，之后中断国会直播，并动用所有电视频道进行24小时的地震直播，为地震信息传播、安抚公众情绪及灾难应对起到了积极作用。

3. 简明性

现代社会信息纷乱繁多，人们总是希望在尽可能短的时间内获取更多有用的信息。简洁明快、生动准确的文笔使受众迅速了解新闻事实，不仅提高了新闻的时效性，也增强了新闻传播的效率。新闻写作者要在版面、时间的限制下做到"要言不烦"。

《我三十万大军胜利南渡长江》是毛泽东同志1949年4月22日亲自为新华社撰写的一篇消息。这则消息仅用193字就形象生动地写出了它的基本情况，及时地向全世界报道了中国人民解放军挥师南下、势如破竹的事实。全文文字流畅简洁，准确传神，平实中显示出宏大的气势，堪称我国新闻报道的经典之作。

4. 公开性

公开性是新闻的重要属性。新闻必须面向社会公开传播，只有公开传播才能满足社会对信息的需求，满足公众的知情权的需要。"公开性使新闻传播成为阳光下的传播，成为一种能够广泛地为公众服务、为社会服务的信息传播。"①新闻的传播面越广，知晓与影响的人越多，才越能体现其新闻价值。新闻媒体是社会的瞭望者，在重大事件发生时，首先应该充分履行新闻传播的职责。

2015年6月1日21时30分，隶属于重庆东方轮船公司的"东方之星"客轮，在从南京驶往重庆途中突遇罕见强对流天气带来的强风暴雨袭击，在长江中游湖北监利水域沉没，造成特别重大灾难性事件。在这次事件中，我国新闻媒体及时进行全面客观报道，及时持续更新救援进展，充分满足了公众的知情权。在救援过程中，针对网友提出的种种质疑，新闻媒体毫不回避，在第一时间作出回应，组织法学和航海专家解疑释惑。这些解释与沟通，避免了公众的许多误读、误解，稳定了公众情绪，有效地搭建了政府和民众之间的沟通桥梁，彰显了新时期中国新闻媒体的社会责任与担当。

(三) 新闻的分类

由于新闻报道的领域涉及社会生活的方方面面，对新闻的分类没有统一和硬性

---

① 杨保军. 全面理解新闻的"公开性"——5·12特大地震报道的启示[J]. 理论视野, 2008(06): 10-14.

的标准,一般来讲,新闻分为以下6类:

(1) 按照新闻事实发生的地域和范围,分为国际新闻、国内新闻和地方新闻。

(2) 按照新闻的内容,分为政治新闻、财经新闻、科教新闻、军事新闻、社会新闻、文娱新闻、体育新闻和会议新闻等。

(3) 按照事实发生状态,分为突发性新闻、持续性新闻、周期性新闻。

(4) 按照新闻与读者的关系,分为硬新闻与软新闻。

(5) 按照新闻传播的手段,分为口头新闻、文字新闻、广播新闻、电视新闻和网络新闻。

(6) 按照传播渠道与信息载体,分为文字新闻、图片新闻、电声新闻、音像新闻。

二、新闻节目在广播电视机构的地位

广播电视机构是各级党和政府重要的新闻舆论单位,是党、政府和人民的重要喉舌,是重要的思想文化阵地,具有新闻传播、社会教育、舆论监督、文化娱乐、信息服务等多种媒介功能。在其诸多功能中,新闻传播是最主要的功能。新闻节目也是各级广播电视机构的立台之本,许多广播电视媒体都确立了"新闻立台"的办台理念,新闻节目的主体地位也日渐凸显。"尽管在新媒介背景下,人们选择和接受信息的渠道变得多元化,但是广播电视仍然以较悠久的发展历史和较成熟的传播样态,深入人们的日常生活中,成为人们接受信息来源的重要媒介。"[1]

伴随着广播电视的不断发展,作为广播电视立台之根本的新闻节目在社会生活中扮演着越来越重要的角色,打造有影响力的新闻节目已成为各级广播电视机构的共识。"只有坚持新闻立台,方可实现广播电视对社会舆论的正确引导,而民众也将从中获取更多有用信息,同时社会先进文化的传播才能落到实处。"[2]

三、对新闻稿件的二度创作——新闻播音

新闻播音是播音员以新闻稿件为依据而进行的"二度创作",是把稿件中的文

---

[1] 耿乃凡. 广播电视机构在媒介素养教育中的作为[J]. 视听界, 2013(03): 70-74.
[2] 陈晓亮. 坚持新闻立台 提升舆论引导能力[J]. 新闻窗, 2013(06): 72-73.

字转化为直接可感的有声语言的形式进行传播的语言样态,新闻播音是播音员必备的专业基本功之一。"对于播音员来说,新闻播音是播音创作中的'重头戏',是最具播音语言特色的一种播音样式,也是播音界同仁公认'最难播'的一种语体。"①

新闻播音员不仅是一档新闻节目的播音员,也是其所在媒体的形象代言人。从一定程度上讲,新闻播音员的播音水平代表着其所在媒体的新闻制作水平。广播电视新闻节目是一个系统工程,新闻播音员处在整个"接力赛"的最后一棒,"跑最后一棒是最有力的一棒"②,记者、编辑、化妆、摄像、导播等各工种的辛勤努力,整个团队的劳动成果最终都通过新闻播音员的播报来完成,新闻播音的质量直接影响宣传效果。

我国的人民广播播音,肇始于1940年12月30日在延安西北的王皮湾村创办的延安新华广播电台。从烽火连天的革命岁月,到热火朝天的建设年代,再到波澜壮阔的改革时期,历经几代新闻播音员的探索与创造,形成了独具中国特色的播音风格,有力地推动了我国广播电视事业的发展。

第二节　新闻播音的语言特征

张颂教授在《朗读美学》一书中认为,有声语言存在于生存、规范、审美这三重空间之中。新闻播音属于大众传播,其语言应属于"规范"与"审美"这两重空间。新闻播音在长期的播音创作实践中,逐渐形成了属于自己的语言特征。

1. 准确清晰

记者将所见所闻落实到新闻稿件中是为了让读者看清楚,播音员将这些新闻稿件播读出来就要让受众能够在没有文字依托的情况下听清楚。广播电视新闻节目的声音传递属于线性传播,具有无间断性的特点,加之受到受众收听收看环境的影响,这就要求播音员在播报时语言规范、字正腔圆、层次脉络明晰,将稿件内容播读清楚。准确清晰是新闻播音最基本的要求。

---

① 吴郁.当前新闻播音的传统与创新问题——听评优秀播音作品后的思考[J].现代传播,1991(04):106-110.
② 吴洪林.主持艺术[M].上海:上海三联书店,2011:16.

2. 朴实无华

语言是人与人之间交流沟通的载体,作为与受众交流的广播电视语言更是如此,更需要自然真实的语言,只有朴实无华的声音才能给人真实可信之感。广播电视媒体是党和政府的新闻宣传机构,且新闻稿件是对客观事实的报道,在播读时声音和感情上应接近于日常生活用语,没有必要夸张渲染,要克服在播音中语言亲切不足、严肃有余的问题。同时电视新闻播音员着装也要端庄大方、自然得体。

3. 简洁明快

与报纸杂志新闻稿件相比,广播电视新闻稿件篇幅短小、简洁生动、文字通俗易懂、层次清楚。在播读时也要体现出新闻稿件的这些特点,用声明亮轻松,节奏明快,体现出强烈的主动播讲愿望,满足受众"先听为快""先睹为快"的收视心理。

4. 平稳顺畅

新闻播音是在生活语言的基础上进行进一步艺术加工处理的语言形式,但总体来讲脱离不了生活语言的自然流畅的特点。即使在播读语速相对快些的新闻稿件时,仍然要做到不慌不乱,要求语势平稳、语速适中、语流顺畅。这既体现了新闻的时效性要求,又使受众听得真实可感、明朗舒畅。因此,在强调"节奏明快"的同时,也应讲究"平稳顺畅"。

第三节 新闻播音的播报样式

按照新闻播音稿件内容及具体新闻节目形式特点,新闻播音的播报样式大致分为宣读式、播报式和谈话式三种。

1. 宣读式

宣读式是一种非常态样式,是三种新闻播音播报样式中语言规整性要求最高的一种文体,一般在较为正式的新闻节目中出现。它的适用范围较窄,仅适用于一些特殊体裁的稿件,如人物简历、名单、任免公告、通知、白皮书、抗议、讣告等。这些稿件庄重严谨,具有较强的书面语特点,在播读中不允许播音员作任何改动。在播读时,要求气息沉稳扎实,语速相对较慢,节奏稳健持重,声音坚实有力,语言规范庄重,以体现消息的重要性与严肃性。

如同练字需从正楷字体入手一样,练习新闻播音首先要加强宣读式稿件播读的练习。因为宣读式播音在气息、吐字、情感控制、表达形式上规整性要求高,一直以来都是播音与主持艺术专业的学生必须具备的一项基本功练习。

2. 播报式

播报式也叫播讲式,是介于宣读式与谈话式之间的播报样式,在三种播报样式中运用最为广泛,是绝大多数广播电视新闻节目普遍采用的播报样式。这种播报样式规整自如、节奏明朗、流畅舒展、时代感强,体现出了新闻稿件的新鲜感,使得新闻节目生动、鲜活。在播读中,"语言规整简练,流畅自如,既带有报告新闻的振奋、准确和简洁,又保留了自然语式的自如曲线运动"[①]。

3. 谈话式

谈话式也称说新闻,适用范围较广,在一些民生新闻中运用最为广泛,具有较强的口语交谈感。新闻播音员在对新闻稿件或提纲进行全面掌握的基础上,拓展对新闻的背景、进展、相关评论的认识,再对新闻进行加工处理、重新编排后转化为口语的形式进行播报。这种播报样式注重交流感,轻松自然、语调平缓、语气亲切,如话家常,较多地保留了口语化的轻松自如,给受众朋友般的坦诚亲切感,具有较强的个性化色彩。

对于新闻播音员来说,要具备能够熟练播读各类新闻稿件的能力,着重加强对不擅长播报样式的练习,结合自身播报优势,灵活运用三种播报样式,才能塑造个性鲜明的播报风格。

第四节　新闻播音员的综合素养

"文如其人,言为心声",语言是思想的直接呈现,一个人的文化素养、思想水平、审美情趣、业务能力等都会不同程度地通过有声语言表达表现出来。学习语言并不仅仅是提高语言本身的问题,新闻播音也不是简单的"见字出声"的过程,而是一个融入自己对稿件的理解感受与判断分析的二度创作过程。新闻播音要播得使受众不仅入眼入耳还要入脑入心,这就需要新闻播音员具备较高的综合素养。概

---

① 陈雅丽.实用播音教程第3册——广播播音与主持[M].北京:中国传媒大学出版社,2002:57.

括来说，就是："党性是头脑，文化是躯体，语言是喉舌。"①

1. 较高的政治素养

广播电视新闻节目传递的是党、政府和人民的声音，承担着上情下达、下情上达的桥梁纽带作用，担负着传播先进文化、弘扬民族精神、维护国家利益、促进经济社会发展、推动人类文明的崇高使命和社会责任。作为党的新闻工作者，较高的政治素养是新闻播音员必须具备的首要素质。

新闻播音员要忠诚于党的新闻事业，坚持党性原则，不断提高理论水平和政策水平，自觉遵守相关法律法规，深入学习党的新闻政策，真实报道新闻，始终坚持正确政治方向和舆论导向，不断满足广大人民群众的精神和文化需要。同时，既要学习理论，也要学习生活，深入基层、深入群众，让党的新闻舆论工作更深入地植根于群众与社会生活的沃土之中，使其更具持久生命力。

2. 丰富的文化素养

"言之无文，行而不远。"播音员是专业人才，更是知识分子。播音质量的高低取决于播音员自身对稿件的理解程度。播音稿件题材多样，涉猎范围包罗万象，这就需要播音员广泛涉猎各方面的知识，从而构建一个比较完整的知识结构。"平日里多看书勤读报，时刻关注社会热点事件，认真钻研相关领域的动态，做好知识与经验的储备，才能处变不惊，冷静沉着地应对各种突发情况并表现出色。"②

一些播音员由于自身对所播稿件缺乏最基本的理解，导致在播音中出现用词不当、停连错误等口误语缪的情况时常出现。例如有播音员把"勾三股四弦五"读为"勾三股//四弦五"，这不仅是停连的错误，更是数学基础知识的极度贫乏；有播音员把"亚特兰大老鹰队"读为"亚特兰//大老鹰队"这也是对所播内容缺乏基本理解而导致的。出现这种明显的错误，不仅在受众心目中的印象大打折扣，也大大影响了播音员所在新闻媒体的公信力。

在播音中，时常会遇见一些不能准确判断读音的字词，要时刻准备一本最新版的权威词典，养成查阅工具书的好习惯，做到"有错必纠"，做规范使用语言文字的践行者与引领者。

"汝果欲学诗，功夫在诗外"，提高播音员的文化素养，需要树立终身学习的

---

① 张颂.关于传者素质的思考——语言传播杂记之五[J].现代传播，1998(02)：74-75.
② 欧阳夏丹.从《新闻联播》的创新谈播音的二度创作[J].电视研究，2015(10)：42-43.

信念,在工作实践中不断地自我充实、自我培养,不断学习,才能将稿件"内化于心",进而"形之于声"。

3. 合格的新闻素养

新闻性是播音与主持艺术专业的根本属性。在不同播音主持类别中,新闻播音与新闻学关系最为密切,新闻播音员要有新闻人热爱新闻的情怀、较强的新闻敏感、关注社会的视野,主动适应新媒体格局,进而推动新闻舆论工作不断改革创新。

著名新闻人普利策留下过一段名言:"倘若一个国家是一条航行在大海上的船,新闻记者就是船头的瞭望者,他要在一望无际的海面上观察一切,审视海上的不测风云和浅滩暗礁,及时发出警报。"这句话对新闻播音员来说同样适用,只有有着强烈的社会责任感、使命感的新闻工作者,才能坚持真理与事实,忠诚履行新闻工作者职责,为党和国家工作大局服务。

"铁肩担道义,妙手著文章",培养合格的新闻素养,需要新闻播音员牢固树立马克思主义新闻观,不断加强新闻理论学习,提升新闻敏感度,坚守新闻规律,树立专业新闻主义意识,确保新闻报道真实全面、客观公正,"做党的政策主张的传播者、时代风云的记录者、社会进步的推动者、公平正义的守望者"。

4. 精湛的专业素养

新闻播音的质量直接影响着宣传效果。"新闻播音是广播电视有声语言传播中难度最大、要求最高、知识面要广、政策性要强、心理素质须成熟、语言功力须扎实的一种创作。新闻播音创作主体的理解能力、反应能力、应变能力、协调能力、驾驭能力,是其他类节目所不可比拟的。"[①]新闻播音的创作,要求播音员有扎实的语言基本功,以及熟练驾驭不同稿件的能力。

"三分稿件七分播",新闻播音员要加强专业基本功练习,如果基本功不扎实,在播读时会有"心有余而力不足"之感。要充分认识专业基本功的地位和作用,坚持"理解稿件—具体感受—形之于声—及于受众"的正确播音创作道路,形成良好的备稿习惯,以精益求精的专业态度对待每一次播音创作,让自己的新闻播音使受众听得比看得还要清楚明白,入耳又入心。

"他山之石,可以攻玉",要学习借鉴优秀新闻播音员的播音作品,研究他们的播音技巧,及时总结反思,虚心请教,弄清自己播音的问题所在,找准方向各个

---

① 张颂. 试论新闻播音的创新空间[J]. 中国广播电视学刊, 2000(02): 61-62.

击破，不断提高新闻播音业务水平。同时要借鉴其他语言艺术创作方法，广撷博采各家之长，扬长避短，在实践中努力探索新闻播音的创新空间。

同时需要注意的是，受众收听收看广播电视新闻节目，最关注的是新闻内容，而不是播音员个人的播音技巧，不要让新闻播音成为播音员展示播音技巧的"炫技"舞台。技巧是为内容服务的，内容才是新闻的"精神内核"，所运用的播音主持语言技巧是为了让新闻稿件更加清楚明晰地传递给受众，最终达到既运用了一些使稿件更加生动立体呈现的语言技巧，又不露痕迹地使受众感到亲切自然，高效地达到传播目的。

于右任先生曾说："造物所忌者巧，万类相感以诚。"新闻播音亦是如此，唯有播音员用真诚才能赢得受众的信赖。理论学习与专业练习固然重要，但培养与塑造健全的人格与正确的创作观，秉持新闻人的责任与担当，传达出公平、正义的声音才是我们不懈努力与追求的目标。

提高专业水平，不是一时之功，也不可能一劳永逸，要多听、多练、多感受，加强播音主持理论学习，努力使自己的新闻播音成为广播电视新闻传播的锦上之花。

第五节　延伸思考

1. 新闻的定义、特点及分类？
2. 新闻播音的语言特点是什么？
3. 新闻播音的播报样式有哪三种？
4. 新闻播音员的综合素养有哪些具体要求？

第二章 新闻播音重难点解析

第一节 新闻稿件结构的把握

一、理论阐述

新闻稿件的结构,源于其本身的体裁特征。播读新闻稿件,首先要梳理稿件结构,明晰稿件脉络,从整体上做到"心中有数",才能在播读中做到条理清晰、脉络分明。新闻稿件有着特有的结构组合形式,一篇完整的新闻稿件一般由标题、导语、主体、背景、结尾五个部分组成。就整篇新闻稿而言,稿件不同部分的播报要求略有不同。因为新闻标题在新闻播音中不用播读,所以不作介绍。

(一)导语

1. 新闻中的导语

导语是新闻稿件的开头部分,是一则新闻的"脸面",它用简明扼要的文字写出新闻中最重要、最新鲜、最精彩的事实,集中表现新闻的核心内容,以便受众迅速了解主要内容。导语是从事实中提炼出来的精华部分,"导语是记者展示杰作的橱窗"[①],具有提纲挈领、统领全文的作用,有人称之为"消息中的消息"。

导语按照表达方式的分类,一般有直叙式、设问式、描写式、评论式、对比式、引用式等6种类型。

(1) 直叙式

用最简练的语言,扼要而直接地叙写新闻中最主要的事实,给人以开门见山、一目了然的印象。直叙式导语是最基本、最常用的写法。

例:据民政部网站消息,8月16日以来,四川、重庆、贵州等地出现强降雨,已导致重庆、四川、贵州、云南等省份18人死亡,22人失踪。

(2) 设问式

以设问开始,把新闻消息里所要解决的问题或所要介绍的经验更尖锐、更突出地提到受众面前,以引起人们的关注和深思,设问之后立即用事实作出回答。

例:近日,临沂市区一小区物业对外来车辆收取停车费,这样的做法引来了业主及车主的争议。记者经过调查发现,我市不少小区都存在类似现象。小区针对外来车辆收取停车费的做法是否合适?记者对此进行了相关调查。

(3) 描写式

针对新闻内容中富有特色的事实或有意义的某一侧面,用简洁的语言勾勒出其画面和场景,形象生动、现场感强,带给受众身临其境的感觉。

例:凌晨三四点,高原古城拉萨还沉寂在梦乡中,娘热路蔬菜批发市场已是热闹非凡,车辆声、吆喝声、讨价声此起彼伏。"起这么早,还拿这么多现金,不怕出事吗?"记者问几位操着四川口音的女菜贩,她们哈哈大笑:"便民警务站就在跟前,怕啥子哟。"一旁的河南籍菜贩阎玉峰接话:"听问这话就知道你是外地人,这里安全得很。"

(4) 评论式

新闻的开头就对所报道的事实进行精辟的、画龙点睛式的评论,以揭示事物的性质、特征或作用。

例:清华大学生命科学学院施一公教授研究团队18日在《自然》在线发表了题

---

① [美]威廉·梅茨. 怎样写新闻——从导语到结尾[M]. 北京:新华出版社,1984:21.

为《人源γ-分泌酶的原子分辨率结构》的文章,首次在世界上揭示了分辨率高达3.4埃的人体γ-分泌酶的电镜结构,并基于结构分析研究了其致病突变体的功能,为理解γ-分泌酶的工作机制及阿尔茨海默症的发病机理提供了重要基础。

(5) 对比式

把新闻事实同一个与之既有联系又相反的内容放在一起叙述,通过横向或纵向的对比衬托,以突出新闻事实的意义。

例:海拔4700多米的藏北草原,眼下已经到了夏季游牧的时间。今年,牧民索朗夫妇并没有像往年那样,跟着女儿女婿们去放牧,而是带着两个外孙女住在政府补贴修建的安居房里。

(6) 引用式

援引稿件中主要人物精彩的或有针对性、代表性和重要意义的话,引用文件、公报中的某些重要文句,引用熟语、警句、格言、诗词等作为消息的导语,来点明主旨或引出主要新闻事实,借以概括地表达新闻事实,准确鲜明地突出主题。

例:据《大河报》报道,近日,河南省市民韩先生投诉称,郑州市管城区工商局办事效率低下,市民排队许久终于轮到时,窗口办事员却拿出"请稍候"的牌子,拿起手机离开。半个小时后,窗口办事员又将材料扔出,并称"没看见几点了?今天办不成了,明天再来",更称"别耽误我下班"。

2. 导语播读要点

明末清初杰出的戏曲和小说家李渔在《闲情偶寄》中写道:"在开卷之初,当以奇句夺目,使人一见而惊,不敢弃去。"新闻稿件一般采用"前重后轻"的倒金字塔结构,把最重要的信息放在导语部分。导语播读和新闻稿件导语的写作一样,也要开门见山、先声夺人,要注意抓住稿件的新鲜点、兴奋点,给受众留下深刻的印象。导语要播得吸引人,才能唤起受众兴趣,引导受众进一步继续收听收看新闻的全部内容。

导语概括性强,将新闻的重要事实言简意赅地讲述出来。在新闻播音中,导语作为一条新闻的开头部分,起到一个引导作用。在播报时,语言生动活泼,说话新鲜感强,要播得"醒耳",并定下全篇稿件的态度情感基调,使受众一听就明白无误。

导语语言凝练,言简义丰。但并非每一句话、每一个词都很重要,在播读时,要特别注意重音的正确选择，以正确表达语句目的。同时要注意语势的起伏变化，加强语言抑与扬、顿与挫、轻与重、缓与急的对比，切忌语势僵直。

例1：8月1日晚上九时许，纪委监察部网站透露，吉林省副省长谷春立涉嫌严重违纪违法，目前正接受组织调查。这是吉林省打下的第一只老虎！

分析：这则导语的重音词语为"谷春立""严重违纪违法""第一只老虎"三处，在播读时应该加以强调。同时整个句子从一开始逐渐扬起，至"严重违纪违法"为最高点，再从这个最高点逐渐下抑至"接受组织调查"，再顺势扬起至"第一只老虎"处结束。

例2：由3000人组成的日本旅游交流团来华访问，23日在北京人民大会堂同中方一道举办中日友好交流大会。对此，北京专家指出，民间交往历来在中日关系中发挥特殊重要作用，日本3000人访华团有助释放中日关系正能量，推动两国关系改善发展。

分析：2015年5月22日至24日，人数多达3000人的日本旅游交流团来华访问，这本是一场民间的交流活动，但因为受到国家主席习近平的接见而备受中外媒体关注。这则导语的主要重音词语应为"3000人""日本""民间交往"三个词语，要着重说明的是在中日关系存在问题的前提下，"日本"二字可重读以突出。另外这则导语分为两个层次，第一句为新闻事实，第二句为专家的分析，在播读时层次要分明。因为重复本身就是一种强调，所以句子中第二个"3000人"在播读时不用刻意强调出来。

(二) 主体

1. 新闻中的主体

"导语定调，主体唱歌。"主体接导语，是新闻稿件的躯干部分，是发掘与表现新闻主题的关键部分。通过完整地、更为详尽地叙述新闻事实，对导语扼要表述的事实、观点和有关新闻要素作进一步的展开、解释和补充，以丰富、充实消息的内容和深化消息的主题。

新闻主体在新闻稿件中的作用主要表现为两个方面：

一是解释和深化导语。对导语中提出的主要新闻事实、问题或观点，进一步提供具体材料，解释新闻事实产生的来龙去脉或前因后果，深入表现新闻主题，从而使受众对新闻事实有更清楚、更全面的了解。

二是展开导语,使之具体化。导语一般只突出那些最有新闻价值的事实,往往没有把全部新闻要素都写进去。新闻主体就必须补充导语中未涉及的部分,补充新闻六要素中的遗漏要素。同时,新闻主体还应适当地提供与新闻事实有关的背景材料,使得内容充实饱满,枝繁叶茂。

2. 主体播读要点

主体承接导语,是新闻的主干部分,是集中叙述事件、阐发问题和表明观点的中心部分,是全篇新闻的关键所在。叙事清楚是新闻主体内容播读的基本要求,在播读时要注意新闻事实的内在逻辑脉络,应该从宏观入手,对上下文有一个全盘把握,确定好重点与层次,做到"瞻前顾后"。播读语气要有一种"从头说来"的承接感,将新闻事实陈述清楚,特别要将新闻的一些细节详尽地讲述出来。因为主体在整个新闻中的文字比例最大,在播读时要注意主体内部的层次与主次关系,加强句与句之间的关联。同时,在对新闻主体内容进行播读时要有真情实感,但不要"陷进去",做到从容舒展、客观理性、"感而不入"。

(三) 背景

1. 新闻中的背景

任何新闻事实都不是孤立存在的,它总跟周围的事物有着千丝万缕的联系。要使受众明了新闻中所报道的事实,使新闻信息量丰富,就必须交代清楚背景。

新闻中的背景即"用来说明新事实的旧事实",是指新闻中同新闻事实或新闻事实中的某一部分有着密切关系的历史情况、社会环境、政治局势、自然情况、人物简历、知识资料和基本数字等,能对新闻事实起到说明、补充、衬托、查漏补缺的作用,又称为"新闻背后的新闻"。它可以加深受众对新闻的全方位认识和理解,增强新闻的说服力和感染力,并起到丰富内容、增加知识性和趣味性的作用。新闻背景并不一定会在新闻结尾单独段落列出,也可能蕴涵于导语或主体之中。

新闻背景主要分为以下三种:

(1) 对比性背景

对新闻人物或事物进行前后、左右、正反的比照,有"纵"的对比,也有同类事物的"横"的对比,还有不同条件的对比。以突出新闻事件的重要意义,或阐明一定的主题思想。

例：2015年8月18日，中纪委监察部网站发布消息：国家安全生产监督管理总局局长、党组书记杨栋梁涉嫌严重违纪违法，目前正接受组织调查。在19日《北京晨报》对此事的新闻报道中，通过对杨栋梁"落马"消息公布前一天的活动进行对比，表现出中央纪委对违法违纪行为查处的力度和决心。新闻中这样写道：

公开报道显示，17日晚，即其"落马"消息公布的前一天，国务委员、公安部部长郭声琨在天津主持召开了国务院工作组和天津抢险救援指挥部联席会议，杨栋梁还以"国家安监总局局长"身份参加了会议。会议强调，事故调查组要及时开展工作，依法依规彻查事故原因，无论涉及什么人，都一查到底、严肃处理。

(2) 说明性背景

介绍新闻事件事实产生的地理环境、历史背景、发展变化以及其他种种客观条件、主观因素等，使新闻事实讲得全面深刻而又更容易使人理解。

例：2015年8月17日，《光明日报》头版报道了第九届茅盾文学奖揭晓，新闻中不仅报道了获奖作家及作品、获奖作品评选方式，也对茅盾文学奖的背景进行了介绍：

茅盾文学奖由中国作家协会主办，每四年评选一次。茅盾文学奖1981年根据茅盾先生遗愿设立，是我国具有最高荣誉的四大文学奖项之一，自1982年开评至今，已评选出一批体现时代精神和民族精神的力作，为激励优秀长篇小说创作、推动我国社会主义文学繁荣发挥了重要作用。

(3) 注释性背景

包括产品性能特点的说明，科技成果的通俗介绍，技术性问题的解释，名词术语的注释，文史知识、风俗人情的介绍等，把深奥的理论、生僻的术语、乏味的符号用深入浅出的道理、通俗易懂的语言表达出来。

例：2015年8月2日，央广网在报道沃尔玛超市被检出含有"瘦肉精"猪肉的新闻中，对"瘦肉精"进行了解释说明：

公告显示，标称生产企业名称为"北京森顺恒发商贸有限公司"的前臀尖以及哈尔滨大江食品有限公司生产的猪里脊肉都被检出"沙丁胺醇"。沙丁胺醇和西马特罗是俗称"瘦肉精"中的两种，农业部规定该类药物为"禁止使用的药物，在动物性食品中不得检出"。

2. 背景播读要点

背景是新闻的从属部分，受众通过背景材料，可以对新闻内容了解得更加翔实清楚。新闻中的背景位置不固定，要根据不同情况去分析在全文的作用来调整播讲语气，把握好耐心介绍、解释的感觉。

(四) 结尾

1. 新闻中的结尾

结尾是作者从全盘考虑对新闻稿件作出进一步的总结、概括、说明或补充，一般是新闻的最后一段，也可以是新闻的最后一句话。好的结尾能拓展新闻的内涵，使新闻稿件具有严密的逻辑性，加深受众对主要事实的感受，升华新闻的主题，给受众留下完整、丰满的印象。

不是所有新闻稿件都非有结尾不可，如果主体部分已交代清楚，则不必再加。

2. 结尾播读要点

播读好新闻结尾，不仅可以使新闻在形式上更为完美，而且可以画龙点睛，使新闻的主题得到进一步的深化和升华，引导受众回味与思索。要明晰结尾和主体、导语之间的关系。是总结还是深化？是展望还是思考？从而确定好语气与全文整体基调相匹配。做到语气自然舒展，自然收尾结束。结尾播报还要注意与全篇的呼应，将新闻内容深化，语气自然过渡转换，自信平稳地将句尾收住，给人以结束感。

二、示例分析

示例1

2012年度播音主持"金话筒奖"揭晓 (音视频2-1-1)

2012年度中国播音主持"金话筒奖"昨晚在中央电视台总部揭晓。共有20件广播和电视作品、19名播音员和主持人获奖。中央电视台贺红梅、张羽、撒贝宁、邹悦等7人分获电视作品奖和电视播音员主持人奖。在本年度"金话筒"奖评选中，全国30个省市自治区广播电视台报送了作品，共有220个参评作品和人物入围决赛,其中包括多件外语、民族语、方言类节目入选。"金话筒奖"由中国广播电视协会主办,于1993年设立,2006年升级为国家级最高奖项,每年有超过万名播音员主持人参与角逐,7年来,有近300名播音员主持人获奖。

——2013年1月21日中央电视台《新闻联播》

分析:这则新闻篇幅短小,没有划分段落,但整体结构明晰,逻辑严密。

导语:为第1句话,介绍了新闻的关键信息:时间、地点、何事。在播读时需将重音"2012年度""金话筒奖""揭晓"加以强调,状态积极主动,从一开始扬起至最高点"金话筒奖",再逐渐下抑结束。

主体:为第2、3、4句话,介绍了2012年度"金话筒奖"获奖情况、央视获奖情况及本年度评选的基本情况与特点。在播读时要将这三个层次区别开来,其中2012年度获奖情况要重点介绍。

背景:为最后1句话,介绍了"金话筒奖"的主办单位、设立时间、奖项级别、参评范围、历年获奖情况等背景资料,为受众更加全面了解该奖项提供参考。

结尾:这则新闻属于短消息,新闻的结尾存在于主体之中。

示例2

国务院批复秦皇岛市部分行政区划调整 (音视频2-1-2)

记者从河北省秦皇岛市政府获悉,国务院近日批复同意秦皇岛市部分行政区划调整。22日,秦皇岛市召开秦皇岛市区划调整工作动员会。

据了解,批复同意撤销秦皇岛市抚宁县,设立秦皇岛市抚宁区;将原抚宁县的石门寨镇、驻操营镇、杜庄镇划归秦皇岛市海港区;将原抚宁县的牛头崖镇划归秦皇岛市北戴河区。至此,秦皇岛市由原3区4县变为现在的4区3县。秦皇岛市区面积由原来的512.56平方公里增加到2131.51平方公里;市区人口由原来的89.56万人增加到139.63万人。

批复要求,上述行政区划调整涉及的各类机构要按照"精简、统一、效能"的原则设置,涉及的行政区域界线要按规定及时勘定。要严格按照国务院"约法三章"要求,不新建政府性楼堂馆所,不增加财政供养人员,不增加"三公"经费。要严格执行中央关于厉行节约的规定和国家土地管理法规政策,加大区域资源整合力度,优化总体布局,促进区域经济社会协调健康发展。

据介绍，秦皇岛市此次行政区划调整，有利于构筑具有秦皇岛特色的产业体系，有利于促进城乡一体化发展，有利于完善城市功能，有利于资源优化配置。

——2015年8月22日新华网

分析：

导语：为第1段，将新闻的基本要素、基本事实简明扼要地表现出来。"秦皇岛市部分行政区划调整"为重音语句，在播读时需放慢语速并加重强调。

主体：为第2、3段，第2段为第1层次，为行政区划调整的具体细则方案及调整后秦皇岛市市区面积及人口的变化，第3段为第2层次，为此次行政区划调整的相关安排部署及依法依章工作原则。第1层为新闻重点部分，在播读时要加以强调。

背景：这则新闻的背景在导语之中，即国务院批复同意秦皇岛市部分行政区划调整。

结尾：为最后1段，是对新闻内容的进一步补充说明，为此次行政区划调整的重大意义，与导语段相呼应，并深化主题。在播读时，语气要积极肯定，四个"有利于"要加强语势起伏对比、层层递进，读出结束感。

示例3

北大女博士涉抄袭被撤学位起诉校方获受理 (音视频2-1-3)

因公开发表的学术论文涉嫌抄袭，已取得的博士学位被北京大学撤销，于某某将北京大学诉至法院，要求判令撤销《关于撤销于某某博士学位的决定》并恢复于某某博士学位证书的法律效力。7月17日，海淀法院受理了此案。

于某某系北京大学历史系2008级博士研究生，2013年7月获得博士学位。2015年1月9日，因查实于某某在校期间发表的学术论文《1775年法国大众新闻业的"投石党运动"》存在严重抄袭，北京大学依据《学位条例》等相关规定，经校学位评定委员会审议批准，决定撤销于某某博士学位，收回学位证书。

于某某认为，该决定书在实体和程序上均存在错误。第一，该决定在实体上超越职权。行使撤销博士学位的权力，一定与博士学位论文相关，而北京大学并未发现自己博士学位论文存在"舞弊作伪"情况，却越权行使了撤销学位的权力。北京大学适用《学位条例》撤销于某某的博士学位，但《学位条例》中没有任何一个条款授权高校，可以根据博士学位论文之外的论文涉嫌抄袭而撤销博士学位。另外，该决定所适用的《国务院学位委员会关于在学位授予工作中加强学术道德和学术规范建设的意见》和《北京大学研究生学术基本规范》均不属于法律法规或规章，不能作为撤销学位的法律依据。

于某某诉称，该决定违反法定程序。北京大学在作出该决定的整个过程中，始终未让自己查阅相关信息、未让原告申辩、未告知救济途径和期限，分别侵犯了自己的知情权、申辩权和救济权。且在该决定送达自己和正式生效前，北京大学便通过新华社和央视予以新闻报道，属于严重违法。

于某某还认为，该决定事实不清、证据不足。涉案论文发表于2013年7月23日，而自己已于2013年7月5日毕业，不属于在校期间。在涉案论文发表前自己就已经符合北京大学博士学位论文申请的要求，因此涉案论文不是自己申请博士学位的必要条件，且涉案论文发表时，其已不是北京大学历史系博士研究生，而是中国社会科学院世界历史研究所博士后，涉案论文上的作者单位为"北京大学历史系"系编辑没有尊重作者两次请求变更署名单位的意见所致。

目前，此案正在进一步审理中。

——2015年7月17日千龙网

分析：

导语：为第1段，在播读时，要将新闻的最主要事实讲述清楚。

主体：为第3、4、5段，为于某某所提供的起诉北京大学的主要事实依据。第3段于某某认为北京大学作出的决定在实体和程序上均存在错误，第4段于某某为北京大学在作出的该决定违反法定程序；第5段于某某认为北京大学作出的决定事实不清、证据不足。在播读时，要理清事实，分清层次，将于某某所列举的事实要点讲述清楚。

值得注意的是，主体部分是于某某单方面所列举的一些事实，且案件还在审理过程中，还没有最终判决。所以播报语言需客观理性，语言样态为侧面讲述。

背景：为第2段，即此案的背景。在播读时，以介绍的语气将事情背景讲述清楚。

结尾：为最后1段，属于拾遗补阙型，首尾呼应，体现出新闻的完整性。播读语气要有另起一层的感觉，并表现出持续关注感。

三、实训材料

(1) 山东严查非法经营疫苗案 已批捕7人刑拘32人 (音视频2-1-4)

据山东省政府处置非法经营疫苗案件工作小组消息,截至目前,涉及山东的63条线索已全部查实,刑拘32人,批捕7人,对负有领导责任和监管责任的公职人员给予了政纪党纪处分,涉嫌犯罪的移送司法机关处理。

目前,非法经营疫苗案件第一阶段调查处理工作基本完成,涉及山东的63条线索已全部查实,共涉及人员73名,已到案72名。刑事立案45起,刑拘32人,批捕7人。

非法经营疫苗案发生后,山东食品药品监督管理局对4家涉案企业全部撤销GSP认证证书,停止其一切经营活动,并立案调查;对全省有合法资质的2743家疫苗经营、使用单位进行了全面排查整改,有资质的疫苗接种单位已在各级疾控中心官网公布,这些接种单位提供的疫苗是正规企业生产的合格产品。

未来,山东省还将进一步加大案件查处力度,彻底查清涉案人员、犯罪事实和疫苗流向,依法从重从快处罚违法企业和违法犯罪分子。发现失职渎职行为的,依法依纪进行问责。对不具备经营、使用疫苗资质的单位和个人,鼓励群众举报,发现一家,查处一家,确保疫苗接种安全。

2015年4月28日,济南市公安局食品药品与环境犯罪侦查支队会同市食品药品稽查支队抓获庞某卫、孙某(二人系母女)等涉嫌非法经营犯罪嫌疑人2名。截至目前,已发现庞氏母女有上线106人,下线206人。

——2016年4月16日中国新闻网

(2) 兰州大学宿舍楼燃爆31伤 (音视频2-1-5)

昨天早晨7点40分左右,兰州大学继续教育学院宿舍楼发生燃爆事故,该宿舍楼当时正在施工,疑为挖破天然气管道导致。事故中共有31人受轻伤,目前还有28人留院观察,其中兰大医学院学生23人,外校来访学生1人,军区四所1人,施工单位3人。事故发生时,该宿舍楼大量学生仍在睡觉,学生中伤者多被震碎的玻璃划伤。

据兰州大学目击学生反映,发生燃爆事故的是该校医学校区继续教育学院7号楼,这栋楼开始装修工程已超过2周时间。

当代新闻播音实用教程

据兰州大学留校学生称,发生事故的宿舍楼里住着医学院大三学生,目前学校大部分专业都已结课,大量学生已放暑假,但该宿舍楼内的一些学生被要求在7月30日搬到另一栋宿舍楼居住,所以事发时仍有部分学生留校等待搬家。

该宿舍楼属于兰州大学校区的老旧宿舍,爆炸牵动整个楼体震动,其中位于高层的几名受伤学生是在逃生过程中被玻璃扎到,经统计,截至昨天中午共有7名学生被震碎的玻璃划伤。

据当地公安通报称,事故原因初步推断为施工单位挖断了天然气管道,天然气在泄漏中造成爆炸并引发燃烧。早上9点30分,在事发两小时后,泄漏天然气管道阀门被找到并关闭,随即明火被扑灭。

——2015年7月21日《北京青年报》A10版

(3) 中纪委近期查处违反八项规定案件112起 (音视频2-1-6)

"五一"节日将近,上个星期,中央纪委监察部网站设立了五一期间监督举报专区,并且恢复了每周通报板块。今天,中央纪委监察部网站公布了近期各级纪检监察机关查处的违反八项规定的案件,170多名党员干部被处理。

此次通报的112起案件,涉及28个省区市和新疆生产建设兵团以及国家烟草专卖局和中国海洋石油总公司。

其中,通报案件最多的是北京、贵州和陕西三个地区,均通报了8起案件。其次为江苏和山东,均通报了6起案件。

从查处的案件来看,排在第一位的是违规配备和使用公车案件,共查处了25起,占全部案件的22.3%,其次为违规发放津贴补贴案件和收送礼品礼金案件,均查处了20起。排在第四位的是大办婚丧喜庆案件,共查处了17起。

此外,公款旅游、公款吃喝、公款打高尔夫球等案件也均有查处。

在此次通报的案件中,山西、吉林、陕西三个省份还追究了部分领导干部的主体责任和纪检监察干部的监督责任。

——2015年4月20日中央电视台《新闻联播》

(4) "逐梦中国·我的读书故事"全民阅读征文活动启动 (音视频2-1-7)

由光明日报和澳门晚报共同举办的"濠江杯""逐梦中国·我的读书故事"全

民阅读征文活动，22日正式启动。国家新闻出版广电总局副局长吴尚之、光明日报总编辑何东平、澳门晚报社社长柯建刚等出席启动仪式，光明日报副总编辑陆先高主持。

吴尚之表示，倡导全民阅读，需要像"濠江杯""逐梦中国·我的读书故事"全民阅读征文活动这样的典型样本，激发人们的阅读需求，影响、吸引更多的人参与阅读、分享阅读，使全民阅读的理念深入人心，在全社会营造"爱读书、读好书、善读书"的良好氛围。

何东平在致辞中说，光明日报有着深厚的文化底蕴和丰厚的阅读资源，在光明日报报业集团"三报五刊"的报业结构中，专门以读书为内容的报刊就占了三种。此外，光明日报社"集全社之力推进融媒体建设"，打造了一批在全社会具有较大影响的、专注于阅读的微信公众号、公共微博及具有代表性的融媒体产品，如"阅读公社""光明阅读"等。此次举办全民阅读征文活动，就是希望进一步唤醒人们的阅读热情，推动全民阅读活动向纵深开展。

该活动由全国政协副主席何厚铧担任名誉顾问，王蒙、吴尚之、何东平任总顾问。活动以"阅读逐梦中国 书香充盈人生"为主题，以"中国梦"为时代背景，以构建社会主义核心价值体系为指向，以阅读古今中外经典作品为起点，面向全国广大读者、网友进行征集，作品将在征文活动成员单位所属媒体选择刊登。活动持续到10月23日，最后将评选出特等奖5名、一等奖10名、二等奖20名、三等奖30名和优秀提名奖100名。

——2015年4月23日《光明日报》第9版

(5) 国务院批复同意保定市部分行政区划调整 (音视频2-1-8)

近日，国务院批复同意调整保定市部分行政区划。

保定市新市区更名为竞秀区；撤销保定市北市区、南市区，设立保定市莲池区，以原北市区、南市区的行政区域为莲池区的行政区域；撤销保定市满城县、清苑县、徐水县，设立满城区、清苑区、徐水区。保定市区面积由原来的312平方公里增加到2531平方公里，市区人口由原来的119.4万人增加到280.6万人。调整后，保定市的行政区划由3区22县市(其中4个县级市)，变为5区19县市(其中4个县级市，含定州市和涿州市)。

批复要求，此次行政区划调整涉及的各类机构要按照"精简、统一、效能"的原则设置，涉及的行政区域界线要按规定及时勘定。要严格按照国务院"约法三章"要求，不新建政府性楼堂馆所，不增加财政供养人员，不增加"三公"经费。要严格执行中央关于厉行节约的规定和国家土地管理法规政策，加大区域资源整合力度，优化总体布局，促进区域经济社会协调健康发展。

据介绍，行政区划调整后，保定中心城市的承载能力将进一步增强，有利于在京津冀协同发展中承接更多功能。满城、清苑、徐水三县被纳入市区，实现统一产业布局和社会管理，统一基础设施建设和土地资源利用，可进一步完善城市功能、改善城市环境。

保定是全国历史文化名城，但古城区分属原南市区和北市区，许多历史遗存跨越两区，古迹保护和旅游资源开发存在交叉重复。实施区划调整，必将对推进新型城镇化、提高城市管理水平产生巨大推动作用。同时，将"竞秀""莲池"命名为新的市辖区名称，能够充分弘扬保定地域文化，彰显古城特色，增添城市魅力。

——2015年5月14日《河北日报》第1版

第二节 新闻播音长句子的处理

一、理论阐述

在新闻播音稿件中，时常会出现一些长句子。这些长句子短则十几字，多则几十字，甚至上百字不加标点符号，不仅理解起来很费劲，播读起来也很不顺口，让受众听明白更是难上加难。处理好长句子是播音员必备的基本功要求。如果处理不当，会出现语病，使受众云里雾里、不明所以，不仅会闹笑话，还会使受众曲解语意，造成信息传递的失误。

随着新闻信息量的不断增多，在播音整体语速加快的前提下，播音员处理长句子的首要目的是要做到准确清晰，要让受众一听就明白，甚至比看得还要明白。

处理好长句子，需要注意以下几点：

1. 对稿件有整体理解

要让受众听得明白,首先播音员自己要对新闻稿件有较为全面透彻的理解,不能"以其昏昏,使人昭昭"。播读好新闻稿件中的长句子,要建立在对整体稿件有一个全方位的宏观认识的基础上。要明晰整体稿件脉络,要将句子的语法关系、逻辑联系表达清楚准确,明确稿件所表达的意思,使语句目的鲜明。理解了稿件所要表达的意思,稿件播读起来就轻松多了。

2. 把长句子划短

在平常阅读时,读者往往很难将较长的句子一次性就读懂,需要将这些句子按照阅读习惯拆分为一个一个的短语才便于理解。在生活中,人与人之间的交流语言也总是以短语为主。处理新闻稿件中的长句子,要处理好句子的停连,要打破标点符号的限制,要将长句子划分为一个一个的词组或者短语,使其播读起来轻短顺口。但要注意的是,在短语与短语间的停顿要做到"声断气不断",使语句表达的意思能够连贯顺畅。

3. 语速相应放慢

播读长句子,特别是遇到一些比较难以理解的长句子时,播读语速应在原有基础上稍放慢一些。因为这些文稿受众阅读起来可能短时间内都难以理解,再加上口语传播"稍纵即逝"的特性,在播读时更需放慢语速,给受众留有思考回味的空间。

同时遇到一些生僻字或者公众在日常生活中不怎么熟悉的名词时,要注意通过疏密变化的调节来区分主次。在播读时一般要对这些词语采用放慢语速、加重语气的方式处理,对公众比较熟知的或者不重要的内容要稍加快语速,在表达清楚语意的基础上一带而过,做到"带'轻'注'重'"。这样一来,就给受众造成一种听觉上的"反差",提高了传播的效率。

如:《内地和香港特别行政区关于对所得避免双重征税和防止偷漏税的安排》第四议定书于2015年4月1日在香港正式签署。

在这句话中,"所得避免双重征税和防止偷漏税"对受众来讲比较陌生,在播读时要作为重音强调清楚。而句子中其他如"香港特别行政区"等就属于受众比较熟知的,在播读时语速可相对较快带过。

4. 加强节奏对比

语音是作用于人的听觉的，如果语音单调、语势雷同，就会令人厌倦。要激起受众的兴趣，强弱轻重和节奏上就要有变化。处理好长句子更是如此，要加强稿件整体的节奏对比。要将播读心理积极调动起来，加强句子中字与字之间、词语与词语之间、短语与短语之间的高低、快慢、轻重的对比，以语流曲线的细微变化来表现语句关系，使得声音纵控有度、收放自如、具有立体感，在受众听觉上显得生动活泼。要注意语势的承上启下，加大语流的起伏变化，使得整个稿件层次清晰、节奏鲜明、语意明确，呈现出一种"连而不断""悠荡向前"的推进感。

二、示例分析[①]

(音视频2-2-1)

(1) 本台消息，应巴基斯坦伊斯兰共和国总统侯赛因▲和总理谢里夫邀请，国家主席习近平▲将于4月20日至21日∧对巴基斯坦▲进行国事访问。

应印度尼西亚共和国总统佐科邀请，国家主席习近平▲将于4月21日至24日∧赴印尼▲出席亚非领导人会议▲和万隆会议60周年纪念活动。

(2) 2015年4月20日，习近平主席∧同巴基斯坦总理谢里夫▲举行会谈，双方一致同意≤将中巴关系▲提升为▲全天候战略合作伙伴关系，⌒并签署和发表了∧《中华人民共和国和巴基斯坦伊斯兰共和国∧关于建立全天候战略合作伙伴关系的▲联合声明》。

(3) 国务院总理李克强▲和阿富汗总统加尼∧将出席10月31日▲在北京举行的∧阿富汗问题▲伊斯坦布尔进程第四次外长会开幕式∧并发表讲话。

伊斯坦布尔进程▲14个地区成员国、16个域外国家▲和12个国际和地区组织▲作为支持方、∧4个国家和组织▲作为主席国客人▲共46方的外长或高级别代表∧将应邀出席会议。

(4) 中共中央政治局常委、⌒全国政协主席俞正声∧28日在北京▲会见了前来出席▲第三届中国—苏丹执政党高层对话的∧苏丹全国大会党副主席、⌒总统助理

[①] 本小节所用停连符号："▲"代表挫号，表示短暂的停顿；"∧"代表停顿号，表示稍长的停顿；"≤"代表间歇号，表示较长时间的停顿；"⌒"代表连接号，用于有标点符号但需连接处。

第二章 新闻播音重难点解析

甘杜尔。

(5) 近日，中央纪委转发∧《中共河南省委▲关于新乡市委原书记李庆贵▲落实党风廉政建设主体责任▲和新乡市纪委▲落实监督责任▲不到位问题的通报》▲并指出，∧李庆贵同志▲在担任河南省新乡市委书记期间，对党风廉政建设主体责任▲认识模糊、工作领导不力、责任落实不到位，⌒对连续发生的▲贾全明、孟钢、崔学勇▲等3名厅级领导干部∧重大违纪违法案件∧负有主要领导责任；新乡市纪委▲责任意识淡化，监督∧严重失责失职。李庆贵同志和新乡市纪委▲对全面从严治党▲认识跟不上、⌒工作不落实，不敢担当、⌒不敢负责，受到严肃问责，教训∧极为深刻。

(6) 由中国人权发展基金会∧和江苏省人民政府新闻办公室▲联合主办的▲第三届世界大型基金会高峰论坛⌒24日▲在南京开幕。记者从论坛上获悉，我国目前▲已有各类基金会▲4000多家。

(7) 北京市人民政府∧关于▲2015年北京国际田联世界田径锦标赛∧和中国人民抗日战争▲暨世界反法西斯战争胜利70周年纪念活动期间⌒对外省区市进京机动车∧采取临时交通管理措施▲的通告。

(8) 土耳其大国民议会议长▲柯克萨尔·托普坦▲17日宣布，土耳其议会▲当天▲以507票赞成、▲19票反对的▲表决结果，⌒通过了政府提交的∧采取越境军事行动▲打击盘踞在伊拉克北部的▲库尔德工人党武装的动议。不过，⌒土耳其政府表示，议会通过动议∧并不意味着∧政府▲将立即采取▲军事行动。

(9) 美国国防部▲10日说，美俄两国▲当天▲就如何避免∧今后在空中打击叙利亚境内极端组织▲"伊斯兰国"目标时∧发生军事冲突⌒展开▲新一轮对话。

美国防部▲当天发表声明说，两国国防部▲在当天90分钟的视频会议上▲集中讨论了∧如何实施▲具体的安全飞行措施，⌒确保美俄在叙利亚▲各自开展空中打击"伊斯兰国"的军事行动时∧不发生事故。声明说，会谈▲取得了进展，美俄将在今后▲继续会谈。

俄罗斯9月30日起∧协同叙利亚军方▲对叙境内的极端组织目标▲实施空袭，美俄两国军方▲随即于10月1日∧就避免军事冲突∧开始第一轮对话。

据俄国防部说，截至10月7日，俄方▲已对叙境内112处"伊斯兰国"目标▲实施了空中打击。8日，⌒叙政府军宣布∧开始在俄空袭掩护下▲发动大规模地面进攻；同日，∧俄里海分舰队▲发射26枚海基巡航导弹，⌒成功摧毁"伊斯兰国"▲11处目标。

(10) 由我国年轻导演▲哈斯朝鲁▲执导的影片《剃头匠》∧日前在第37届印度果阿国际电影节上∧荣获电影节最佳影片奖▲金孔雀奖。《剃头匠》▲讲述的是▲北京胡同里一个94岁老剃头匠的故事，⌒真实反映了∧中国普通老百姓的∧现实生活。

三、实训材料

(音视频2-2-2)

(1) 新华社今天授权播发《中共中央关于制定国民经济和社会发展第十三个五年规划的建议》和习近平所作的《关于<中共中央关于制定国民经济和社会发展第十三个五年规划的建议>的说明》。

(2) 全党深入学习实践科学发展观活动动员大会暨省部级主要领导干部专题研讨班开班式9月19日上午在中央党校举行。

(3) 国务院总理李克强21日下午在中南海紫光阁会见来华出席第七次中英经济财金对话的英国首席大臣兼财政大臣奥斯本。

(4) 10月26日和27日，中共中央政治局常委、国务院副总理张高丽在苏州会见来华访问的新加坡副总理张志贤，并共同主持中新双边合作联委会第十一次会议、苏州工业园区联合协调理事会第十六次会议和天津生态城联合协调理事会第七次会议。

(5) 国务院办公厅日前印发《自由贸易试验区外商投资准入特别管理措施(负面清单)》和《自由贸易试验区外商投资国家安全审查试行办法》，决定在上海、广东、天津、福建4个自由贸易试验区实施。

这次出台自由贸易试验区负面清单，列明了不符合国民待遇等原则的外商投资准入特别管理措施，共计50个条目、122项。同2014年版上海自由贸易试验区负面清单相比，这次出台的自由贸易试验区负面清单更加全面，与国际规则进一步接轨，同时取消了60多项限制，进一步提高了开放程度。

(6) 中俄金融联盟合作创新论坛今天在海南陵水黎族自治县召开，中俄两国37家金融机构成员对两国所面临的金融领域热点问题和所蕴涵的商机进行了探讨。

中俄金融联盟成员机构在会议上达成了多项合作。俄罗斯联邦储蓄银行、亚太银行、远东发展基金与中方"一带一路"沿线的哈尔滨银行、海南银行、内蒙古银行、大连银行等金融机构签署了支持俄罗斯远东和西伯利亚地区超前发展金融合作协议;中俄金融联盟中方成员代表与俄罗斯联邦储蓄银行企业大学签署培训交流合作协议;哈尔滨银行与海南银行签署了全面战略合作协议。

(7)瑞典卡罗琳医学院5日宣布,将2015年诺贝尔生理学或医学奖授予中国药学家屠呦呦以及爱尔兰科学家威廉·坎贝尔和日本科学家大村智,表彰他们在寄生虫疾病治疗研究方面取得的成就。

屠呦呦的获奖理由是"有关疟疾新疗法的发现"。这是中国科学家因为在中国本土进行的科学研究而首次获诺贝尔科学奖,是中国医学界迄今为止获得的最高奖项,也是中医药成果获得的最高奖项。今年诺贝尔生理学或医学奖奖金共800万瑞典克朗(约合92万美元),屠呦呦将获得奖金的一半,另外两名科学家将共享奖金的另一半。

诺贝尔奖评选委员会说,由寄生虫引发的疾病困扰了人类几千年,构成重大的全球性健康问题。屠呦呦发现的青蒿素应用在治疗中,使疟疾患者的死亡率显著降低;坎贝尔和大村智发明了阿维菌素,从根本上降低了河盲症和淋巴丝虫病的发病率。今年的获奖者们均研究出了治疗"一些最具伤害性的寄生虫病的革命性疗法",这两项获奖成果为每年数百万感染相关疾病的人们提供了"强有力的治疗新方式",在改善人类健康和减少患者病痛方面的成果无法估量。

(8)昨天,国家新闻出版广电总局发出《关于广播电视节目和广告中规范使用国家通用语言文字的通知》,要求各类广播电视节目和广告应严格按照规范写法和标准含义使用国家通用语言文字的字、词、短语、成语等,不得随意更换文字、变动结构或曲解内涵,不得在成语中随意插入网络语言或外国语言文字,不得使用或介绍根据网络语言、仿照成语形式生造的词语,如"十动然拒""人艰不拆"等等。

(9)中央全面深化改革领导小组第十六次会议审议通过了《关于实行市场准入负面清单制度的意见》《关于支持沿边重点地区开发开放若干政策措施的意见》《关于推进价格机制改革的若干意见》《关于鼓励和规范国有企业投资项目引入非国有资本的指导意见》《关于深化律师制度改革的意见》《法官、检察官单独职务序列改革试点方案》《法官、检察官工资制度改革试点方案》《关于加强外国人永久居留服务管理的意见》。

(10) 教育部10日公布《教育部关于做好2015年全国普通高等学校毕业生就业创业工作的通知》，要求高校建立弹性学制，允许在校学生休学创业，并聘请创业成功者、企业家、投资人、专家学者等担任兼职导师，对创新创业学生进行一对一指导。

此外，教育部要求加大对大学生自主创业资金支持力度，多渠道筹集资金，广泛吸引金融机构、企事业单位等为大学生自主创业提供资金支持。高校应开辟专门场地用于学生创新创业实践活动，教育部工程研究中心、各类实验室、教学仪器设备等原则上都要向学生开放。要实施好新一轮大学生创业引领计划，落实创业培训、工商登记、融资服务、税收减免等各项优惠政策，鼓励扶持开设网店等多种创业形态。

(11) 2015年普通高等学校录取新生即将陆续报到。教育部网站日前发布《关于做好2015年普通高等学校录取新生入学资格复查和学籍电子注册工作的通知》，要求各省级教育行政部门要指导督促属地各高校严格按照国家招生政策规定和学籍管理规定，认真开展新生入学资格复查。

通知规定，各高校要对新生报到所需录取通知书、身份证、户口迁移证、高考加分资格证明等材料与纸质档案、录取名册、电子档案逐一比对核查；对录取享受高考加分照顾的新生、自主招生录取新生及面向农村学生的各类专项计划录取的新生资格条件进行复核；组织专家组对艺术、体育专业或艺术、体育特长生等特殊类型录取新生开展入学专业复测。对于通过弄虚作假、徇私舞弊方式骗取高考加分资格、录取资格或企图冒名顶替入学的新生、未按规定公示有关资格身份的新生、未经省级招办办理录取手续的新生以及违规"点招"录取的新生，一律不予学籍电子注册，并报告有关部门倒查追责。

通知强调，各高校不得在新生入学报到环节更改新生录取专业并进行学籍电子注册，尤其不得将艺术、体育类专业学生调整到普通类专业，将外国语中学推荐保送录取的学生调整到非外语类专业。各高校不得将未经省级招生部门审核录取的学生留在学校学习。通知要求，对弄虚作假、将违规招收的学生留在学校等造成的不良后果，高校承担直接责任。

(12) 21日上午，由中国高教学会影视教育专业委员会、吉林大学新闻与传播学院、《电影艺术》杂志社、《艺术百家》杂志社联合主办的中国影视艺术高层论坛暨中国高教学会影视教育专业委员会2015年年会在吉林大学新闻与传播学院举行。

来自全国五十余所高校和相关机构的一百余位影视教育与影视研究领域的专家学者参加会议。

(13) 备受关注的《关于深化改革进一步推进出租汽车行业健康发展的指导意见(征求意见稿)》和《网络预约出租汽车经营服务管理暂行办法(征求意见稿)》昨天正式公布,未来一个月将公开征求意见。意见规定,将逐步取消出租汽车经营权有偿使用费,并将"专车"等新业态纳入出租汽车管理范畴。

(14) 2013年底,国家体育总局与江苏省人民政府签订共建基本公共体育服务体系示范区合作协议。两年多来,示范区建设取得了可喜成果。全国基本公共体育服务体系建设现场推进会今天在常州召开,会议总结交流"十二五"时期基本公共体育服务体系建设经验做法,并对"十三五"时期基本公共体育服务体系建设工作进行部署安排。

公共体育服务由政府主导提供,旨在满足公民及各类组织体育需要的服务。从服务对象看,公共体育服务既包括公民个人和群体,也包括为实现公民体育权利服务的各类中介组织;从服务形态看,公共体育服务既包括物质性的健身场地设施等服务,也包括非物质性的体育信息等服务;从服务内容看,公共体育服务既包括体育健身指导、健身培训等服务,也包括满足人们参加体育活动、观赏体育比赛和体育表演等需要的服务。基本公共体育服务是公共体育服务最基础的内容,其核心是全民健身公共服务。随着经济社会发展和人民生活水平提高,基本公共体育服务范围会逐步扩展,水平也会逐步提高。基本公共体育服务体系,是由基本公共体育服务内容和标准、资源配置、供给方式、管理运行等内容所构成的系统性、整体性的制度安排。

第三节 数字处理

一、理论阐述

在大数据时代,数据越来越多地影响着人们的生活,成为人们决策最为重要的参考依据之一。在新闻稿件中,相当一部分新闻稿件都或多或少地用到数字,数字是最具有说服力的一种表现形式,每一个数字都有它所代表的含义,往往会成为新闻的关注点。如每年GDP增长的具体百分比,中国人民银行公布调整存贷款利率变动具体数字,国家发改委公布的汽柴油价格调整具体数字,各省级招生主管部门划定的高校招生录取控制分数线,新的法律法规颁布及实施时间,彩票开奖数字等,都会成为公众关心的热门数据。

在新闻播音中,播音员在处理具体数字时,需要在理解数字的基础上,将数字所代表的内涵表现出来。具体来说,需要做到以下几点:

1. 读清数字

读清楚数字,这是数字处理的最基本要求。数字中的一个小数点,一旦读错就会"失之毫厘,谬以千里"。新闻数字播读错误的教训时有发生,如"河北有家报纸,公布农产品价格信息,把张家口市场上芝麻价格每公斤6.00元错读成60.00元。当时,承德县一位农民看到这条'好消息'后,在当地以6.40元一公斤的价格收购了一批芝麻,乘车赶到张家口出卖,结果亏了本,还白赔了往返车费"①。还有某电台播音员在播读本省全年将建设保障性住房11万套时,将"11万套"误读成了"11套",不仅让人心生疑问:一些社区一年都不止建11套保障性安居住房,一个省怎么一年才建设保障性住房11套呢?数字读错造成的恶劣影响和损失对于当事人、单位和政府往往是巨大的。

2. 复杂数字通俗化播读

一些新闻稿件中的复杂数字或者专业数字,在播读时如果直接读出来可能会使受众听起来难以理解,就需要将其通俗口语化处理。数字上升或下降要有指向性,使受众听起来通俗易懂。计量符号一定要按照法定计量单位名称播读。一些位数较多的数字,如果连起来读容易使受众听不清楚产生混淆难以记忆,在播读时可按照日常人们方便记忆的3个或者4个数字一停的方式播读,也可根据数字组合特点进行播读,为加强记忆可采用重复播读和停顿强调方式播读。另外,在一则新闻中,多次出现数字时,要找出主要数字加以强调,要加强一数字与另一数字的对比,使有声语言的表达简洁明快,在对比中体现出新闻价值。

---

① 周忠玲. 新闻中的数字[J]. 采写编,2006(02): 25.

示例：

"4.46元"可读为"四块四毛六"

"400 766.26元"可读为"四十万零七百六十六元两角六分"

"272 023人"可读为"二十七万两千零二十三人"

"22:30左右"可读为"晚上十点半左右"

"100KW光伏电站"可读为"100千瓦光伏电站"

"120km/h"可读为"每小时120公里"

"厚度仅为5mm的手机"可读为"厚度仅为5毫米的手机"

"2015—2016赛季"可读为"2015到2016赛季"

"气温高达36℃"可读为"气温高达36摄氏度"

"新闻热线：4008000088"可读为"新闻热线：400//800//0088"

"报名电话：66776677"可读为"报名电话6677//6677"

"邮政编码：100866"可读为"邮政编码：100//866"

3. 读懂数字

数字本身只是表示客观事物的数量和次序，是枯燥和抽象的，但数字却又是必不可少的。因为新闻中的数字具体、精确，既直观又最能说明事实，所展现的是鲜活生动的社会生活变化。在播读时，不仅要读出数字本身的变化，更要读懂数字所表达的含义和价值。

例1： 在30日举行的2015国际田联钻石联赛尤金站男子100米比赛中，25岁的中国选手苏炳添以9秒99获得第三，他在打破全国纪录的同时，也终于完成了中国几代"飞人"突破百米十秒大关的夙愿。

分析： 长久以来，田径短距离跑项目一直是欧美人的天下，而中国选手苏炳添却在国际赛事中获得第三的好成绩，着实不易，所以应加以突出强调。另外，"9秒99"的成绩不仅打破全国纪录，也使他成为第一位冲破百米十秒大关的亚洲本土选手，在播读时应着重强调此成绩的重大意义。

例2. 当地时间18日晚间，比利时安特卫普世界钻石中心的一辆装甲押运车在布鲁塞尔机场遭劫，价值5000万美元的钻石被劫走。

布鲁塞尔机场发言人说，8名蒙面劫匪化装成警察，携带配有激光瞄准器的自动步枪。他们破坏了机场的安全网,乘坐配有警车专用灯的两辆汽车直奔停机坪上一架即将起飞的瑞士客机,当时钻石押运员正在卸货。共有120个装有钻石的包裹被劫走,整个过程不到5分钟,无人动武,无人受伤。

分析:在这则新闻中,"5000万美元"这样的巨额数字无疑是新闻的关键点,且此案为迄今最严重打劫钻石案之一。在第二段中,"120个装有钻石的包裹"及"不到5分钟"两个数字也很重要,因为如此多的包裹竟然在5分钟之内全部在安防措施严格的机场劫走很不寻常,同时也有对安全形势的担忧,如果在播读时一带而过,就不能体现出新闻价值。

4. 读出数字的感情色彩

如果只用数字来反映事实,新闻就会显得空洞。数字背后有着丰富的信息,有着对客观数字的情感倾向、态度和评价。在播读时,要结合新闻内容将数字所传递的感情色彩表现出来。"根据新闻事实我们赋予数字或大或小、或多或少、或轻或重的不同色彩,形成对听众的倾向性提示。"①如数字传递的信息是喜还是忧?数字的上升或下降带来的是积极还是消极的影响?

例1:截至2015年3月,全国共查处违反中央八项规定精神问题82 693起,处理党员干部109 047人,给予党纪政纪处分35 456人。中央纪委监察部先后13次对66起典型问题通报曝光,各省(区、市)纪委监察厅局先后172次对897起典型问题通报曝光,发挥了从严执纪的正面引导和惩戒警示作用。

分析:新闻中查处的违反中央八项规定精神问题的次数和受处分的人数、中央纪委监察部和各省(区、市)纪委监察厅局对典型问题的曝光次数,在播读时既要读清读准数字,又要将数字背后所彰显的中央整治"四风"问题的决心和发现一处、查处一处的鲜明态度,对潜在的违纪者的强大震慑作用,起到以儆效尤的作用,同时也要将这一系列举措有效遏制了"四风"问题蔓延势头,得到广大干部群众认可的态度表现出来。

例2:有一位老人,她的名字叫姜淑梅,她60岁才开始学认字,76岁时就出了书。"不怕起步晚,就怕寿命短"是姜淑梅的座右铭。2013年,一本名叫《乱时候穷时候》的书出版了,这本书用朴实生动的语言,描绘了中国战乱和饥荒年代普通老百姓的故事。姜淑梅正是这本书的作者,而书出版时,她已经76岁了。

---

① 高蕴英.教你播新闻[M].北京:中国广播电视出版社,2005:53.

更没想到的是，就在2013年姜淑梅写的故事被出了书，出版仅4个月，就加印了5次，发行了6万册。老太太就像辣椒，老了老了还红了。

分析："60岁才开始学认字，76岁时就出了书。"这句话中"60岁"和"76岁"这两个词语是这则新闻的关键词，因为对于60岁的一字不识的花甲老人来说，此时再识字已极不容易，可没想到却在76岁的古稀之年出版了书籍。数字背后既有对老人坚持不懈学习的敬佩，也要表现出老人"不怕起步晚，就怕寿命短"的崇高精神追求。

另外，第二段中，"出版仅4个月，就加印了5次，发行了6万册"这句话的数字也应强调读出，因为在当今中国出版市场上这样的出版业绩是相当不容易的，同时要表现出这本书的受欢迎程度及对老人执着努力的社会认可。

二、实训材料

(音视频2-3)

(1) 国家发改委决定，今天起汽、柴油价格每吨分别降低220元和215元，测算到零售价格90号汽油和0号柴油(全国平均)每升分别降低0.16元和0.18元。这是今年6月以来第四次下调。

(2) 世界卫生组织将罹患比例占总人口0.65‰～1‰的疾病定义为罕见病，已知病种7000多种。罕见病80%是遗传性疾病，其中90%为严重疾病，近50%的受累人群是儿童，30%的患者平均期望寿命不到5年。

数据显示，目前已知的7000多种罕见病中有对应治疗药品——"孤儿药"不超过400种；在我国，这400种"孤儿药"只有不到20%上市，进口渠道并不畅通。

(3) 记者从共青团中央了解到：团中央组织部公布的全国团内统计最新数据显示，截至2014年底，全国共有共青团员8821.9万名；共有基层团组织387.6万个，其中，基层团委29.3万个，基层团工委2.2万个，团总支21.7万个，团支部334.4万个。

(4) 中国新闻出版研究院18日公布了第十三次全国国民阅读调查报告。调查发现，2015年我国成年国民的网络在线阅读、手机阅读、电子阅读器阅读、平板电脑阅读和光盘阅读接触率均有所上升。有51.9%的成年国民在2015年进行过微信阅读，同比上升了17.5个百分点。在手机阅读接触者中，超过八成的人进行过微信阅读,且使用频次为每天2.67次,人均每天微信阅读时长为22.63分钟。

数据显示,2015年我国国民人均纸质图书阅读量为4.58本,与2014年相比增加0.02本。综合阅读率为79.6%,较2014年上升了1个百分点。其中0~17周岁未成年人图书阅读率为81.1%,较2014年增加4.5个百分点。

超四成的成年国民认为自己的阅读数量较少,近七成的成年国民希望当地有关部门举办阅读活动。

(5)据韩国保健福祉部今天通报说,韩国已有两名中东呼吸综合征患者死亡,确诊患者增至25人。此外,韩国媒体称已发现疑似第三代感染病例,不过官方并没有确认。

韩方通报称,第一名死亡患者在5月15日至17日因病住院期间,与韩国首例中东呼吸综合征患者有过接触,随后病情恶化、抢救无效,于6月1日去世。据韩国媒体报道,这名患者此前是作为疑似患者隔离治疗,死后进行了DNA检测,才确诊感染了引发中东呼吸综合征的新型冠状病毒。

第二名死亡患者是韩国第六位确诊病人。这名患者也曾在住院时接触过韩国首例中东呼吸综合征患者,于5月28日被确诊为新病例,随后被隔离治疗。

此外,通报还显示,6月1日韩国境内新增6个确诊病例。其中有两人与第16例中东呼吸综合征患者同住一栋住院楼,但没有接触过第一名患者。韩国媒体报道称,这两个病例是韩境内首次出现的第三代感染病例。不过韩国卫生部门还没有最终确认。

(6)人力资源和社会保障部副部长张义珍15日在国新办例行吹风会上表示,按照国务院常务会研究原则通过的《关于阶段性降低社会保险费率的通知》,企业职工基本养老保险单位缴费比例超过20%的省份,将缴费比例降至20%;单位缴费比例为20%且2015年底基金累计结余可支付月数超过9个月的省份,可以阶段性降低至19%。失业保险总费率由现行的2%阶段性降至1%~1.5%,其中个人费率不超过0.5%。

(7)2015年我国最终消费对经济增长的贡献率达到66.4%,成为经济增长的第一驱动力。中国成功地实现了经济增长由投资和外贸拉动为主向由内需特别是消费为主的重大转型。

这是高虎城在23日举行的国新办新闻发布会上透露的信息。商务部数据显示,

2015年我国实现社会消费品零售总额达到30.1万亿元，同比增长10.7%，消费对社会经济增长的贡献率达到66.4%，比2014年提高了15.4个百分点。

(8) 商务部今天发布的数据显示，今年上半年我国对外投资遍及全球147个国家和地区，企业在加速"走出去"的同时，对外投资的水平也明显提高。与此同时，交通运输部今天表示，上半年我国交通运输经济缓中趋稳。

数据显示，今年1到6月，我国非金融类对外直接投资达到560亿美元，同比增长了29.2%，中国企业"走出去"水平明显提高。

"一带一路"沿线国家成为对外投资热点地区。前6个月，我国对"一带一路"沿线国家和地区直接投资达70.5亿美元，同比增长了22.2%。国际产能合作和装备制造业的"走出去"取得了明显进展。前6个月，我国成套设备出口达到600亿美元，同比增长10%，中国已从原来主要出口消费品的国家变成了出口投资品的国家。

第四节 专业技术性词语处理

一、理论阐述

专业术语是指特定领域对一些特定事物的统一的业内称谓，大多数情况为该领域的专业人士所熟知。在新闻稿件中，特别是在科技类、财经类、体育类新闻中经常会出现一些专业技术性词语，新闻播音员在处理这些词语时应该谨慎对待，将这些词语精准播读。

在新闻节目中，播音员将专业技术性词语读错的情况时有发生。2011年10月，中央电视台播音员将IT专业名词"B2C"读为"B二C"，遭到了很多网民的调侃，引起了舆论的关注。"B2C"为电子商务专业术语，是英文"Business-to-Consumer"的缩写，即商家对客户的缩写，是电子商务的一种模式，也就是通常说的商业零售。"B2C"中的"2"是英文"to"的简写，一般读为"B-to-C"。再如，某台新闻节目中一条关于全省节能减排的新闻，播音员将环境工程专业术语COD(化学需氧量)读成了CDO，而CDO是财经术语担保债务凭证的英文简称。可能大多数观众不会去留意,但对环保领域专业人士来讲,这是个环保专业最重要最基本的术语。

"汉语在几千年发展历史中以特有的词汇开放系统、博大的胸怀,去粗取精,对外来语言兼收并蓄,使汉语词汇得到极大的丰富。"①播音员每天获取的信息量很大,一些专业词语不能读准确是可以理解的,但如果平时做足准备,提前认真查阅核对,失误也就能避免了。

对于播音员来说,应该养成平时多积累的习惯,将一些较为常用的专业词语的基本意思、正确读法了解清楚,并整理归类备用。要重点解决一些常见的专业技术性词语及外文字母缩写所表达的意思,特别是自己所在新闻栏目领域内的专业技术性词语,要播得"内行"。要善于"咬文嚼字",勤查工具书,多多虚心请教相关专业人士。同时要形成严谨查找的习惯,因为网络上一些资料大多为网友个人的观点,不具有权威性,要尽量通过权威途径查找词语正确释义,在"知其然"的基础上努力做到"知其所以然"。

一些播音员存在着侥幸心理,以为自己不熟知的专业技术性词语受众也大都不了解,从而放松对自己的要求。这种方式有违新闻的严谨客观性,同时受众中包含了各类专业领域人士,如果出现专业常识性的错误,结果将是得不偿失的。当然,由于专业所限,一些专业性词语即便查阅后仍然不清楚具体意思的情况下,在播读时将字词精准播读即可。

二、实训材料

(音视频2-4)

(1) 3月14日晚间,央行更新的数据显示,2月末央行口径人民币外汇占款23.98万亿人民币,环比减少2279亿元人民币,较1月央行口径外汇占款降幅6445亿元大幅收窄。

这与上月的外汇储备降幅趋于一致,此前公布的2月外储下降286亿美元,1月为下降994亿美元。

---

① 高国庆. 播音主持语言不规范问题刍议[J]. 中国广播电视学刊,2014(08):66-68.

第二章 新闻播音重难点解析

而金融机构口径外占数据自1月开始央行不再公布。

央行行长周小川3月12日在全国"两会"记者会上表示，个别阶段资本流出多一点也不奇怪。中国资本流动会很快趋于比较平静和正常的水平。

(2) 以一场5球大胜取得联赛开门红，拜仁慕尼黑正式开启德甲卫冕之路。

北京时间今晨，2015至2016赛季德甲联赛在慕尼黑安联球场开幕，在拜仁与汉堡的揭幕战中，卫冕冠军坐镇主场取得一场5比0的大胜，取得新赛季联赛开门红，5比0的比分也刷新了德甲揭幕战的最大比分纪录。其中，前锋穆勒独中两元，贝纳蒂亚、莱万多夫斯基、科斯塔分别有一球入账。

考虑到最近几个赛季汉堡客场对阵拜仁的惨淡战绩，今天比赛的大比分也在情理之中。纵观近六个赛季，拜仁主场对阵汉堡场均进球达到6个，2012至2013赛季，拜仁在主场曾9比2胜出，上赛季拜仁再次主场8比0击垮汉堡。

值得一提的是，本场比赛还刷新了德甲揭幕战的最大比分纪录。十年前，拜仁作为卫冕冠军在2005至2006赛季揭幕战中3比0大胜对手取得开门红，十年后，拜仁再次改写了自己保持的揭幕战最大比分。

(3) 2016北京国际长跑节17日清晨在北京天安门广场鸣枪起跑。至今已拥有60年历史的该活动，今年升级为北京半程马拉松，来自28个国家和地区的2.1万名选手参赛。

北京国际长跑节前身为1956年开始的北京春节环城跑，2016年是其创办60周年。今年赛事由原来的十公里赛程升级为半程马拉松，同时保留了兼具健康和娱乐性质的"家庭跑"项目。今年赛会提出"我为北京跑"的口号，旨在表达市民对这座城市的认同感、归属感和责任感。

据记者了解，赛事报名启动后，短短24小时名额就被报满。参赛者中不乏奥运冠军孙琳琳等人。据组委会公布的参赛信息显示，本次比赛吸引逾百名60岁以上高龄选手参赛，年龄最大的79岁。

(4) 近日，媒体报道俄罗斯残疾男子、30岁的俄罗斯计算机工程师瓦雷里·多诺夫将进行世界首例人体换头术，医生则是来自意大利都灵高级神经调节学会外科医生塞尔焦·卡纳韦罗，近年提出全身移植手术和世界首例人体换头术。原来，多诺夫天生患脊髓性肌肉萎缩症，肌肉停止发展，令他自小全身伤残，骨骼畸形。多诺夫坦言感到害怕，但自己病情不断恶化，决定放手一搏，并已获得家人支持。

世界首例人体换头术预计最快明年实施手术。据悉，手术非常复杂，估计需36小时才能完成，成本约7千万人民币，事后还要注射大量药物抑制免疫力，以免出现排斥反应。身体捐赠者同样来自俄罗斯，大脑已经死亡。据悉，世界首例人体换头术3大条件：一是捐献者与接受者必须同处一间手术室，他们的头部要冷却到12到15摄氏度间；二是须用一把特别锋利的刀切断脊髓，因整齐的切口是脊髓缝合的关键；三是须用一种促融剂充当"胶水"，黏合切开的脊髓。

世界首例人体换头术虽然在理论技术上可以实现，但因缺乏客观的实验室数据，还是存在很大风险。脑部移植到目前为止也只有小鼠实验，并且也只进行了短期的观察，没有长期的观察，同时尚未有猪、猴等更高级动物的实验。

(5) 记者从哈尔滨市社会科学院731问题国际研究中心获悉，该中心"美国解密日本细菌战档案调查研究"课题组完整编译出关于侵华日军细菌武器的《阿尔沃·汤姆森报告》。该报告记录了731部队首任部队长石井四郎的供述，截至1942年，731部队共研制生产了2470枚细菌炸弹。

在掌握第一手资料的基础上，得出侵华日军生产了至少10种类型的细菌炸弹。包括石井式陶瓷细菌弹、HA型炸弹、I型炸弹、RO型炸弹、SI型炸弹、U型炸弹、老型UJI炸弹、GA型炸弹、100UJI型炸弹、母女弹等。

石井四郎向汤姆森提供的数据，1937年至1942年，731部队共生产了2470枚携带细菌病原体的炸弹，这些细菌弹以炭疽菌、鼠疫菌和伤寒菌为主要填充菌。

(6) 天津港危险化学品仓库"8·12"瑞海公司爆炸事故第四场新闻发布会15日上午举行。天津市环保局总工程师包景岭通报说，环境空气监测结果显示，17个环境空气质量监测点未检测出氢化物等有害有毒物质，空气质量达到二级良好水平。

包景岭介绍说，自8月13日凌晨三点起，环保部门在瑞海物流事故现场周边共布设17个环境空气监测点位，5个废水监测点位，1个水环境监测点位和1个海水监测点位，持续实施24小时不间断监测。

包景岭说，在这里通报的是8月13日13点至14日24点期间，环境空气方面的监测结果。有两方面的内容，一个是事故特征大气污染物的监测结果。8月13日13点至14日24点期间，共现场采集空气样品540个，针对本次事故特点，特征污染物监测项目包括苯、甲苯、二甲苯、苯乙烯、三氯甲烷、挥发性有机物、甲醛、氨气、硫化氢和一氧化碳等12项，17个环境监测点位中，除1个点位的二甲苯超标一次，超过大气污染物综合排放标准1.06倍,其余各点位及其余各项污染物均未出现超标,各点位氰化氢均未检出。

第二是环境质量常规污染物的监测结果。8月13日13点至14日24点期间,事故区域周边五个环境空气质量自动监测站,环境空气质量整体处于二级良好到三级轻度污染水平。

(7) 今年3月,谷歌开发的计算机围棋程序"阿尔法围棋"击败韩国围棋大师李世石九段,引起轩然大波。此次"阿尔法围棋"在人机大战中获胜成为人工智能爆发的重大转折点,同时也向中国人工智能提出了挑战。

日前,由中国围棋协会、中国人工智能学会共同主办的"阿尔法围棋人机大战的解读与中国人工智能论坛"在北京航空航天大学举行,来自科学界、围棋界的专家齐聚一堂,深入解析阿尔法围棋。在论坛上,世界计算机围棋锦标赛发起人陈昭透露,中国计算机围棋科学家团队正积极打造"中国造"的围棋程序,希望不久的将来能向谷歌阿尔法围棋发起挑战。

(8) 从中国航天科技集团公司获悉,继今年第三季度择机发射"天宫二号"空间实验室后,第四季度,"神舟十一号"飞船将搭乘两名航天员与"天宫二号"完成对接,并在太空驻留30天。在新的载人航天任务中,"天宫二号"有三大使命:进一步验证航天员在轨驻留技术;验证推进剂在轨补加技术;开展大量科学和应用实验。目前"天宫二号"已完成总装,各系统正在紧张备战。

此前,我国航天员在轨驻留的最长时间是"神舟十号"任务创造的15天。"天宫二号"型号总设计师朱枞鹏表示,为完成中期驻留任务,此次任务携带的航天员生活必需品很多,装载量大大提高,同时还要为航天员创造舒适、人性化的环境。"天宫二号"还将开展14项前沿空间科学和应用实验,很多为空间站建设研发的新型设备(例如用于开展舱外维修的机械臂),在今年的任务中都将进行测试。其他实验项目还涉及微重力基础物理、空间材料科学、空间生命科学等,其中有两项需要航天员直接参与操作,还有一项国际合作研究项目。

另悉,2017年上半年,用"长征七号"运载火箭发射的"天舟一号"货运飞船将与"天宫二号"对接,开展推进剂补加等相关试验。

第五节　新闻播音语速的把握

一、理论阐述

日常生活中，在正常语速下我们平均每分钟说出220~240个音节；新闻播音的语速相较于日常生活语言稍快，一般为260~300个音节。因为在日常生活语言中，人们说话主要以即兴方式出现，且在说话中主要呈现出边说边想的状态，且以短语、短句子为主，语速随着内容、情感、对象的变化而变化，句子与句子之间停留时间较长。而新闻播音大多是播报已经写好的新闻稿件，不完全和日常说话相同，所以语速相对快一些。

在20世纪60年代，当时的"记录式新闻"播音语速每分钟大约为160~180个音节，80年代加速到了每分钟200个音节左右，90年代加速到了每分钟260个音节左右，新世纪以来播音语速加速到了每分钟300个音节左右，相比60年代提高了将近一倍。目前，新闻播音语速呈现出一种越来越快的态势，有的甚至达到每分钟320~360个音节的速度。这主要是因为，随着生活节奏的加快，新闻信息量也越来越大，人们对获取新信息的欲望越来越强，特别是"微博""微信"等新媒体的飞速发展，新闻传播速度也越来越快，新闻处于随时"刷新"的状态。人们听到一条新闻的反应从"真的有这个事情啊！"变为了现在的"你现在才知道呀！"。人们总是希望在最短的时间里了解到更多的新闻，正是在这种背景下，在单位时间内新闻内容的增加就必然要求播音员语速的提高。"播音语速的加快是时代变化的必然，是经济发展和现代生活节奏加快的产物。"[①]

现在很多新闻节目新闻播报语速一味地追求所谓"一气呵成"，致使字音不清晰、新闻内容不详细、层次不明晰、细节不完备、主题不明确。例如有播音员因为语速过快把"西安"二字的读音"xī'ān"读为了"xiān"音，使受众不明就里。如果因为语速的快而影响新闻内容的准确性和完整性，使人听不明白，结果将是得不偿失的。

---

① 白添元.浅谈电视新闻播音员的播音语速[J].新闻世界，2012(07)：118-119.

(一) 新闻播音语速限制因素

1. 有声语言线性传播特征

广播电视有声语言的呈现形式属于单向线性传播，在传播过程中无间断性，具有"稍纵即逝，过耳不留"的特点，播音员出现语言上的失误即便及时得以纠正也会使节目整体质量大打折扣。"广播听众只能用听觉捕捉信息，由于汉语中同音字、词非常多，在捕捉声音信息过程中，产生误解已不是偶然。"[①]电视虽然呈现手段要多一些，但是也不能避免有声语言稍纵即逝的弱点。

有声语言在传播过程中储存性差，且受众对听到的内容要有所反应是需要一定的时间的，如果播音员语速过快，可能受众听不清楚某句话，而影响信息传播的准确性。另外，受众即便通过仔细回想了解到了这句话的内容及意思，但就在这个回想过程中，其后的语言又在源源不断地传播，使得整条新闻给受众留下"支离破碎"的印象。

2. 受众的多样化

除去一些受众针对性比较强的新闻节目(如财经新闻、军事新闻、体育新闻、文娱新闻等)外，收听收看新闻节目的受众几乎涵盖了社会所有阶层的民众。北京师范大学语音专家周同春教授的研究表明："对于日常生活中非常熟悉的语言，在短时间内(几秒钟内)，人耳的接受程度可达每秒七八个字，甚至更多；一般情况下，人耳的接受程度(即辨析率)是每秒四五个字，即每分钟240~250字。超过这个速度，听者理解辨析就会有一定困难。而且不同年龄、不同文化程度、不同职业的人对语言理解的能力是不同的。老年人听力差、反应速度慢、记忆力减退，他们的听觉和识辨能力往往不及年轻人，文化水平低的人对语言的理解能力一般也赶不上文化水平高的人。"在受众中，会存在年龄、民族、语言、受教育程度等诸多方面的差异，新闻节目要尽可能地使更多受众能够及时全面收听收看，就必须兼顾大众，考虑到受众多样化的影响，符合受众生理和心理的需要。语速过快可能使年龄较大、文化水平相对较低的受众听不清楚，影响新闻信息的及时传播。

3. 频率频道及栏目定位

新闻节目播报语速受到频率频道和栏目定位的影响。如体育频道、交通频率等

---

① 马炳昱，雷青.广播电视线性传播的弱点及对策[J].新闻世界，2013(06)：82-83.

频率频道整体节奏相对较快，一些体育新闻、文娱新闻节奏感较强，在播读时语速也会随之加快。特别是体育新闻节目为满足受众急于了解赛事结果的心理诉求及表现出赛事的紧张激烈程度，语速一般较快。但是一些时政新闻、专题新闻、新闻评论节目要求把新闻事实观点讲述清楚，语速相对就要慢一些。

另外，新闻节目的时间安排对播音员语速快慢也有一定影响，播音语速要与受众不同时间段的心理节奏相适应。如中央电视台新闻频道早间新闻节目《朝闻天下》，播出时间为每天早上6点到9点，因为播出时段观众精神状态非常好，大多在做上班前的准备，时间比较匆忙，且早间应该给人传递朝气蓬勃的精神风貌，所以整体语速相对偏快，让观众在最短时间内了解到更多新闻信息。而中央电视台新闻综合频道播出的《晚间新闻》节目，因为节目播出时间为每天晚上10点到10点半，该时间段观众大多生理与心理上相对比较疲劳，播报语速就应相应减慢，使受众在比较舒缓的节奏下观看节目。

4. 新闻内容的重要程度

一般来讲，新闻价值越大的新闻语速越慢，如"十八大""两会""中央经济工作会议"等重要会议，重大自然灾害、安全事故，国际争端等事件在播读时语速相对较慢，以体现此条新闻内容的权威性、重要性和播音的庄重感。反之，新闻价值相对不大的新闻在播读时，语速相对较快。在新闻内容需要强调、不是特别容易理解或者比较拗口的情况下，语速也应相应放慢。

5. 与搭档的配合

大多数新闻节目需要双人搭档播报，在播报时要根据搭档的播报语速进行适应调整，使相互之间的节奏搭配自然协调。

(二) 新闻播音语速控制的原则

1. 快而不出错

我们常说："欲速则不达。"语速越快，出现错误的频率也就越高。这里的错误，主要是指有声语言的"硬伤"，即比较明显的错误或缺陷，如错字、吃字、添字、跳字、回读等情况，这些问题是有声语言中最为直观的错误。虽然语速较快看似可以"混"过去，但这是绝大部分受众都能听出来的错误，会严重影响节目播出质量。还有一些播音员由于自身疏忽且语速较快,停连不当而造成语误,如将"武汉市长江二桥进行交通管制的第一天"处理为"武汉市长//江二桥进行交通管制的第一天",不仅曲解了语意,还闹成了笑话。所以,对于新闻播音员来讲,要加大语言基本功及语言表达训练力度,尽量降低出错率。

如果播音员一味地盲目求快,进行"填鸭式"的传播,表面上看似乎增加了词语密度、加快了传播速度,增加了新闻节目的信息量,但却忽视了受众的接受能力,影响了信息传递的准确性,进行的只是一种浅层次的传播。

对于初学者来说,播音出错在所难免,在练习时要遵循"先慢后快、循序渐进"的原则。为纠正自己的语言"硬伤"问题,可在练习中适当给自己一定"惩罚",如只要出现错字、吃字、添字、跳字、回读等问题,就从整篇新闻或者所读段落的第一个字重新读,直至这篇新闻稿件完全不出现错误为止。

2. 快而语意清

新闻播音稿件结构严谨、层次分明、逻辑性强,在备稿时,一定要读懂稿件,理清稿件的结构布局,划分好新闻稿件的内部层次,并通过有声语言将这种层次体现出来,做到快而语意清。目前绝大多数新闻节目特别是广播新闻节目都是采用直播方式,播音员备稿时间比较短暂,就更需要加强快速备稿能力的训练。

3. 快而有变化

播音员语速较快时,很容易忽略节奏的变化,让受众听起来觉得呆板无味。因此,在新闻播读语速较快时,一定要引发思想感情的运动状态,在音节与音节之间、短语与短语之间、句子与句子之间、段落与段落之间加强语言上的高与低、快与慢、轻与重、虚与实的对比变化,使语言在态势上呈现出抑扬顿挫、轻重缓急、节奏明快的声音形式,使语言在形式与内容上"活"起来。

4. 快而有对象感

语速在快的过程中,也容易忽略对象感。广播电视传播属于大众传播,播音员在播读新闻时,语言接收的对象千千万万,要根据节目主题和目的设想对象,在"目中无人"的播出环境下做到"心中有人",以获得主动交流感,增强播讲欲望与新闻新鲜感,体现出边说边想的感觉,产生由己达人的交流感。

二、实训材料

(音视频2-5)

(1) 高举旗帜奋力开拓铸就辉煌业绩，领航中国信心满怀共创美好未来。举世瞩目的中国共产党第十八次全国代表大会8日上午在人民大会堂开幕。

胡锦涛代表第十七届中央委员会向大会作了题为《坚定不移沿着中国特色社会主义道路前进，为全面建成小康社会而奋斗》的报告。胡锦涛强调，中国共产党第十八次全国代表大会，是在我国进入全面建成小康社会决定性阶段召开的一次十分重要的大会。大会的主题是：高举中国特色社会主义伟大旗帜，以邓小平理论、"三个代表"重要思想、科学发展观为指导，解放思想，改革开放，凝聚力量，攻坚克难，坚定不移沿着中国特色社会主义道路前进，为全面建成小康社会而奋斗。

(2) 近日，国务院办公厅印发《关于同意在上海等9个城市开展国内贸易流通体制改革发展综合试点的复函》，同意在上海市、南京市、郑州市、广州市、成都市、厦门市、青岛市、黄石市和义乌市9个城市开展国内贸易流通体制改革发展综合试点。

《复函》指出，试点工作要坚持市场化改革方向，以建设法治化营商环境为主线，以新的流通创新为引领，打破地区封锁和行业垄断，充分发挥市场配置资源的决定性作用，优化内贸流通发展的体制机制，完善流通法规、规则和诚信体系，逐步形成政府依法行政、企业守法经营、中介组织规范自律、社会公众有效监督的法治化营商环境和分工明确、协调高效的内贸流通管理体制。

(3) 2015年8月10日，军事法院依法对解放军总后勤部原副部长谷俊山贪污、受贿、挪用公款、行贿、滥用职权案进行了一审宣判，认定谷俊山犯贪污罪、受贿罪、挪用公款罪、行贿罪、滥用职权罪，数罪并罚，决定执行死刑，缓期两年执行，剥夺政治权利终身，并处没收个人全部财产，赃款赃物予以追缴，剥夺中将军衔。案件审理期间，军事检察院补充起诉谷俊山犯行贿罪。

(4) 由中国电力投资集团和国家核电技术公司重组组建的国家电力投资集团公司昨天挂牌，这个全国唯一同时拥有水电、火电、核电、新能源资产的综合能源企业集团，将承担三代核电引进、消化、吸收、再创新的战略任务。

(5) 公安部近日对2010年印发的《公安机关涉案财物管理若干规定》进行全面

修订,进一步完善涉案财物的管理体制、管理方式、处理程序,并重点围绕规范管理工作和保护当事人合法权益提出具体措施。新规要求各级公安机关严格涉案财物查封、扣押、冻结等程序,严禁在刑事案件立案或行政案件受案之前对财物采取查封、扣押、冻结、扣留等措施。新规自2015年9月1日起施行。

(6) 民政部、财政部通知,在纪念抗战胜利70周年之际,根据中央要求,将向部分健在的抗战老战士发放一次性生活补助金5000元。要求各地结合当地实际,制定方案,在9月份之前把补助金发放到抗战老战士手中。

(7) 2015年全国广播电视编辑记者、播音员主持人资格考试10月25日结束,共有38 182人报名参加,其中13 311人报名参加播音员主持人资格考试,包括一些知名主持人。

广播电视编辑记者、播音员主持人资格考试由国家新闻出版广电总局组织实施,2005年起每年举办一次,今年是第11次。据统计,10年间,共有343 283人次参加资格考试,141 736人取得广播电视从业资格。

今年6月,国家新闻出版广电总局发出《关于进一步加强广播电视主持人和嘉宾使用管理的通知》,重申无证人员不得上岗主持节目,因此今年报考播音员主持人人数创历史纪录,也备受社会关注。

据了解,广播电视编辑记者、播音员主持人资格考试覆盖内容广泛,包括政治理论知识,法律基础知识和相关法律法规,经济学、社会学、文学常识等综合知识,马克思主义新闻观和中国社会主义新闻事业的方针原则、新闻工作者职业道德、广播电视常识等广播电视基础知识,以及广播电视业务、广播电视播音主持业务等专业科目。

(8) 23日,两千多名日本当地民众在日本国会附近举行集会,抗议安倍政府强推日本新安保法案。已经91岁高龄的日本前首相村山富市也出现在了抗议的人群当中。

村山富市在演讲中说,目前日本的政治正在发生巨大变化,将日本引向战争的安保法案居然能在众议院审议通过,这简直是匪夷所思。

村山强调,日本战后的繁荣是在和平宪法下实现的,安倍内阁修改宪法的企图必须被制止。

(9) 受朝鲜最高领导人金正恩邀请,韩国前总统金大中遗孀李姬镐一行今天抵达平壤,以个人身份对朝鲜展开为期4天的访问。

李姬镐是乘坐韩国廉价航空的飞机前往朝鲜的。韩国政府相关人士表示，这是2008年11月以来韩方人士首次搭乘飞机前往朝鲜。此次访朝代表团共18人，没有新闻工作者同行。

针对李姬镐抵达朝鲜一事，朝中社作了简短报道，但并没有透露具体行程安排。访朝代表团团长金圣在临行前表示，李姬镐希望此行能促成韩朝继续展开对话、交流与合作。

据报道，李姬镐此行能否与朝鲜最高领导人金正恩会面成为关注焦点。"金大中和平中心"方面认为，金正恩去年年末发来亲笔信邀请李姬镐访朝，因此双方会面的可能性较大。韩国统一部副发言人朴秀珍3号表示，李姬镐是以个人身份访问朝鲜，韩国政府没有考虑借机向朝鲜转达官方立场。

第三章 时政新闻播音

第一节 理论讲解

一、时政新闻定义

时政新闻是指对党和政府政治生活中新近发生的事实的报道,也就是日常所说的"国家大事"。时政新闻承载着党和政府的"耳目喉舌"功能,党和政府需要通过时政新闻来传递路线、方针、政策,"以正确的舆论引导人",受众也需要通过收听收看时政新闻来了解国家最新信息,以满足"大事的知情者"的心理需求。随着改革开放的不断深入,人民群众参政议政的意识越来越强烈,对时政新闻的关注度也越来越高。

时政新闻在我国各级广播电视机构新闻节目中占有重要地位,时政新闻传递的是党和政府的权威声音,其重要地位是由时事政治在社会活动的重要性决定的。无论是中央级广播电视媒体、省级广播电视媒体,还是各个地方广播电视媒体,也不论各个广播电视媒体是何种品牌定位,时政新闻一直都是新闻节目的重中之重。我国收视率最高、影响力最大的电视新闻栏目《新闻联播》不仅是世界上收视人数最多的电视节目，更是被称为"中国政坛的风向标"。中央人民广播电台中国之声的《新闻和报纸摘要》栏目"每天固定听众数以亿计"[①]。

和其他新闻节目相比，时政新闻主要具有这样几个特点：

1. 政治性

时政新闻直接反映国家的政治动态，具有鲜明的政治性、权威性和公信力，是党和政府权威信息的最主要发布渠道，很多党和国家重大新闻都是通过时政新闻来发布的。时政新闻在传递党的执政理念、传播社会主义核心价值体系、密切党群关系、把握社会脉搏、构建和谐社会等方面有着不可替代的作用。

2. 时效性

和其他新闻相比，时效性对于时政新闻来说更为重要，第一时间发布是时政新闻的准则。一些重大突发事件或群众关注热点，往往需要官方权威媒体在第一时间报道事件进展、政府举措和调查处理结果，正确引导社会舆论，以正视听。能够及时准确地将重大、紧急的时政新闻传递给广大受众，已成为当今主流新闻媒体的核心竞争力。

3. 广泛性

据《中国广播电影电视发展报告(2015)》显示，截至2014年底，我国广播、电视综合人口覆盖率分别达到97.99%、98.60%。我国各级广播电视台都有时政新闻节目，在地域上从中央到地方基本实现了全覆盖，一些国际频道、外文频道更是将时政新闻传递到了国外。

时政新闻涵盖面广，包括政府日常活动、政府工作动态、重大经济活动、政治外交事务、考察调研、重大政治性庆典等。它的报道范围相对较广，没有行业、地域的界限，能在很大程度上满足受众"国家大事知情者"的心理需求。

4. 规范性

"政治和社会稳定最直接相关，所以所有的时政报道是慎而又慎的，无论是记者的采写还是编辑的编发，哪一个环节都是字斟句酌的。"[②]时政新闻是严肃的新

---

① http://china.cnr.cn/jmb/zydzs/200811/t20081128_505162950.html，2016-05-15.
② 乌琼芳. 论时政新闻的特点及写作[J]. 语文学刊，2007(01)：150-152.

闻，在报道语言上有着严格要求，具有严谨的文风和较为稳定的报道模式，追求准确、规范、真实。时政新闻在保证舆论宣传准确、全面的前提下，对活动的程序、报道的规格、单位及人物的称谓上都有较为严格的要求。

当然，由于时政新闻规范性的特点，也导致时政新闻在形式和内容上呈现程式化、公式化的现象，使受众感到亲切不足、严肃有余。

二、时政新闻分类

按照时政新闻的特点及呈现方式，时政新闻大致可分为以下八类：

1. 公告命令类

公告命令类，即党和政府及其职能部门发布的命令、决定、任命、法规、决议、慰问电、人物简历、名单、公告、通告、白皮书、抗议等。

2. 会议新闻类

会议新闻类，即报道会议或报道与会议有关的新闻。各级党和政府重大决议与政策出台一般都是通过会议产生的，会议新闻是我国新闻媒体的重要报道内容，担负着党和政府发布政策信息的基本职能，也为新闻媒体提供了丰富的新闻线索或信息来源，是新闻报道最大的"内容提供商"。

3. 外交事务类

外交事务类，是指党和国家领导人出访、接见外宾，与他国领导人或国际组织负责人间的会晤，出席国际会议，外交部新闻发布会等与外交相关的活动新闻。

4. 考察调研类

考察调研类，是指对党和国家领导人或所在地域主要党政领导干部的考察、视察、调研等活动的新闻报道。

5. 重大突发事件类

重大突发事件类，是指对突然发生的、造成或者可能造成严重社会危害，需要采取应急处置措施予以应对的自然灾害、事故灾难、公共卫生事件和社会安全事件的新闻报道。

6. 重大庆典、活动类

重大庆典、活动，"是党和国家在历史发展实践中针对具有重要纪念和庆祝价值的日子、事件或人物所开展的政治活动"①。如对国庆、党庆、阅兵、春节、奥运会、世博会、亚运会、全运会、对重大历史事件或历史人物的纪念活动等的新闻报道。

7. 国际新闻类

国际新闻类，是指对较有影响力的国际政治、国际关系、国际经济、国际新闻事件及人物的报道，使受众及时了解国际新闻事件，准确把握世界形势发展变化。

8. 讣告类

讣告类，即党、国家、军队领导人，重要知名人士或特殊人士，国际友人去世的消息。

三、时政新闻播音总体要求

1. 熟悉写作模式

时政新闻播音的语言表达样式是由时政新闻稿件的文体特点所决定的。一般来讲，不同类别的时政新闻都有相对比较固定的写作模式，结构较为单一。比如会议新闻大多按照会议流程来写：第一部分导语段点明会议全称、主题、举行地、与会人员及会议主持人，第二部分主要提炼领导讲话主要内容，第三部分理清会议程序并对会议其他事项作简要介绍，第四部分介绍会议召开的背景及意义。熟悉时政新闻稿件写作模式，不仅有利于快速备稿，还有助于鲜明、生动地传递新闻稿件思想内涵。

2. 积累常见固定词汇

时政新闻稿件中包含有大量的常见固定词汇，播音员要注意积累、练习并精准播读这些词汇。要如同电脑打字的自动记忆功能一般，在熟读中遇见相关词语就形成条件反射式的播读。常见固定词汇主要包括：

(1) 领导职务名称，如："中共中央总书记、国家主席、中央军委主席""中共中央政治局常委""全国人大常委会委员长""国务院总理""全国政协主席""中共中央政治局委员""中央书记处书记""中央政策研究室主任"等。

---

① 胡国胜. 试析国家重大纪念和庆典活动与大学生爱国主义精神培养[J]. 山东青年政治学院学报，2012(01)：57-61.

(2) 会议名称，如："中国共产党全国代表大会""全国人民代表大会""中国人民政治协商会议""中央经济工作会议""国务院常务会议""亚太经合组织领导人非正式会议""博鳌亚洲论坛"等。

(3) 单位全称，如："中央纪律检查委员会""国务院新闻办公室""国家新闻出版广电总局""人力资源和社会保障部""国家卫生和计划生育委员会""国家质量监督检验检疫总局"等。

(4) 当前工作重点及宣传报道重点，如："社会主义核心价值观""三严三实""四个全面""四风问题""八项规定""供给侧改革""五位一体""新常态""两学一做"等。

3. 准确规范，庄重大气

在各类新闻稿件中，时政新闻对播读的规范性要求最高，这是由时政新闻规范严谨的写作特点所决定的。因为时政新闻主要播报的是党和政府层面的新闻，内容较为严肃，具有强烈的政治色彩，应当有较强的政府、所在媒体代言人的气度，在播读中整体状态要求准确规范、庄重大气。

准确规范主要是指在播读中普通话语音、词汇语法要标准规范，停连、重音得当，不随意改动、增加、减少新闻原稿，特别是新闻稿件中的地名、人名、时间及数字不要出错。

庄重大气主要是指在播读中整体状态积极主动、庄重沉稳，气息充沛、吐字饱满、语势稳健、少大起大伏。

4. 人物名单播读准确无误

时政新闻中，时常会出现一些人物名单。播读人物名单难度较大，在播读时要注意以下几点：

(1) 首先要查阅权威字典，将姓名中出现的生僻字及印象模糊的音节准确读音查阅清楚，杜绝出现语音误读、声调误读、字形相近字混淆读音等语音错误，确保万无一失。一般姓氏的多音字大都有明确的读音，如"单"字在为姓氏时读为"shàn"音，"解"字在为姓氏时读为"xiè"音，"盖"字在为姓氏时读为"gě"音；但名字中的多音字在处理时候就需要格外谨慎，如"传"字有"chuán"和"zhuàn"两个读音，"茜"字有"qiàn"和"xī"两个读音，遇到这样的字千万不要按照自己的理解或者习惯播读，一般来讲地名或人名中的多音字按照"名从主人"或"约定俗成"这两个原则来确定，播读前要仔细核对清楚。

(2) 姓名后括号内的性别、族别要读出来，在播读完姓名后，稍作停顿声断气不断读出，少数民族名称不能随意简称，如"蒙古族"不能简称为"蒙族"，"维吾尔族"不能简称为"维族"。

(3) 双音节姓名要读为"中重"格式，三音节姓名要读为"中中重"格式，四音节姓名要读为"中重中重"格式。遇到姓名中的"·"号在播读时稍作短暂停顿紧接其后。

(4) 要注意气口的均衡安排。"一种是一人一换气，用于极重要且为数不多的人名。"[①] "还有一种就是需要分组换气，比如两人一换气或三人一换气，不得随意无序。"[②] 同时组与组之间要有语势起伏变化，避免听起来单调乏味。

(5) 播读人物简历，要将不同年份的层次转换感读出来，相近时期职务的不同之处要着重播读，文中括号内的文字要播读出来，年份之间的间隔符号"—"读为"至"或"到"。

5. 把握稿件精神实质

很多人播不好时政新闻，很大原因在于没有准确把握稿件精神实质。时政新闻大多和当前时政热点相结合，不仅要读懂文字表层意思，更要吃透稿件精神实质，方能做到事实明确、情感真挚、富有内涵。

比如在播读关于热门政治主题词"中国梦"相关新闻时，不仅要知晓"中国梦"的基本内涵，更要通过进一步的学习，清楚为什么要提出"中国梦"？"中国梦"对我国意味着什么？我们应该如何去实现"中国梦"？新闻稿件内容与"中国梦"的联系在哪里？只有对"中国梦"进行深入的解读，才能理解"中国梦"的提出是对当前社会发展客观要求的深刻把握，是对人民群众期待的真切的回应，才能在播读清楚新闻稿件的同时将对稿件精神实质的理解传递出去。

---

① 高蕴英.教你播新闻[M].北京：中国广播电视出版社，2005：156.
② 同上。

第三章　时政新闻播音

第二节　实例剖析

一、公告命令类

这类稿件在语言样式上属于宣读式，带有较强的书面语色彩，在播报时要求郑重宣读，严谨规范。表达的精准规整是这类稿件的基本要求，在播读中必须一字不差照原稿播出，在播读时不允许作任何口语化处理，需要播音员有较强的专业基本功。

在播读时，用气沉稳，咬字力度较大，语速相对较慢，语势稳健，整体节奏平稳。"它既有发布新闻的新鲜感，又有发布重要消息的严肃感和持重感。"[①]同时，在整体平稳的基础上也要通过语势的变化、高低的对比，体现出层次节奏变化来。

对于初学者来说，练习公告命令类稿件，既可以巩固夯实语音发声基本功，又可以培养严谨规范的播读习惯，增强新闻播音语感和新闻专业素养。

1. 全国人民代表大会常务委员会关于确定中国人民抗日战争胜利纪念日的决定（音视频3-1）

现在播送全国人民代表大会常务委员会关于确定中国人民抗日战争胜利纪念日的决定。

决定说，中国人民抗日战争，是中国人民抵抗日本帝国主义侵略的正义战争，是世界反法西斯战争的重要组成部分，是近代以来中国反抗外敌入侵第一次取得完全胜利的民族解放战争。中国人民抗日战争的胜利，成为中华民族走向振兴的重大转折点，为实现民族独立和人民解放奠定了重要基础。中国人民为世界各国人民夺取反法西斯战争的胜利、争取世界和平的伟大事业作出了巨大贡献和民族牺牲。中华人民共和国成立后，中央人民政府政务院、国务院先后将1945年9月2日日本政府签署投降书的次日即9月3日设定为"九三抗战胜利纪念日"。为了牢记历史，铭记中国人民反抗日本帝国主义侵略的艰苦卓绝的斗争，缅怀在中国人民抗日战争中英勇献身的英烈和所有为中国人民抗日战争胜利作出贡献的人们，彰显中国人民抗日战争在世界反法西斯战争中的重要地位，表明中国人民坚决维护国家主权、领土完整和世界和平的坚定立场，弘扬以爱国主义为核心的伟大民族精神，激励全国各族

[①] 高蕴英.教你播新闻[M].北京：中国广播电视出版社，2005：39.

人民为实现中华民族伟大复兴的中国梦而共同奋斗,第十二届全国人民代表大会常务委员会第七次会议决定:将9月3日确定为中国人民抗日战争胜利纪念日。每年9月3日国家举行纪念活动。

——2014年2月27日中央电视台《新闻联播》

播读提示:播读这则新闻,需注意以下两点:

(1) 要对作出该决定的背景及意义有深刻认识,确定整体基调。1945年9月2日日本政府正式签订投降书,9月3日举国同庆,中国人民取得抗日战争的伟大胜利,标志着世界反法西斯战争的完全胜利。中国最高立法机构全国人大常委会作出的这个决定,以立法形式将9月3日确定为国家层面的纪念日,集中反映了全体中国人民的共同意愿和心声,表明中国人民反对侵略战争、捍卫人类尊严、维护世界和平的坚定立场,同时也是为了警醒全世界人民时刻共同避免历史悲剧的重演,更好地维护世界和平。整体播读状态要庄严郑重,沉稳大气。

(2) 要对稿件有较为充分的解读。稿件第2段分为两个层次,前四句话为第一层次,主要是作出该决定的背景,即中国人民抗日战争的历史贡献及深远影响;第二层次为最后一句话,主要是作出该决定的历史与现实意义,即作出该决定是对历史的尊重、正义的伸张,是为了牢记历史、珍爱和平。在播读决定具体内容时,语速相对较慢,将确定的具体日期着重强调出来。

2. 习近平主席就尼泊尔地震向亚达夫总统致慰问电 (音视频3-2)

本台消息:4月25日,习近平主席就尼泊尔当日发生强烈地震向尼泊尔总统亚达夫致慰问电。慰问电全文如下:

惊悉贵国发生强烈地震,造成重大人员伤亡和财产损失。我谨代表中国政府和人民,并以我个人的名义,对不幸遇难者表示沉痛的哀悼,对遇难者家属和受伤人员表示诚挚的慰问。

我相信,在总统先生和尼泊尔政府领导下,尼泊尔人民一定能够共克时艰、战胜灾害。在此危急时刻,中国人民坚定同尼泊尔人民站在一起,中方愿向尼方提供一切必要的救灾援助。

——2015年4月26日中央电视台《新闻联播》

播读提示:2015年4月25日14时11分,尼泊尔发生8.1级地震,造成重大人员伤亡及财产损失。受此波及,中国西藏、印度、孟加拉国、不丹等地均出现人员伤

第三章 时政新闻播音

亡。面对人类共同的灾难，中国政府通过派遣救援队、捐助救援款及物资进行国际人道主义救援。播读这则新闻，总体基调为强烈关注、深切同情与诚挚慰问，对不幸遇难者表示沉痛哀悼，坚信尼泊尔将战胜灾难，表达中方愿提供援助同尼方一道抗震救灾、重建家园的坚定态度。

二、会议新闻类

重大的决策一般都是要通过会议制定、发布的，通过对会议议题进行充分的商讨交流，最终形成共识和决议。会议新闻对及时传递党和政府权威声音，正确引导舆论，指导具体工作具有重要作用。

在播读前，要对所播会议的背景及目的有一个充分的理解和把握，对会议的流程、议题，讨论情况和决议有较为深入的领会，确定好总体基调。同时要理清文稿层次，分清内容主次并衔接自然，既要说清楚事实、表明基本态度，又要体现出新鲜感来。同时要特别注意播读出席会议人员、职务及排序不要出错。

1. 李克强主持召开国务院常务会议 (音视频3-3)

中央台消息，国务院总理李克强昨天主持召开了国务院常务会议。

会议指出，缩小城乡差距是我国发展巨大潜力所在。改革创新电信普遍服务补偿机制，支持农村及偏远地区宽带建设，是补上公共产品和服务"短板"、带动有效投资、促进城乡协同发展的重要举措。会议决定，加大中央财政投入，引导地方强化政策和资金支持，鼓励基础电信、广电企业和民间资本通过竞争性招标等公平参与农村宽带建设和运行维护，力争到2020年实现约5万个未通宽带行政村通宽带、3000多万农村家庭宽带升级，使宽带覆盖98%的行政村，并逐步实现无线宽带覆盖，预计总投入超过1400亿元。

会议认为，通过大众创业、万众创新，发挥市场机制作用，加快农村电商发展，把实体店与电商有机结合，使实体经济与互联网产生叠加效应，有利于促消费、扩内需，推动农业升级、农村发展、农民增收。为此，一要扩大电商在农业农村的应用。优先在革命老区、贫困地区开展电商进农村综合示范，增加就业和增收渠道，推动扶贫开发。二要完善交通、信息、产地集配、冷链等相关设施，鼓励农村商贸企业建设配送中心，发展第三方配送等，提高流通效率。三要营造良好网络消费环境,严打网上销售假冒伪劣商品等违法行为。四要加大农村电商政策扶持。让亿万农民通过"触网"走上"双创"新舞台。

会议指出,加快发展快递业,可以便利群众生活、降低流通成本、服务创业创新。会议确定,一是向各类资本进一步开放国内快递市场,支持快递企业兼并重组、做优做强。二是简化快递业务经营许可和进出境快件通关手续,探索快递企业工商登记"一照多址"。三是推进"互联网+快递",引导快递企业与电商深度合作。四是实施快递"上车上船上机"链接工程,给予快递专用车辆城市通行和作业便利。五是加大财税、金融、用地等政策支持。

会议还研究了其他事项。

——2015年10月15日中央人民广播电台中国之声《新闻和报纸摘要》

播读提示:播读这则新闻需要对"国务院常务会议"这一重要会议形式有较为详细的了解,同时需要对稿件的结构有明晰的划分。

国务院常务会议是国务院现行的法定会议之一,由总理、副总理、国务委员、秘书长组成,由总理召集和主持。国务院常务会议的主要任务是:(一)讨论决定国务院工作中的重要事项;(二)讨论法律草案、审议行政法规草案;(三)通报和讨论其他重要事项。

从稿件结构上来看,第一段为导语;第二、三、四段为新闻的主体部分,分别对会议的三个主要议题进行详细阐述,同时新闻背景寓于主体部分之中;第五段为结尾,是对新闻内容的补充。

2. 全国政协召开双周协商座谈会围绕"转基因农产品的机遇与风险"建言献策 俞正声主持 (音视频3-4)

全国政协8日在京召开第39次双周协商座谈会,围绕"转基因农产品的机遇与风险"建言献策。全国政协主席俞正声主持会议并讲话。

全国政协委员陈锡文、万建民、崔永元、陈章良、伍跃时等,以及专家学者马荣才等在座谈会上发言。

一些委员建议,要从国家全局和长远发展来考虑转基因农产品的研究、推广和监管。一是大胆研究。注重向基础研究倾斜,在应用研究上要发挥企业的积极性,要加强安全研究。二是慎重推广。要区分食用与非食用、主粮与非主粮的不同情况,对主粮的应用推广要十分慎重。要考虑转基因科技知识的普及程度、群众的接

第三章 时政新闻播音

受程度以及现有的管理水平,坚持安全第一,群众信任第一。三是切实监管。严格执行法规,建立明确的分工协作和责任追究机制,建立非利益相关的第三方检测机构,加大监管资金投入。制定和完善有关规范标准,建立公开透明机制,充分保障消费者的知情权和自主选择权。欢迎各方面监督,以监督促监管。

农业部、科技部、国家食品药品监督管理总局负责人参加会议并与委员互动交流。全国政协非常关注转基因农产品问题,很多委员通过提案等形式提出意见建议。会前,九三学社中央、全国政协经济委员会进行了专题调研。

——2015年10月9日中央电视台《新闻联播》

播读提示:双周协商座谈会是十二届全国政协新的协商形式,每次都聚焦一个当前经济、社会发展重大问题和涉及群众切身利益的实际问题进行广泛协商,充分发挥人民政协作为协商民主重要渠道的作用,已成为政协协商民主的经常性平台。"双周协商座谈会"因为小切口、大问题和民主党派人士参与受到社会各界广泛关注与好评。

"转基因"是近年来人们所关注的热门话题,这次双周协商座谈会围绕"转基因农产品的机遇与风险"建言献策,充分发挥了政协委员的参政议政作用。第一、二段为导语,阐明这次座谈会的主办机构、时间、地点、议题,参会主要领导及会议出席人员;第三段为参会政协委员及专家学者针对议题所提出的建议;第四段为会议相关背景及补充说明。

三、外交事务类

外交是中国走向世界,世界认识中国的重要途径。外交事务类新闻在播报时要在平等友好、相互尊重、互利共赢的大前提下,从维护本国利益出发,在叙述清楚活动流程及表明基本立场的基础上,准确贴切表达。

值得注意的是,虽然各个国家在领土面积、人口数量、经济实力、军事力量以及文化素质等方面存在着一些差异,但在主权上却是平等的,在播读时应一视同仁。

不同的国家与我国关系有远近之别,在播读时,应充分了解和认识所播读外交事务新闻的对象、会见的性质和目的、会见的氛围、会见的成果等,从而把握好整体基调。

1. 外交部长王毅：美国部署"萨德"系统远远超出半岛的防卫需求(音视频3-5)

中国外交部长王毅9日在科伦坡接受记者采访时表示，关于美国准备在韩国部署"萨德"导弹系统一事，中方已阐明了严正立场。我们认为，部署"萨德"系统远远超出半岛的防卫需求。对此，任何的辩解都是苍白的。我们完全有理由、有权利质疑这一举动背后的真正图谋。

我们要求美方不要把自己的安全建立在别国不安全基础上，更不能以所谓安全威胁为借口损害其他国家的正当安全利益。我们也希望韩国朋友们冷静思考，部署"萨德"系统是否真正有利于韩国的安全，是否真正有利于实现半岛的和平稳定，是否真正有助于解决半岛的核问题。有关方面务必慎重行事，避免铸成大错。

——2016年7月10日中央人民广播电台中国之声《新闻和报纸摘要》

播读提示： "萨德"系统是美国全球导弹防御系统的一个子系统，是对美国导弹防御局和美国陆军隶下的陆基战区反导系统末段高空区域防御系统的简称，是一种可车载机动部署的反导系统，具备在大气层内外拦截来袭的短程、中程和远程洲际弹道导弹的能力。2016年7月8日，美国、韩国军方在首尔发表联合声明称，韩美决定在驻韩美军基地部署"萨德"系统，并称该系统最晚将于2017年末正式投入使用，引发韩国国内巨大争议以及本地区国家强烈不满。"萨德"系统覆盖范围，特别是其X波段雷达监测范围远远超出半岛防卫需求，深入亚洲大陆腹地，部署"萨德"决不是单纯的技术问题，而是不折不扣的战略问题，严重破坏中韩之间互信与合作，损害中韩战略合作伙伴关系基础，极大伤害中国人民对韩国的友好感情。

中国外交部在7月8日当日表示对此强烈不满和坚决反对。并指出美韩部署"萨德"系统，无助于实现半岛无核化目标，不利于维护半岛和平稳定，与各方对话协商解决问题的努力背道而驰，将严重损害包括中国在内的本地区国家的战略安全利益和地区战略平衡。强烈敦促美韩停止"萨德"系统部署进程，不要采取导致地区形势复杂化的行动，不要做损害中国战略安全利益的事情。这则新闻报道的是正在对斯里兰卡进行访问的外交部长王毅在接受记者采访时对美韩部署"萨德"系统一事的立场表态，这既是对美方此举的抗议、对韩方语重心长的劝说，也是中方发出的严正警告。

在播读前，首先要在对这件事情有较为全面深入了解的基础上，理清稿件层次。第1段是王毅部长对此事表达的鲜明态度，第2段是王毅部长分别对美韩两国的抗议与敦促。在播读时语气要严肃庄重，将稿件逻辑关系及观点态度有理有据地表述出来。

四、考察调研类

"没有调查，就没有发言权。"考察调研是领导干部及相关单位实地深入基层、深入群众、了解实情、收集信息、关注民生、听取群众意见的重要渠道，对加强政府与群众之间的相互了解和联系有着重要作用，从而为指导工作、科学决策提供有价值的参考依据。

在播读前，要通过备稿对所播稿件考察调研的背景、目的、形式、行程安排、考察调研重点、参与人员有一个较为详细的了解，可先通过查看新闻图片、视频等方式作进一步了解，为播读提供参考。在播读中，语言要富有层次，将领导干部不同时间地点考察的内容区别开来，同时要把握好整体基调。

1. 李克强在山西考察时强调 顶住压力 振奋精神 在加快新旧动能转换中开拓发展新局面(音视频3-6)

1月4日至5日，新年伊始，中共中央政治局常委、国务院总理李克强在山西省委书记王儒林、省长李小鹏陪同下，在太原考察。

太原钢铁集团是全球最大的不锈钢生产企业。李克强来到这里，详细了解企业生产经营、产品结构调整、用工和效益等情况。他说，受产能过剩和需求收缩影响，钢铁行业形势十分严峻，当前要把去产能、促升级作为紧迫任务，痛下决心进行结构调整，既治标、又治本，既要采取多种方式出清落后产能，禁上新增产能项目，又要转变只在传统产业上做文章的观念，积极培育新产业、新业态等新动能。企业要发扬千锤百炼不怕难的精神，坚持做强主业，适应市场需求多元发展，深挖潜力，在技术、质量、管理上下功夫，以更多的优质产品扩大有效供给，在提质增效中重振雄风。

在西山煤电集团官地矿，李克强乘坐矿车下到几百米深的工作面实地察看，与正在作业的矿工交谈，他还拿起电话向地面值班室查问矿井瓦斯监测浓度，叮嘱大家把安全放在第一位。李克强说，煤炭行业是山西的支柱产业，为我国工业体系建设作出重要贡献，广大煤矿工人付出了艰辛努力。当前煤炭行业正面临产能严重过剩、价格大幅下跌等问题，处于历史上少有的困难时期。煤矿企业从业人员多、历史包袱重，要根据市场需要，主动压产减量，严控新增产能，同时通过创新拓展发展空间，促进富余职工转岗就业，政府也要多措并举创造环境。他要求随行的有关部门尽快拿出规范煤炭市场、降低企业成本的举措，共同努力让煤炭行业闯过严冬、打开新局。

清华科技园太原分园聚集了200多家高新技术和众创小企业。李克强走进三合盛节能技术服务公司，了解他们的技术创新点和市场应用情况。在众创空间，他走到一个个创业平台，兴致勃勃地观看创意产品，勉励创客们大胆往前闯，用自己的新点子打造新产业。李克强说，中国市场潜力巨大、预期向好，新的发展动能可以有效带动扩大就业，为传统动能改造提升创造良好条件，其源泉正是来自于创新驱动，来自于大众创业万众创新的蓬勃开展。政府要提供更有效的支持和便捷服务，不断释放亿万群众创业创新的智慧和激情。

杏花岭小北关棚户区大多是上世纪50年代建设的简易平房，已纳入今年棚改计划。李克强走进居民家中，询问他们是否了解相关政策，还有什么意愿。李克强说，棚户区不是一个现代化城市应该有的，群众这么迫切希望加快棚改，要持续加大这方面工作力度，让棚户区居民早日住进新楼房。同时要给群众更多选择，采取货币化安置等多种方式，把棚改和消化空置商品房结合起来，让那些有意愿的群众减少等待时间，尽快圆上多年的安居梦。

李克强还来到晋商博物馆，了解晋商文化和晋商精神。他说，晋商行走天下，之所以能在金融和贸易等方面领先和称雄，其商业文化的精华除了坚守诚信，还突出表现在善于"无中生有"，发现和创造商机。当前经济发展要应对各种风险挑战，企业经营要摆脱困境，都需要摒弃旧思维，走出创新路，发展新动能。

李克强希望山西全面贯彻落实中央经济工作会议精神，以新的发展理念和良好的工作状态，攻坚克难，顶住压力促调整，在加快结构性改革中实现升级发展。

杨晶陪同考察。

——2016年1月6日《人民日报》01 版

播读提示：2016年新年的首个工作日，李克强总理到山西考察调研，两天时间内，他先后走进太原钢铁集团、西山煤电集团官地矿、清华科技园太原分园、太原市小北关棚户区和晋商博物馆，与大家亲切交谈，勉励广大职工提振信心，保持创业创新活力，了解基层百姓生活冷暖，鼓励山西发扬晋商精神，尽快走出一条转型发展之路。在播读时，既要将李克强总理在山西考察调研期间五处考察点的行程及讲话精神讲述清楚，又要体现出不同考察点间的区别层次感。

2. 张高丽在广西调研 了解经济运行、简政放权等情况(音视频3-7)

中央台记者冯悦报道，16日到18日，中共中央政治局常委、国务院副总理张高丽在广西调研，了解经济运行、简政放权、棚户区改造、企业生产经营等情况，听取对"十三五"规划编制工作的意见。张高丽实地考察了南宁水街棚户区改造项目现场；到广西农垦糖业公司了解国有企业改革、特色传统产业发展和带动就业致富情况，到美丽传说公司调研承接产业转移和开展跨境电子商务情况，考察研祥集团南宁项目情况；前往中国—东盟商品交易中心，调研与东盟国家商品交易和进出口贸易情况；走进南宁市公共资源交易中心对外服务大厅，了解自治区简政放权有关工作。

张高丽还主持召开了"十三五"规划编制工作座谈会，自治区相关负责人、有关部门负责人和部分企业负责人参加了会议。调研中，张高丽充分肯定了广西经济社会发展取得的新成绩。张高丽强调，制定好"十三五"规划，必须深入学习贯彻习近平总书记系列重要讲话精神，贯彻李克强总理指示要求，要坚持把发展作为第一要务，坚持实施创新驱动发展战略，坚持城乡区域协调发展，坚持绿色循环低碳发展，坚持公平包容、共建共享。

——2015年9月20日中央人民广播电台中国之声《新闻和报纸摘要》

播读提示：播读这则新闻，理清层次、脉络是关键。第一段第一句为导语句，简要概括新闻要点。第二句是对张高丽副总理在广西调研期间的具体考察行程介绍。第二段为张高丽副总理对广西工作的肯定及主持召开"十三五"规划编制工作座谈会的讲话精神。

五、重大突发事件类

近年来，国际、国内重大突发事件时有发生，广播电视媒体在第一时间予以客观、简明、准确的报道，及时报道突发事件事实及处理情况，从而说明事实真相，引导正确舆论导向，疏导公众情绪，维护社会稳定。

当代新闻播音实用教程

因为突发事件具有不可预知性,播音员往往没有更多的时间进行备稿准备,所以在平时要加强对突发事件类新闻的关注与研究。拿到稿件后,要第一时间认真学习领会党和国家领导人的指示、批示,各级政府、部门所作出的具体应对措施,从整体上、大局上认识事件的性质。同时要将时间、地点、危害等新闻重点播读清楚。要根据事件危害程度的分类分级标准,对人民群众生命财产所产生的危害程度来确定语气及总体情感基调的"度",另外在语气、着装上也应有所注意。

1. 泰国曼谷市中心爆炸 逾百人伤亡(音视频3-8)

17日傍晚,泰国首都曼谷市中心著名景点四面佛附近发生爆炸。据泰国官方公布的最新情况,爆炸已造成22人死亡、123人受伤。中国驻泰国使馆方面证实,爆炸事件的死者中有5位中国公民。

现场视频显示,爆炸发生时火光冲天,惊恐的人们四处逃散。

爆炸摧毁了四面佛周围的栏杆,附近的数十辆车辆被毁,周边一些建筑物的玻璃也被震碎。警方随即疏散人群,并迅速封锁了该区域。

爆炸现场附近的警察医院和朱拉隆功医院等都接收了大量受伤人员。由于伤者中有不少华人,当晚就有大批华人志愿者赶往医院提供帮助。中国驻泰国大使馆工作人员也前往医院看望伤者。

泰国警方确认,爆炸现场一共有3个爆炸物,一个被引爆后,另外两个隐藏的爆炸物随后被警方拆弹部队成功拆除。初步调查认定爆炸物是土制炸弹,成分为TNT烈性炸药。目前尚无任何组织和个人宣称对爆炸事件负责。

泰国警察署署长颂育今天宣布,警方已经从爆炸现场的监控录像中锁定了一名男性嫌疑人,前一段录像显示这名男子曾携带一个背包,而随后的录像显示他的背包已不在身边。但警方仍在搜寻该男子的下落,其国籍和具体身份仍在调查中。

——2015年8月18日中央电视台《新闻联播》

播读提示:发生在曼谷商业区心脏地带的这次爆炸事件,造成20人遇难、125人受伤的严重后果(最终伤亡情况),严重破坏泰国经济和旅游业,给泰国社会造成了极大恐慌。因为有中国公民这次爆炸事故中伤亡,所以格外受国内媒体关注。

这则新闻段落层次较多,可分为四个层次:第1段为第一层次,主要介绍事故总体情况,特别是中国公民情况;第2~3段为第二层次,主要介绍爆炸事故经过及警方采取的应急处置措施;第4段为第三层次,主要介绍伤员救治情况、华人志愿者与中国驻泰国大使馆在爆炸后的及时反应；第5~6段为第四层次，主要介绍泰国警方对案件调查的最新情况。播读语气应包含对该事件的强烈关注及对肇事者的谴责，同时加强4个层次之间的语气转换，除第1段导语段外，其他段落应突出介绍讲述感。

2. 马航客机MH17在乌东部坠毁(音视频3-9)

马来西亚航空公司的一架波音777客机17日在靠近俄罗斯边界的乌克兰东部地区坠毁。机上乘客和机组人员共298人全部遇难。有一名香港居民及其持外国护照的一名家属搭乘了失事航班。目前，坠毁客机的两个黑匣子已经找到，数据分析工作仍在进行中。

马航MH17航班从荷兰阿姆斯特丹飞往马来西亚吉隆坡的途中，于北京时间17日晚10点15分失去联系。随后，客机被发现坠毁在乌克兰东部顿涅茨克州的一个村庄。目击者说，飞机从空中突然坠向地面，摔成碎片。

马航客机坠毁地点为乌克兰东部民间武装控制地区，民间武装近日正与乌克兰政府军在东部地区激战。

事发后，多家美国媒体援引美国官员的话报道说，美国情报部门认为，客机是被地对空导弹击中坠落的，但目前尚不清楚导弹的发射地。

乌克兰总统波罗申科17日强调，乌克兰空军近几天来连续有安-26运输机和苏-25战斗机遭击落，因此不排除这架马航客机也被击落。波罗申科说，客机坠毁是"恐怖袭击"。

乌克兰安全部门当天还公布了两段据称是截获的、乌克兰民间武装人员与俄罗斯情报人员有关击落飞机的通话录音。不过，通话内容的真实性还未得到证实。

顿涅茨克民间武装方面则称马航客机是遭乌克兰政府军方面击落的，因为民间武装的便携式防空导弹仅能打到3000米至4000米高空，远低于事发时客机约1万米的飞行高度。

俄罗斯国防部新闻局也否认与马航客机坠毁有关。事件发生后，曾有媒体报道称，失事客机与俄罗斯总统普京专机在半个多小时内先后飞经同一区域，因此袭击者的真正目标很可能是普京。但俄方对此予以否认，表示普京的专机没有飞越乌克兰领空。

普京17日晚表示，马航客机失事悲剧发生在乌克兰领空，乌克兰无疑应对此承担责任。

马来西亚总理纳吉布今天凌晨说,国际民航组织已宣布失事马航客机的飞行路线是安全的,国际航空运输协会也确定这趟航班穿越的领空不属于禁飞空域。纳吉布说,如果最后得知航班的确是被击落的,犯罪者必须迅速被绳之以法。

中国外交部发言人秦刚17日表示,中方谨向遇难者表示深切哀悼,向他们的家属表示诚挚慰问,并希望尽快查明原因。

联合国秘书长潘基文17日呼吁对马航客机坠机事件进行"全面、透明、国际性的调查"。联合国安理会今天晚些时候会紧急商讨坠机事件。

由于马航客机事故,欧洲空中航行安全组织发表声明,暂时关闭乌克兰空域,禁止民航飞机飞行。中国民航局已要求国内所有飞越乌克兰的航班绕飞,以避开MH17航班坠毁的事发空域。

——2014年7月18日中央电视台《新闻联播》

播读提示:近几年,重大空难事故时有发生,由于飞机事故造成损失严重程度高,社会影响比其他事故更大,与航空安全相关的新闻大多成为人们关注的焦点。马来西亚航空公司在短短四个月内发生两起重大空难(2014年3月8日,马航MH370航班坠毁,机上239名乘客及机组人员全部遇难),且这次客机坠毁事件不是因为天气、飞机质量本身、机组人员操作失误等原因造成的,而是由导弹击中坠落的,所以受到国际社会的强烈关注。

这则新闻是在客机坠毁事件发生的第二天所做的概述性报道,将这次事故人们最为关心的情况告知受众。第1段主要概括性介绍这次客机坠毁事件发生的时间、地点、遇难人数、航班上中国公民情况及最新处置进展;第2、3段主要介绍这次客机坠毁事件经过、坠落具体地点及坠落地特殊环境;第4~12段介绍了这次客机坠毁事件发生后相关国家、组织及国际组织第一时间对此事作出的回应表态;第13段是欧洲空中航行安全组织及中国民航局针对此事所做的空域管制措施。

因段落较多,在播读时应加强段落间节奏对比,将信息客观、准确地告知受众,要将第4~12段中不同国家、组织及国际组织对此事作出的回应表态内容分层次有条理地表达出来。同时语气中应包含对此事件的急切关注、各国要求查清飞机坠毁原因真相的坚决态度。

六、重大庆典、活动类

国家重大庆典、活动作为一种国家政治活动,内聚人心、外升形象,对提高公民政治归属感、培养爱国主义精神、增强民族向心力与情感凝聚力有着重要作用,在形式上主要分为节庆活动、纪念活动、典礼仪式三类。

重大庆典、活动一般会提前向社会公告,播音员应通过对活动进程的关注,对庆典、活动的背景、目的、特点、流程有较为详细深入的了解。在播读时,状态积极主动,情绪饱满振奋,总体基调在喜悦明快的基础上侧重讲述感,营造烘托出热烈祥和的喜庆气氛。对庆典、活动的流程要有层次感,对一些重要环节要进行形象、深入的重点诠释讲解。

1. 2015年北京国际田联世界田径锦标赛隆重开幕习近平出席开幕式并宣布锦标赛开幕(音视频3-10)

2015年北京国际田联世界田径锦标赛22日下午在国家体育场隆重开幕。国家主席习近平出席开幕式并宣布锦标赛开幕。

国家体育场"鸟巢"焕然一新,盛情迎接北京奥运会之后的又一体坛盛事。来自207个国家和地区的近2000名运动员齐聚这里,将同场竞技、再创辉煌。

16时57分,在欢快的乐曲声中,习近平和国际田联主席拉明·迪亚克走上主席台,全场响起热烈掌声。国际奥委会主席托马斯·巴赫、新当选的国际田联主席塞巴斯蒂安·科等在主席台就座。

赛场跑道上,15位发令员按照田径比赛发令方式依次鸣枪,全场随之爆发出倒计时呐喊。每一声枪响代表着一届精彩难忘的世锦赛。当倒计时数到"1"时,15位发令员同时鸣响手中的发令枪,开幕式正式开始。

现场大屏幕播放了美轮美奂、寓意隽永的本届世锦赛宣传片,在历史与现实、中国与世界的交融中展现田径运动的生命力。

17时许,入场式开始。由旗手和志愿者分别执国际田联各参赛会员协会的旗帜、队牌依次进入体育场,在主席台前列成旗阵。当五星红旗入场时,现场掌声和欢呼声此起彼伏。

17时15分,全体起立,升中华人民共和国国旗,奏唱中华人民共和国国歌。象征着56个民族的56名仪仗号手,共同奏响《义勇军进行曲》,现场观众齐声高唱雄壮的国歌。鲜艳的五星红旗冉冉升起，迎风飘扬。

北京田径世锦赛组委会主席、北京市市长王安顺致辞，向世界各国各地区的体育官员、运动员、教练员、裁判员表示热烈欢迎，祝愿运动员们在赛场上奋力拼搏、争创佳绩。

国际田联主席拉明·迪亚克在致辞时，赞赏中国在普及田径运动方面所作的重要贡献，对中国为本届世锦赛所作的精心准备表示衷心感谢，希望运动员们本着诚实、正直与公平竞赛的精神，向世人展示田径运动的精彩和魅力。

17时28分，习近平宣布：2015年北京国际田联世界田径锦标赛开幕！

顿时，全场欢声雷动。

当现场升起国际田联会旗、奏响国际田联会歌后，文艺演出拉开帷幕。以"从北京出发——田径让世界更美好"为主题的演出分为《梦开始》《追梦·在路上》《乘梦飞翔》三个部分。《梦开始》篇章以32名奔跑着的运动健儿，象征世界田径锦标赛走过32年历程。今天，从北京出发，又将完成一次寻梦追梦而后乘梦飞翔的旅程；《追梦·在路上》将现代田径运动走、跑、跳、投四大元素与中国传统民间体育项目和全民健身活动融为一体，展现出人们对田径运动的喜爱和热情；《乘梦飞翔》篇章里，本届世锦赛吉祥物"燕儿"从"鸟巢"外徐徐飞来，将开幕式推向高潮。

刘延东、郭金龙、杨洁篪出席开幕式。

本届世锦赛为期9天。中国体育代表团由32名男运动员和38名女运动员组成，将参加全部47个项目中的34项比赛。

——2015年8月23日《人民日报》第1版

播读提示：世界田径锦标赛是世界第三大国际性体育赛事。2015年北京国际田联世界田径锦标赛是继2008年北京奥运会后，在北京承办的最大型综合性运动会，是中国在后奥运时代对体育文化的又一次传承和推广，是为2022年冬季奥运会的举办积累经验，对于推动田径运动在中国和亚洲的发展，具有积极深远的意义。

对于每一次大型体育赛事来说，开幕式无疑都是最受关注的内容之一，是展示本国文化的舞台，也是评价赛事成功与否的重要标志之一。本次开幕式现场气氛热烈，气势磅礴，观众热情高涨。在播读时，整体状态应与现场氛围相匹配，基调庄重大气，吐字饱满清晰，对开幕式每一个环节进行详细的讲解。但要注意的是，播读时整体状态不要太过积极,要注重侧面讲述感,使受众有身临其境之感。

2. 西藏自治区成立50周年庆祝大会隆重举行 (音视频3-11)

50年栉风沐雨,50载春华秋实。8日上午,西藏各族各界干部群众约2万人欢聚拉萨市布达拉宫广场,热烈庆祝西藏自治区成立50周年。中共中央总书记、国家主席、中央军委主席习近平在贺匾上题词"加强民族团结 建设美丽西藏"。中共中央政治局常委、全国政协主席、中央代表团团长俞正声出席庆祝大会并讲话。

古城拉萨处处彩旗鲜花、欢声笑语。雄伟的布达拉宫下,搭建起藏式风格的大会主席台。主席台上方中华人民共和国国徽和"西藏自治区成立五十周年庆祝大会"横幅十分醒目,背景墙上悬挂着大庆会徽和"1965""2015"字样。主席台对面的布达拉宫广场上,彩旗飘扬,鼓乐喧天,身着节日盛装的各族群众早早从四面八方汇聚到这里,手中挥动着国旗、彩旗,汇聚成一片欢乐的海洋。

上午10时,西藏自治区党委副书记、自治区人民政府主席洛桑江村宣布大会开始。全场起立,奏唱国歌,鲜艳的五星红旗在布达拉宫广场冉冉升起。穿着民族服装的少先队员向在主席台上的中央代表团领导献上鲜花,表达西藏各族人民的诚挚敬意。

中共中央政治局委员、国务院副总理、中央代表团副团长刘延东宣读了中共中央、全国人大常委会、国务院、全国政协、中央军委关于庆祝西藏自治区成立50周年的贺电。

俞正声向西藏自治区赠送了习近平总书记题词"加强民族团结 建设美丽西藏"贺匾。西藏自治区党委书记陈全国、自治区人大常委会主任白玛赤林接受了贺匾。

在热烈的掌声中,俞正声发表了热情洋溢的讲话。他首先代表中共中央、全国人大常委会、国务院、全国政协、中央军委,向西藏各族干部群众、各界人士,向人民解放军驻藏部队指战员、武警西藏部队官兵和政法干警,表示热烈的祝贺和亲切的慰问;向所有为西藏自治区改革发展稳定作出贡献的同志们、朋友们,致以崇高的敬意;向所有关心西藏、热爱西藏、支持西藏发展进步的港澳同胞、台湾同胞、海外侨胞和国际友人,表示衷心的感谢。

俞正声说,1965年9月1日,西藏自治区第一届人民代表大会在拉萨胜利召开,宣告西藏自治区正式成立,这是以毛泽东同志为核心的党的第一代中央领导集体作出的英明决策。50年来,中国共产党领导西藏各族人民把贫穷落后的旧西藏,改造发展为生机勃勃的社会主义新西藏,在中华民族自强不息的历史画卷上写下了浓墨重彩的一笔。

俞正声指出，这些辉煌成就的取得，是以毛泽东、邓小平、江泽民同志为核心的党的三代中央领导集体和以胡锦涛同志为总书记的党中央高瞻远瞩、英明决策的结果，是党的十八大以来以习近平同志为总书记的党中央继往开来、正确领导的结果，是西藏各族干部群众团结一心、艰苦奋斗的结果，是全国各族人民大力支援、真诚帮助的结果。这些辉煌成就的取得，充分展示了我国社会主义制度的巨大优越性，彰显了民族区域自治制度的强大生命力。

俞正声强调，前不久，中央召开了第六次西藏工作座谈会，充分体现了以习近平同志为总书记的党中央对西藏工作的高度重视和特殊关怀，成为党的西藏工作历史上又一个重要的里程碑。中央殷切希望西藏各族干部群众学习领会好、贯彻落实好会议精神，坚持"四个全面"战略布局，坚持党的治藏方略，把维护祖国统一、加强民族团结作为工作的着眼点和着力点，坚持依法治藏、富民兴藏、长期建藏、凝聚人心、夯实基础，确保国家安全和长治久安，确保经济社会持续健康发展，确保各族人民物质文化生活水平不断提高，确保生态环境良好，共同建设更加美好的新西藏，创造更加幸福的新生活。

俞正声最后说，我们的国家生机勃勃、欣欣向荣，西藏的未来前程似锦、充满希望。让我们更加紧密地团结在以习近平同志为总书记的党中央周围，高举中国特色社会主义伟大旗帜，以邓小平理论、"三个代表"重要思想、科学发展观为指导，齐心协力、开拓进取，为实现全面建成小康社会宏伟目标，谱写中华民族伟大复兴中国梦的西藏篇章而努力奋斗。

陈全国在大会上发言。他说，中央第六次西藏工作座谈会为我们描绘了美好蓝图，吹响了长足发展和长治久安的时代号角。我们决心，抓住宝贵机遇、用好全国支援、矢志艰苦奋斗，加强民族团结、坚持依法治藏、推进经济发展、着力改善民生，为建设美丽和谐幸福的社会主义新西藏、为实现中华民族伟大复兴中国梦而努力奋斗。

西藏军区司令员许勇、群众代表江白也在会上作了发言。

随后，举行了充满吉祥喜庆气氛的盛大群众游行。游行分为"奋进西藏""七彩西藏""筑梦西藏"三个单元，30多个群众游行方队、彩车，在欢快的音乐中依次通过布达拉宫广场。国旗招展、万众敬慕，国徽闪耀、凝聚人心，当国旗方队和国徽方队首先出现时,在主席台上就座的中央代表团成员和观礼的西藏各界代表全体起立致意。随后,拉萨等西藏七地市方队打起鼓、跳起舞,将别具特色的民俗风情展现在人们面前;宗教方队手持法器、吹响法号,祝愿吉祥;民族方队身着节日盛装,手捧花束,高喊口号,祝祖国繁荣昌盛,祝西藏明天更美好。

中央代表团副团长孙春兰、杜青林、向巴平措、帕巴拉·格列朗杰、热地、张阳和中央代表团全体成员,以及西藏自治区党政军负责人出席了大会。

——2015年9月9日《人民日报》第1版

播读提示: 西藏自治区成立50周年,是西藏以及整个中国政治生活中的一件大事,也是一个值得纪念的重要时刻,具有极为重要的历史和现实意义。50年来,西藏自治区在政治、经济、文化等方面取得了举世瞩目的成就,社会面貌发生了翻天覆地的变化,西藏人民的生活有了明显的改善和提高。这次庆祝大会,是西藏自治区成立50周年庆祝活动中最重要的活动,备受社会各界瞩目。

在播读时,整体状态积极主动,以庆祝大会活动流程为主线,将大会的每一环节讲述清楚,特别要将新闻主体即俞正声同志的讲话内容及其精神实质播报出来。

七、国际新闻类

随着全球化进程的不断深入,各国之间的联系日益紧密,世界经济越来越成为不可分割的有机整体,人们关注的共同话题也越来越多,承担着"让中国了解世界,让世界了解中国"的国际新闻越来越受到人们的关注。

播报国际新闻,要把握正确导向,秉承"中国立场,全球眼光"的传播理念。国际新闻报道涉及面更广,要对我国的外交政策有较为深入的了解,同时要对新闻有较强的分析能力,对各大国之间关系的基本状况把握准确,对各类热点问题的来龙去脉有清楚的认识。涉及其他国家的人和事,特别是国与国之间关系问题,播报态度要客观中立,做到不偏不倚。遇到与中国核心利益相关的新闻,要审慎处理,从国际、国内两个大局的发展与稳定出发,客观、冷静地播报,将我国的立场与态度鲜明地播报出来。

1. 朝鲜宣布成功进行首次氢弹试验 (音视频3-12)

据朝鲜多家媒体报道,朝鲜政府6日发表声明,宣布成功进行首次氢弹试验,并强调只要敌对势力不侵害朝鲜自主权，朝鲜不会首先使用核武器，也不会在任何情况下转移相关技术手段。

声明说，试验是在当地时间6日上午10点进行的，但没有提及试验地点。朝鲜此前宣布分别于2006年、2009年和2013年成功进行了3次地下核试验。

——2016年1月6日中央电视台《新闻联播》

播读提示：朝鲜政府不顾国际社会普遍反对，再次进行核试验，严重影响半岛及东北亚地区和平稳定，中方对此表示坚决反对，并坚定推进半岛无核化目标，坚持通过六方会谈框架解决半岛核问题。

在播读时应将声明中公众所关心的核试验的时间、所持态度播报清楚。同时应注意，这条新闻主要是对朝鲜政府所发表的声明的转述，播读时语气应理性客观。最后一句话为朝鲜在此之前进行的核试验情况背景，相关年份及核试验次数要播报清楚。

2. 日本多地30日举行大规模反安保法案示威活动（音视频3-13）

反对安倍政权和执政党在国会推动的安保法案的日本民众30日在位于东京的国会议事堂附近举行大规模抗议示威活动。在野的自民党、日本共产党、社民党、生活党四党党首也参加了这一抗议活动。

本次活动的主办方为从事和平运动的市民组织，活动主办方称约有12万人参加国会周边的抗议示威，是迄今规模最大的反安保法案抗议示威活动，日本警方则称人数约为3万3千人。示威民众要求废除安保法案、维持和平宪法。

自民党党首冈田克也、日本共产党党首志位和夫、社民党党首吉田忠智、生活党党首小泽一郎也参加了30日的抗议示威活动。冈田克也在活动现场称，"不能让违反宪法的安保法案获得通过，必须让安倍政权看到国民的愤怒"。志位和夫、吉田忠智也表示要废除这一"战争法案"，推翻安倍政权，小泽一郎则表示将和各在野党合作反对安保法案。

除东京以外，30日名古屋市、北九州市、广岛市等300多处地方也举行了反对安保法案的抗议示威活动。

——2015年8月30日人民网

播读提示：日本首相安倍晋三及执政党试图强行通过安保法案，这一举动遭到日本社会强烈反对，各界掀起反对战争立法、要求撤回安保法案的抗议示威活动高潮。

播读这条新闻前，播音员应对安倍政府强推安保法的背景、动态及影响有较为详细的了解，还可查看本次大规模示威活动的新闻图片增强感性认识。值得注意的是，安倍政府强推安保法行径不得人心，若通过此法案，对中日关系及地区安全稳定也会造成不良影响。在播读时态度情感不能太过显露与强调，应遵循"显而不露"的原则，客观理性地将新闻事实播读出来。

八、讣告类

讣告缅怀逝者，寄托哀思，表达对逝者无限怀念之情。它的写作是非常谨慎严肃的，行文庄重、情感深切，主要包括发布单位名称，逝者身份，逝者姓名，去世原因、时间、地点，终年岁数，生前主要经历及贡献，对其评价等内容。

需要注意的是，"根据报道传统，需要播音员仔细分清国家对逝世人物生前所作贡献的大小、官职的高低、享受的待遇等情况给予的规格、层次"①。另外，播报讣告，播音员在着装上也应有所注意，一般以黑、蓝为主色调的素色着装为宜。但要注意的是，在播读时要适度控制好哀悼的分寸，体现出对逝者的缅怀、对生者的慰藉，同时号召人们化悲痛为力量，继承遗志，更加努力地工作。

1. 成思危同志逝世 (音视频3-14)

著名的经济学家和社会活动家，中国民主建国会和中华职业教育社的杰出领导人，中国共产党的亲密朋友，第九届、十届全国人民代表大会常务委员会副委员长，中国民主建国会第六届、七届、八届中央委员会主席，中华职业教育社第八届、九届理事会理事长成思危同志，因病于2015年7月12日0时34分在北京逝世，享年80岁。

——2015年7月13日中央人民广播电台中国之声《新闻和报纸摘要》

播读提示：成思危同志在国际经济学领域享有盛誉，被誉为"中国风险投资之父"，无论是治学还是从政，都作出了卓越的贡献。在播读时总体基调低沉凝重，态度严肃庄重，语势平缓，语速较慢，以体现对逝者的沉痛哀悼。

---

① 白龙. 电视新闻播音技巧[M]. 北京：中国广播电视出版社, 2004: 166.

2. 新加坡前总理李光耀逝世 (音视频3-15)

据新加坡总理公署今天凌晨发布公告,新加坡前总理李光耀今天凌晨3点18分在新加坡中央医院病逝,享年91岁。李光耀因感染严重肺炎,于上月5日进入新加坡中央医院住院治疗。

——2015年3月23日中央电视台《新闻直播间》

播读提示:李光耀先生是新加坡的开国之父和发展之父,是广受国际社会尊重的战略家和政治家。他是中新关系的缔造者和奠基人,长期致力于推动两国互利合作,为中新关系的建立与发展作出了历史性贡献。他的逝世,是新加坡人民的损失,也是国际社会的损失。

这则国际友人的逝世消息,在播读时应语速较慢,语调平缓,客观表达对其逝世的哀悼。

第三节 实训材料

1. 中共中央国务院向第31届奥林匹克运动会中国体育代表团致贺电(音视频3-16)

中共中央、国务院8月22日向第31届奥林匹克运动会中国体育代表团致贺电。

在举世瞩目的第31届奥林匹克运动会上,我国体育健儿肩负祖国和人民期望,顽强拼搏,奋勇争先,取得26枚金牌、18枚银牌、26枚铜牌的优异成绩,展现了追求卓越的意志品质和昂扬向上的精神风貌,为祖国人民赢得了荣誉。党中央、国务院向你们表示热烈的祝贺和亲切的慰问!

在里约奥运赛场上,我国体育健儿大力弘扬奥林匹克精神和中华体育精神,同世界各国各地区运动员相互学习、相互交流,增进了友谊和了解。你们尊重对手、尊重裁判、尊重观众、尊重规则,表现出精湛的运动技艺和优良的竞赛作风,向世界展现了当代中国的正能量和当代中国人民的精神风貌。你们的优异成绩和奋发表现,激发了全国各族人民和海外华侨华人的爱国热情,振奋了民族精神,凝聚了奋进力量。

伟大的事业需要伟大的中国精神,伟大的征程需要伟大的中国力量。希望你们

第三章 时政新闻播音

继续发扬我国体育界的光荣传统，再接再厉，总结经验，克服不足，努力争取更加优异的成绩，进一步激发广大人民群众支持和参与体育运动的热情，带动群众体育普及开展，促进全民健身和全民健康深度融合，积极推进健康中国建设，让广大人民群众共享体育运动带来的健康和快乐。

全党全国各族人民要学习和弘扬我国体育健儿在奥运赛场上表现出来的团结一心、顽强拼搏精神，努力在各自岗位上不断追求卓越、追求超越，万众一心实现"两个一百年"奋斗目标、实现中华民族伟大复兴的中国梦。

——2016年8月22日中央电视台《新闻联播》

2. 李克强会见越南副总理范平明 (音视频3-17)

中央台记者冯悦报道：国务院总理李克强昨天下午在人民大会堂会见来华共同主持中越双边合作指导委员会第八次会议的越南副总理兼外交部长范平明。

李克强指出，中越之间的共同利益远大于分歧。双方要牢牢把握两国关系发展方向和友好合作大局，密切高层往来，发挥双边合作指导委员会等合作机制作用，及时就双边关系和共同关心的重大问题深入沟通。冷静看待、妥善处理分歧，推动海上、陆上、金融合作齐头并进，尽早取得实质进展。实施好《落实中越全面战略合作伙伴关系行动计划》，实现优势互补，互利双赢，提升两国合作水平。要维护好、发扬好中越传统友谊，促进双边民间、地方友好交往和青年交流，巩固两国友好的民意基础。

——2015年6月19日中央人民广播电台中国之声《新闻和报纸摘要》

3. 57国成亚投行意向创始成员国 (音视频3-18)

"截至4月15日，亚投行意向创始成员国共有57个。3月31日前以及当日提交加入申请的国家均已经过多边征求意见的程序，正式成为亚投行意向创始成员国。"筹建亚投行首席谈判代表会议主席、财政部副部长史耀斌介绍，57个意向创始成员国中，域内国家37个、域外国家20个，涵盖亚洲、大洋洲、欧洲、拉美、非洲等五大洲。

这些国家分别是：奥地利、澳大利亚、阿塞拜疆、孟加拉国、巴西、文莱、柬埔寨、中国、丹麦、埃及、法国、芬兰、格鲁吉亚、德国、冰岛、印度、印度尼西亚、伊朗、以色列、意大利、约旦、哈萨克斯坦、韩国、科威特、吉尔吉斯斯坦、

当代新闻播音实用教程

老挝、卢森堡、马来西亚、马尔代夫、马耳他、蒙古、缅甸、尼泊尔、荷兰、新西兰、挪威、阿曼、巴基斯坦、菲律宾、波兰、葡萄牙、卡塔尔、俄罗斯、沙特阿拉伯、新加坡、南非、西班牙、斯里兰卡、瑞典、瑞士、塔吉克斯坦、泰国、土耳其、阿联酋、英国、乌兹别克斯坦和越南。

史耀斌表示,虽然接收意向创始成员国已经截止,但今后仍会继续吸收新成员加入。根据亚投行筹建工作计划,各方将于今年4月底和5月底分别在北京和新加坡举行筹建亚投行第四次和第五次首席谈判代表会议,商定亚投行章程草案,并于6月底前签署章程。

——2015年4月16日《人民日报》第1版

4. 30位外国领导人将出席抗战胜利纪念活动（音视频3-19）

国务院新闻办公室今日上午举行中国人民抗日战争暨世界反法西斯战争胜利70周年纪念活动第六场专题新闻发布会。外交部副部长张明介绍,截至目前,有49个国家已确认将应邀出席纪念活动,其中有30位国家元首、政府首脑等外国领导人,19位政府高级别代表,此外还有10位国际和地区组织负责人应邀出席。

外国领导人共30位：白俄罗斯总统卢卡申科,波黑主席团轮值主席乔维奇,柬埔寨国王西哈莫尼,捷克总统泽曼,刚果民主共和国总统卡比拉,埃及总统塞西,哈萨克斯坦总统纳扎尔巴耶夫,吉尔吉斯斯坦总统阿塔姆巴耶夫,老挝国家主席朱马里,蒙古国总统额勒贝格道尔吉,缅甸总统登盛,巴基斯坦总统侯赛因,韩国总统朴槿惠,俄罗斯总统普京,塞尔维亚总统尼科利奇,南非总统祖马,苏丹总统巴希尔,塔吉克斯坦总统拉赫蒙,东帝汶总统鲁瓦克,乌兹别克斯坦总统卡里莫夫,委内瑞拉总统马杜罗,越南国家主席张晋创,埃塞俄比亚总理海尔马里亚姆,瓦努阿图总理基尔曼,阿根廷总统代表、副总统兼参议长布杜,古巴国务委员会第一副主席兼部长会议第一副主席迪亚斯-卡内尔,阿尔及利亚总统代表、民族院议长本·萨拉赫,波兰众议长基达瓦-布翁斯卡,朝鲜劳动党中央政治局委员、党中央书记崔龙海,泰国副总理兼国防部长巴威。

19位政府高级别代表：澳大利亚政府代表、退伍军人事务部长罗纳尔森,巴西总统代表、国防部长瓦格纳,法国政府代表、外长法比尤斯,匈牙利政府代表、外长西雅尔多,印度政府代表、外交国务部长辛格,意大利政府代表、外交与国际合作部长真蒂洛尼、利比亚政府代表、外长达依里、马来西亚政府特使、总理对华事务特使黄家定、荷兰政府特使、国务大臣威灵克、突尼斯总统代表、国防部长奥沙尼、新西兰总理特使、前副总理麦金农、新加坡政府特使、前副总理黄根成、英国首相特使、前司法大臣克拉克。

加拿大、德国、卢森堡、巴布亚新几内亚、美国、欧盟将由其驻华使节作为政府代表出席。

国际和地区组织负责人共10位：联合国秘书长潘基文、世界卫生组织总干事陈冯富珍、联合国教科文组织总干事博科娃、联合国工业发展组织总干事李勇、红十字会国际委员会主席莫雷尔、上海合作组织秘书长梅津采夫、上海合作组织地区反恐机构执委会主任张新枫、独联体执行秘书列别杰夫、集体安全条约组织秘书长博尔久扎、亚信秘书处执行主任宫建伟。

前政要共6位：德国前总理施罗德，日本前首相村山富市，菲律宾前总统、马尼拉市长埃斯特拉达，圣马力诺前执政官泰伦齐，东帝汶前总统奥尔塔，英国前首相布莱尔。

各国驻华使节和国际组织驻华代表也将应邀出席。

——2015年8月25日人民网

5. 《2014年中国人权事业的进展》白皮书发布（音视频3-20）

国务院新闻办公室今天发表《2014年中国人权事业的进展》白皮书，全面阐述中国人权事业在各方面取得的成就。

白皮书全文约2.1万字，从9个方面介绍了中国人权事业取得的成就，包括：发展权利、人身权利、民主权利、公正审判权、少数民族权利、妇女儿童和老年人权利、残疾人权利、环境权利、对外交流与合作。

白皮书指出，2014年，中国城镇居民人均可支配收入28 844元，比上年实际增长6.8%。农村居民人均可支配收入10 489元，比上年实际增长9.2%。

2014年，全国纪检监察机关共接受信访举报272万件，立案22.6万件，结案21.8万件，给予党纪政纪处分23.2万人，涉嫌犯罪被移送司法机关处理1.2万人；白皮书还列举了几个重要案件的纠正：福建省高级人民法院依法审理念斌投放危险物质案，以"事实不清、证据不足"宣告其无罪；内蒙古自治区高级人民法院依法再审呼格吉勒图故意杀人、流氓罪一案，改判其无罪。

2014年，中央财政拨付少数民族发展资金40.59亿元，比上年增长10%。连续8年累计投资273.57亿元的农牧民安居工程全面完成。

2014年，共有19个省、自治区、直辖市建立了困难残疾人生活补贴专项制度，700多万残疾人直接受益。

白皮书指出，2014年3月，中国接受第二轮国别人权审查报告，获得人权理事会核可。中国认真接受了各国提出的204条建议，占建议总数的81%，受到国际社会一致好评。

——2015年6月8日中央电视台《新闻联播》

6. 六部门联手打击电信网络诈骗 年底前电话实名率达到100%(音视频3-21)

最高人民法院、最高人民检察院、公安部、工业和信息化部、中国人民银行、中国银行业监督管理委员会等六部门23日联合发布《关于防范和打击电信网络诈骗犯罪的通告》，其中明确提出，电信企业要确保到2016年10月底前全部电话实名率达到96%，年底前达到100%。在规定时间内未完成真实身份信息登记的，一律予以停机。

根据这份通告，自2016年12月1日起，个人通过银行自助柜员机向非同名账户转账的，资金24小时后到账。

通告指出，电信网络诈骗犯罪是严重影响人民群众合法权益、破坏社会和谐稳定的社会公害，必须坚决依法严惩。凡是实施电信网络诈骗犯罪的人员，必须立即停止一切违法犯罪活动。自通告发布之日起至2016年10月31日，主动投案、如实供述自己罪行的，依法从轻或者减轻处罚，在此规定期限内拒不投案自首的，将依法从严惩处。

通告要求，公安机关要主动出击，将电信网络诈骗案件依法立为刑事案件，集中侦破一批案件、打掉一批犯罪团伙、整治一批重点地区，坚决拔掉一批地域性职业电信网络诈骗犯罪"钉子"。公安机关、人民检察院、人民法院要依法快侦、快捕、快诉、快审、快判，坚决遏制电信网络诈骗犯罪发展蔓延势头。

电信企业要严格落实电话用户真实身份信息登记制度，要立即开展一证多卡用户的清理，对同一用户在同一家基础电信企业或同一移动转售企业办理有效使用的电话卡达到5张的,该企业不得为其开办新的电话卡。要采取措施阻断改号软件网上发布、搜索、传播、销售渠道,严格规范国际通信业务出入口局主叫号码传送,加大网内和网间虚假主叫发现与拦截力度,对违规经营的网络电话业务一律依法予以取缔,对违规经营的各级代理商责令限期整改,逾期不改的一律由相关部门吊销执照,并严肃追究民事、行政责任。

各商业银行要抓紧完成借记卡存量清理工作,严格落实"同一客户在同一商业银行开立借记卡原则上不得超过4张"等规定。任何单位和个人不得出租、出借、出售银行账户(卡)和支付账户,构成犯罪的依法追究刑事责任。

通告同时提出,严禁任何单位和个人非法获取、非法出售、非法向他人提供公民个人信息。对泄露、买卖个人信息的违法犯罪行为,坚决依法打击。对互联网上发布的贩卖信息、软件、木马病毒等要及时监控、封堵、删除,对相关网站和网络账号要依法关停,构成犯罪的依法追究刑事责任。

通告强调,电信企业、银行、支付机构和银联,要切实履行主体责任,对责任落实不到位导致被不法分子用于实施电信网络诈骗犯罪的,要依法追究责任。各级行业主管部门要落实监管责任,对监管不到位的,要严肃问责。

——2016年9月23日新华网

7. 俄罗斯被全面禁止参加里约残奥会(音视频3-22)

国际残疾人奥林匹克委员会7号宣布,因兴奋剂问题,俄罗斯代表团被全面禁止参加一个月后举行的里约残奥会。俄罗斯各界对此表示强烈不满,向国际仲裁法庭提起诉讼。

国际残奥委会表示,俄罗斯残奥委没有严格执行《世界反兴奋剂条例》和国际残奥委会相关反兴奋剂规定,因此不具备参加里约残奥会资格。国际残奥委会主席克雷文称,此前俄罗斯反兴奋剂系统整体失灵,可能需要重新审视2014年索契冬季残奥会的比赛结果。

7月18号,世界反兴奋剂机构的独立调查委员会公布报告称,俄政府相关机构大规模参与了俄田径运动员使用兴奋剂事件,建议国际奥委会对俄罗斯全面禁赛。国际奥委会没有采纳这一建议,而是交由各个国际单项体育联合会筛选合格运动员,这使得参加里约奥运会的俄罗斯运动员由原来的387人减至278人。

如今,俄罗斯残奥代表队遭全面禁赛,引发俄罗斯各界强烈不满。全俄残疾运动员联合会宣布已就此向国际体育仲裁法庭提起诉讼。全俄残疾运动员联合会主席呼吁,不应该把残奥会与"政治"扯在一起。俄联邦外交部发言人扎哈罗娃则指责禁赛决定背叛了人权标准。

——2016年8月8日中央电视台《新闻联播》

第四节　延伸思考

1. 时政新闻的定义、特点及分类?
2. 时政新闻播音总体要求有哪些?
3. 时政新闻播音的类型及播读要求异同点?
4. 梳理不同时期时政新闻播报方式的特点及变化?
5. 当下时政新闻播音有哪些创新?

第四章
财经新闻播音

第一节 理论讲解

一、财经新闻定义

经济活动是人们在生活中最基本和最重要的活动,"社会上的每一个人都处在由经济关系编织而成的巨大网络中"[1]。在信息经济时代,伴随着市场经济的建立发展与中国经济的迅速崛起,社会公众经济活动逐渐频繁,金融意识也不断增强,财经方面的信息变化对人们的生产生活的影响日益显现,人们对财经的关注程度也越来越高。虽然宏观经济形势从表面上看起来与普通百姓生活有着很远的距离,但实际上在市场经济环境下,微观经济生活无时无刻不受到宏观经济的影响。公众的经济决策与行为,很多都依赖于他们所获取的财经资讯。相关财经资讯往往牵一发而动全身,深刻影响到国民经济活动。例如,银行存贷款利率的调整,将对调节社会资金总供求关系、优化社会产业结构、调节货币供应量、促使企业提高经济效

---

[1] 戚鸣,张典,葛向阳. 经济报道新论[M]. 北京:新华出版社,2014:3.

益、调节居民储蓄、调节国际收支等方面产生重要影响。

"财经新闻就是有关经济活动、经济现象、经济决策最新事实和情况的报道。"[①]它是为了适应人类社会对财经信息的需求而产生的。财经新闻所报道的范围相当广泛,包括从生产到消费、从宏观经济到微观经济、从安全生产到服务质量、从经济工作到社会生活的各个领域。从报道涉及的层面来看,"财经新闻细分为政经类新闻、产经商业类新闻、财税金融类新闻、战略管理类新闻和投资理财类新闻五大类。"[②]在广播电视领域,例如中央电视台财经频道的《经济信息联播》《环球财经连线》节目,中央人民广播电台经济之声的《天下财经》节目以及各级广播电视台播出的相关财经类的新闻节目,都属于财经类的新闻信息,这些节目以严谨的态度、新闻的眼光,承担着为受众提供财经最新资讯、反映经济运行状况、解释经济现象、提供分析预测、促进经济平稳发展等功能,成为受众了解经济资讯、获取经济言论的权威渠道。

二、财经新闻特点

1. 较强的专业性

财经新闻报道的对象专业程度较高,且具有一定抽象性,在对财经领域发生的情况进行报道时,往往要涉及一些专业上的业务性问题。在许多财经报道的背后,往往是一系列的经济政策背景和经济理论知识,涉及金融学、经济学以及国家金融政策等多方面的知识。如果没有一定的专业财经知识积累,要读懂一篇财经新闻有着很大的难度。在所有的新闻报道中,财经新闻被认为是比较难驾驭的一种,原因也在于此。

2. 政策指导性

许多财经新闻旨在配合党和政府一个时期内的经济政策,对其进行解释和宣传,其内容本身带有很强的政策性。一些报道经济工作动态、经济战线新人新事的财经新闻,虽然不直接阐明政策条文,但也渗透着政策精神,直接影响着现实中的经济生活。

---

① 李本乾,李彩英. 财经新闻[M]. 大连:东北财经大学出版社,2006:3.
② 李本乾,李彩英. 财经新闻[M]. 大连:东北财经大学出版社,2006:5.

3. 服务实用性

财经新闻的服务性，主要体现在信息的服务上。既包括市场行情、物资供求状况和生产状况，也包括经济决策、法规、管理状况等，还包括自然资源状况、科技发展和规划状况、不同地区人们的消费心理及习惯等。这些丰富生动的经济信息，不仅是国家、企业参与经济竞争的"眼睛"，也给普通民众提供了可靠的经济判断，为其生产经营、投资决策方面提供有效的参考。例如，2015年国庆前夕，国家颁布了汽车购置税减半的政策措施，在2015年10月1日到2016年12月31日期间购买1.6L或以下排量汽车减半征收汽车购置税。这项政策的实施，不仅刺激车市的发展，对许多有意向购车的居民来说无疑也是一个利好消息。

三、财经新闻播报总体要求

1. 吃透文稿表达的信息

播音员无论播报何种新闻稿件，都需要具备所播报稿件所属领域的基础知识，对于财经新闻的播报尤为如此。需要一定财经专业知识才能准确理解稿件，这是由财经新闻本身所具有的较强的专业性所决定的。一篇财经新闻稿件，往往由很多专业术语和数据构成，如果播音员缺乏必要的财经知识背景，就会在播报中处于被动地位，所播的新闻就会出现"内行不愿听，外行听不懂"的不良传播效果，也就不能为人们的经济决策提供有效的参考。因此，及时研究新的财经现象和问题，吃透财经新闻背后所折射的经济政策，是财经新闻播报的一项基本要求。

2. 明晰专业术语的意思

财经新闻包括诸多复杂的专业术语，如金融危机、次贷危机、债券指数、股指期货、经济一体化、产业结构、套期保值等。这些词语经常出现在财经新闻稿件中，播音员要在备稿过程中认真查找这些专业术语的具体意思，只有在充分了解这些术语意思的前提下才能游刃有余地播报，才能做到语气内行、自然流畅。由于广播电视具有线性传播的特点，在播读中要尽量减少较为复杂的专业术语，要将这些复杂的财经专业术语以通俗、大众化的表达方式传递给受众，满足不同层次受众对信息的需求。

3. 播报语言富有"人情味"

新闻的播报应是有"温度"的，财经新闻也不例外。财经新闻往往专业程度较高，内容枯燥、形式单一，在播读中，播读语言绝不能是一组组冷冰冰的数据的简单组合，应带有"人情味"。要在充分了解经济事件背景的前提下，融合财经专业知识，深化理解，赋予情感，财经新闻播报有了"人情味"，受众才会乐意接受。

财经新闻一般以播报式为主，气沉声稳，多连少停，态度客观。但有些文稿内容与百姓生活很接近，文稿语言通俗易懂，播音员不妨采取播说结合的方式，使得传播交流更加具体形象、亲切自然。

财经新闻播音对重音的要求更为严格，如果重音选择错误，往往全篇稿件都会受到影响，千万不能什么都重要，句句都强调。重音的选择一定要少而精，例如对稿件中数字的播报，要强调和突出受众关心的数字，使枯燥的数字变得灵活，通过不同的播报语气播报出来，这样就避免了"念账单"的感觉，使信息传递更加准确、生动。

第二节 实例剖析

示例1

今年我国农业农村经济全线飘红 (音视频4-1)

"十二五"开局之年，我国农业农村经济保持了全面发展的好势头。农业部部长韩长赋在27日召开的全国农业工作会议上说，2011年是粮食喜获大丰收、再上新台阶的一年，是农民收入增长最多、增幅再次超过城镇居民的一年，是农业农村经济捷报频传、全线飘红的一年。

韩长赋说，这一年，我国面对异常发生的自然灾害和异常波动的市场环境等严峻挑战，圆满完成了"两个千方百计、两个努力确保"的目标任务，粮食增产、农民增收，成为我国经济发展中的突出亮点。

粮食生产登上历史新台阶。预计全年粮食总产11 424亿斤，比上年增加495亿斤，首次迈上11 000亿斤新台阶，连续第五年稳定在1万亿斤以上，实现半个世纪以来首次连续8年增产。粮食全面均衡增产,面积、总产、单产全面提高,水稻、小麦、玉米全部增产,3大主粮总产首次超过1万亿斤。同时,主要农产品全面增产,近16年来首次实现棉油糖、果菜茶、肉蛋奶、水产品全面增产。

农民收入实现两位数增长。预计全年农民人均纯收入实际增长10%以上,增幅再次超过城镇居民可支配收入,实现连续8年较快增长。同时,农民收入增长呈现"多轮驱动"的新格局,前3季度农民家庭经营性收入、工资性收入和转移性收入增幅均超过20%。

农产品质量安全水平稳步提高,重大动物疫情形势总体平稳。据统计,蔬菜、畜禽产品、水产品监测合格率分别为97.4%、99.6%、96.8%,全年没有发生重大农产品质量安全事件和区域性重大动物疫情。

农机、农垦、乡企持续发展。全国农业机械化保持了整体推进、快速发展的良好态势,耕种收综合机械化水平达到54.5%,提高2.2个百分点;农垦经济增长快、运行稳、质量好;乡镇企业、农产品加工业平稳发展,预计规模以上农产品加工业总产值增长达到25%,农产品出口首次突破500亿美元,增幅超过20%。

——2011年12月29日《经济日报》第3版

播读提示:这篇消息有两大重要背景。第一,2011年国际国内经济形势异常复杂,全球经济低迷,中国经济同样经受了严峻考验。农业农村经济的稳定发展既为中国经济社会的稳定发展奠定了重要基础,也为中国经济与全球经济一起战胜国际金融危机提供了重要支撑力量。"农业农村经济全线飘红"可谓雪中送炭。第二,2011年我国农业农村经济也面临前所未有的挑战。既有频繁的自然灾害,也经受了生鲜农产品价格过快上涨、农产品供给保障压力,农业农村仍然取得全面丰收,为我国经济社会平稳发展提供了重要的物质社会基础,既来之不易,更鼓舞人心党心。播音员在播读时只有把握住了这两大主要背景,才能更加深刻地理解稿件的思想内涵。

示例2

坚定不移坚持市场经济改革方向(音视频4-2)

当地时间22日,国家主席习近平在美国华盛顿州西雅图市出席华盛顿州当地政府和美国友好团体联合举行的欢迎宴会并发表演讲。

习近平强调,中国坚持全面建成小康社会、全面深化改革、全面依法治国、全面从严治党的战略布局,经济将保持平稳较快发展。今年上半年中国经济增长7%,增速仍然居世界前列,中国经济面临着一定的下行压力,但是这是前进中的问题,我们将统筹稳增长、促改革、调结构、惠民生、防风险、加强和创新宏观调控,促进经济增长保持中高速的水平。

——2015年9月24日中央电视台财经频道《整点看财经》

播读提示: 这条新闻记录的是国家主席习近平出访美国时的一段演讲,讲述了当前的中国经济形势,播读时应重点强调"经济""平稳""增长7%"等关键词。而面对经济下行压力,中国政府采取的一系列措施"统筹稳增长、促改革、调结构、惠民生、防风险、加强和创新宏观调控",在播读时应语气连贯,层层递进。对数字的处理上,要把死板的数字播"活",例如在全球经济形势严峻的背景下,中国上半年的经济增长了7%,这个"7%"应读出成绩来之不易的振奋欣喜感。

示例3

收紧政府的"手",放开市场的"腿"(音视频4-3)

如何处理好政府与市场的关系?昨日,佛山市南海区发布广东省首份行政审批"负面清单",向社会公开355项禁限项目。同时公布的还有"准许清单"和"监管清单",三份清单一起纳入网络审批和监督系统。权力标准化与网络行政相结合,这一创新之举,使政府与市场的边界更加清晰,以构筑阳光透明的运行机制,收紧政府的"手",放开市场的"腿"。

南海首批"负面清单"涉及外商投资、企业投资、区域发展、环境保护四大领域,包括355项禁止或限制项目;首批"准许清单"纳入710个大项的行政审批管理事项;首批"监管清单"则包括餐饮服务、网吧管理等12项分类分级管理项目,以及20项市场监管措施。对照清单,哪些市场行为是允许或禁止的,一目了然。南海区行政服务中心主任何熠钢说,"负面清单"在事前把可办、不可办的事告诉民众,"准许清单"则把审批权力标准化,保证了公平高效,而"监管清单"则重在改变此前重审批轻监管的做法,如果经营者做得不好,有可能被打入"黑名单"。

"三份清单贯穿行政审批事前、事中、事后全过程,无论是官员、企业主还是普通老百姓,谁来办理都一样。"佛山市委常委、南海区委书记邓伟根说,把"权力清单"向社会公布,既倒逼政府运作更加公开透明,也推动企业在市场经济轨道上"大步快跑",发挥市场经济的正能量。

南海还把审批过程通过互联网向全社会开放,让职能部门的"分内事"变成老百姓的"掌中事"。此前,南海已建起了覆盖区、镇、村的网上办事系统,并与微博、微信等网络问政系统,以及电子监察系统相连通,形成了网络问政、网络行政、网络监督互相打通的"三网融合"格局。据悉,此次出台的三份清单已全部录入这个"三网融合"系统,进一步把权力关进了全民监督的"大笼子"。

总部在南海的广东柯内特环境科技有限公司总经理朱斌说:"有了这三份清单,我们在作市场决策时就非常清楚了,投资上不会走弯路,而且办事流程一清二楚,不用担心走冤枉路了。"

对于南海的探索,国家行政学院教授竹立家在接受南方日报记者采访时认为:"通过信息化的手段,优化市场经济所需的制度框架,推动政府与市场的良性互动,这种做法值得肯定。"

——2013年12月11日《南方日报》第1版

播读提示:这篇稿件是在十八届三中全会提出全面深化改革背景下推出的一篇具有时代见证意义的报道。记者敏锐抓到了佛山市南海区开全国先河的改革举措——把行政审批"负面清单"与"准许清单""监管清单"相结合的"三单"管理模式,并用精炼鲜活的语言进行解读,短短800余字涵盖了"三单"管理的运行模式、现实影响和对深化市场经济改革的全局意义。在播读时应把握住文章的内涵,深入浅出,用前瞻的视角,准确生动的细节勾勒展示出广东首份"负面清单"以及全国首个"三单"管理模式背后的破题意义。

示例4

中国经济不会"撞上长城"(音视频4-4)

随着我国经济结构调整的深入推进,经济增速放缓也随之出现。一些人士惊呼中国经济"遇到了大麻烦",诺贝尔奖获得者经济学家保罗·克鲁格曼撰文直言,中国经济"撞上了长城"。这些观点放大了短期局部困难,更没有看到当前宏观调控

"稳增长、调结构、促改革"正不断释放的政策红利,实在过于悲观草率。

首先,中国经济增长潜力依然很大。从居民真实收入国际对比看,2008年中国人均收入只有美国的21%,仅相当于日本1951年、新加坡1967年的水平。另一方面,我国的完全城镇化率还不足50%,到2033年前后才能达到70%,实现高质量的以人为核心的城镇化依然大有可为。

从财政情况看,上半年中央和地方财政收入同比增长7.5%。虽未达到年度预算预计的8%,但目前剩余财政资金应仍不低于3万亿元,对于购买公共服务、保障房安居工程建设、环境治理而言,政府钱袋子仍相对充足。

投资下滑需要警惕,但主要是部分过剩行业产能过剩所致,其中既有周期性过剩、也有结构性过剩,需要甄别对待。不过可喜的是,相对于第二产业投资增幅下降,公用事业投资增速6月份从6.4%升至22.7%,房屋新开工面积也明显增长,表明第三产业和房地产投资有望顶替制造业接力投资。特别是中共中央政治局会议提出"促进房地产市场平稳健康发展",意味着在楼市调控不放松的基础上,房地产投资将继续为稳增长作出贡献。

此外,从通胀预期看,去年四季度以来,CPI已然企稳,PPI同比跌幅也有所收窄。物价平稳为货币政策预留了足够空间。目前消费短期内对GDP的贡献虽远低于投资贡献率,但随着金融改革、土地改革、户籍改革、政府机构改革以及减税政策的不断推进,私人部门投资环境改善,民营经济吸纳高成本劳动力的能力有望提高,从而引致未来收入增长预期形成,这将有助于国内消费的升级发展。

更重要的是,在稳增长、调结构的同时,利好长远发展的政策组合拳正密集出台,制度改革的红利将持续释放。自提出大气污染防治十条措施、促进光伏产业健康发展六条措施,到央行放开贷款利率下限,再到推出减税、贸易便利化和铁路投融资体制改革一揽子政策,不难发现,兼容稳增长、调结构的政策组合已见雏形。随着市场利好预期的稳定形成,下半年尤其是进入四季度,这些政策措施的累积效果将开始显现。

对当前宏观政策框架,有人或解读为"不刺激"。事实上,中央一直强调不出台大规模经济刺激政策,是为了建立可持续的长期增长动力,并不意味着放弃短期、局部、适度的刺激措施。尽管新一届政府对经济下滑的容忍度在不断提高,但是当经济增长触及下限时,政府会适时出台适当的逆周期微调措施,确保经济增速保持在可承受区间内,避免经济的大幅波动。

不可否认,这些年中国已经为单纯保增长的调控思路交了不少学费,如今不可能再重走依靠大规模政府投资、货币超发实现经济增长的老路。但同样可以断定的是,我国也不会效仿拉美部分国家在经济转型期,采用自由放任经济政策的办法,使经济发展彻底暴露在硬着陆风险之下。

只要按照当前的宏观经济调控思路,措施得当、执行有力,保持宏观调控的连续性、稳定性,提高针对性、协调性,我国经济完全能够完成全年经济社会发展主要任务。中国经济不但不会"撞上长城",还将抓住时机"跨越长城",使经济发展从低效益保增长之路驶入高质量稳增长通道。

——2013年8月6日《经济日报》第1版

播读提示:对于长期习惯中国经济两位数字增长的人来说,2013年上半年中国经济增长的速度不是理想的数字。悲观者看到经济增速逐季下滑,经济增长动力不足,担心全年增长预期目标可能落空;乐观者看到物价可控、就业增加,结构调整呈现可喜迹象,认为抓住调整中的机遇有利于提高中国经济增长的质量。这篇报道真实、客观地用数据给我们分析了当前的经济形势,让受众客观认识目前经济现状与巨大发展潜力。播音员播读这条新闻时要力求通俗易懂,把经济形势、宏观政策用简洁、形象的语言表述清楚。

示例5

限制"公款消费"本质是制约权力寻租(音视频4-5)

经济学家弗里德曼曾提出过一个"花钱矩阵理论":花自己的钱办自己的事,既讲节约,又讲效果;花自己的钱,办人家的事,只讲节约,不讲效果;花人家的钱,办自己的事,只讲效果,不讲节约;花人家的钱办人家的事,既不讲效果,又不讲节约。

"公款消费"就属于后两种情况。在讲究"面子"文化的国度里,"外国有个加拿大,中国有个大家拿"成为很多国人的常识。但十八大后,从"空谈误国,实干兴邦"到"改进工作作风、密切联系群众的八项规定",从"坚决刹住中秋国庆期间公款送礼等不正之风"到"严禁公款购买印制寄送贺年卡等物品",领导层已下决心治理此顽疾。

遏制"公款消费"看似只是"反腐败"的措施，其实这还蕴涵着深刻的"经济学"语义。

一方面，在支出不是来源于个人收入，而是由"公家报销"的情况下，"支出预算约束会软化"和"花钱的人未必追求最大效用"这两种情况必然会出现，那么"公家报销"将会扭曲商品相对价格，而且引起物价总水平的上涨(用公款买的东西，普遍比市场平均价格高)。同时，无论价格结构的扭曲还是物价总水平的上升，都会引起收入的再分配，而这个收入分配显然是不公平的。

另一方面，"公款消费"大行其道实质就是权力与利益交易的市场选择。权力腐败始于交易，而交易需要场合。"吃什么无所谓，关键是和谁吃""喝多少不重要，重要的是让关键的人喝满意""接待上级不敢怠慢"，不管是中秋送月饼还是国庆送礼物，打的都是"人情"幌子，然而多数都是"暗度陈仓"，行的是权力寻租或利益交换之实。因此，反对公权力公款吃喝、铺张浪费，其本质是制约权力而不是抑制消费。

更重要的是，由于市场化的不彻底，许多重要的资源分配权仍掌握在地方政府手中，这为寻租活动创造了巨大的空间，"看不见的手"异化为"到处乱摸的手"。当决定着资源分配的不是法律和规范，而是官员个人的偏好之时，官员大笔一挥就是数千万上亿的项目资金，随便一个眼色就能让一个企业消失或让一个企业日进斗金，权力自然就已经成为众星捧月、众相取悦的"爷"，一切都会围着权力转。

如果消费经济必须靠公款来拉动，那只能说明这个"经济质量"有待改善。在当前的社会经济领域中，"倚公""傍官"现象甚为突出，一些企业在找资源找销路的时候，首先想到的并不是如何服务于市场大众，而是怎样才能搭上政府这条线，他们无不希望通过官员客户等资源，为自己争取更大的"垄断"利益。市场领域中的"倚公""傍官"本身就不健康，以此制造经济繁荣、拉动消费，只能是饮鸩止渴。

实际上，自新一届领导层组成以来，就把转变职能作为第一件大事，紧紧抓住不放。目前已取消下放334项行政审批等事项，简政放权成为深化改革的"马前卒"和宏观调控的"当头炮"。行政审批的削减下放和行政改革的深入，改变了政府运作模式和官员的行为方式，也将极大缩减官员的权力寻租空间。

第四章 财经新闻播音

毋庸置疑,"公款消费"的代价是巨大的,作为花钱的一种办法,尽量少用。对每一个公民来说,只要自己能直接花的钱,就不要让别人代替自己花;对政府来讲,要尽量把"花钱矩阵理论"中的第三、四种花钱转变为第一、二种花钱,这样于国于民都有利。当然核心问题就是要坚持三中全会公报中提出的"处理好政府与市场的关系,使市场在资源配置中起决定性的作用和更好发挥政府的作用"。

——2013年11月15日中国经济网

播读提示:2012年底,中央出台"八项规定",随着这项利民利国的措施不断深入,中国经济本身也发生了积极变化。此篇经济新闻就是以"公款消费"为切入点,从经济学的角度分析认为,遏制"公款消费"看似只是"反腐败"的措施,其实还蕴涵着深刻的"经济学"语义,最后得出结论:反对公款吃喝、铺张浪费,其本质是制约权力而不是抑制消费。播音员只有了解清楚国家的政策导向和文稿的深层含义,播读新闻时才能把握住主旨思想。

示例6

中原实验:"三化"一盘棋解"河南之难" (音视频4-6)

人往哪里去?地从哪里来?粮食怎么办?发展怎么办?一直是困扰河南上下的四大难题。在建设中原经济区的实践中,河南以新型城镇化引领,探索出一条破解"河南之难"的新途径。

这几天,舞钢公司冶金铁前配套项目负责人殷国军恨不得住在工地上,这个月底,一期工程就要投产了,届时,舞钢的原料结构将得到彻底改观,市场竞争力能提高一大块儿。

同一时间,瑞祥农牧的老板钮延军正忙着找人设计猪舍,20万头生猪养殖场的扩建计划一落停,他这个"猪倌"就成全河南省的老大了。

和两位大忙人不同,尹集镇张庄社区66岁的邱建功正在享受含饴弄孙的美好时光。"跟城里没啥两样"的社区居民生活,让老爷子喜不自禁。

这看似"八竿子打不着"的三个人,在舞钢市委书记高永华看来,可都在一盘棋上。时间倒退到三年前,这盘棋上的每一个棋子都差点把高永华"将"死。

2009年一度给舞钢市带来85%财源的舞钢,开工率已经不足50%。上马炼铁降低成本是舞钢最后的救命稻草。可这个计划,却在抽屉里躺了好几年。

2009年,"猪倌"钮延军的日子也不好过。规模达到两万头的时候,环保问题出现了。

上环保设备,2万头猪白养了不说,还得搭不少钱。老钮觉得扩大养殖规模和搞种养联营消化粪肥都是条路子,可手里没地也是白搭。

而作为当年贫困村张庄的村民,邱大爷对生活境况的抱怨一直就没有停过。

转机就来自于这张按满张庄人红手印的协议书。张庄村紧邻风景区,看到有人搞"农家乐"致了富,张庄90%的乡亲自愿要求"下山上楼"搞旅游。2010年,作为扶贫移民项目,张庄村和其他4个行政村被并入张庄社区。这一"自愿"不要紧,小小的张庄竟然腾挪出上百亩乡村建设用地,这给了高永华很大的启发。

有了张庄的经验,舞钢市把全市190个行政村按照现代农业型、工业带动型、商贸流通型、旅游服务型等产业类型整合到17个中心社区,腾出土地4.33万亩。这样一来,不仅舞钢和老钮的项目有了着落,舞钢市的很多发展规划也全都落了地。

在河南全省这个更大的棋盘上,保粮食和谋发展正在进行艰难博弈。一方面,河南全省每年用地需求约80万亩,国家指标不到30万亩;另一方面,河南4.7万个村庄面积总和比城乡居住和工矿用地总面积的3/4还要多,如果通过新型农村社区建设进行迁并整合,就能腾出400多万亩土地,这相当于为河南未来十几年的发展腾出了空间。

在此基础上,河南按照1∶1.05的比例在城乡建设用地和耕地之间进行占补平衡,耕地总量不降反升。今年上半年,河南夏粮连续9年增产并再度全国夺魁。

——2012年8月15日中央电视台《新闻联播》

播读提示：这篇报道以河南省舞钢市为例,通过三个人物故事,分别讲述了农民增收、农业产业结构调整、工业结构调整在2009年下半年面临的困境。又展示了通过农民自发自愿地进行新型农村社区的建设,撬动了土地这个存量资源,也为工农业的发展找到了出路。这则新闻通过巧妙的构思较生动地展现了河南在倒逼机制下走出来的一条以新型城镇化为引领的"三化"协调发展之路,挖掘出了"谋河南的事,解中国的题"这样的全局意义。播读这条新闻,要突出讲故事的感觉,将新闻故事的细节生动细腻地表现出来。

第三节 实训材料

1. 上半年工业通信业运行总体平稳 (音视频4-7)

国务院新闻办今天举行上半年工业和通信业经济运行发布会，工信部负责人表示，今年上半年工业、通信业生产增势缓中趋稳。

统计显示，今年上半年全国规模以上工业增加值同比增长6.3%。其中，6月同比增长6.8%，增速连续三个月回升。4、5两个月规模以上工业企业实现利润增幅由负转正，分别达到增长2.6%和0.6%。全国工业用电量增速继续提升，规模以上工业企业单位增加值能耗下降9%以上。

黄利斌(工业和信息化部运行检测协调局副局长)：在41个大的行业中，上半年有23个行业的增加值增速是快于平均水平的，它占的比重在6成，它的平均增速达到了8.4%。

黄利斌表示，上半年高技术制造业增加值同比增长10.5%，明显快于工业整体水平。电子信息产业的增长最为显著，今年1—6月，规模以上电子制造业增加值增长10.8%，高出工业增速4.5个百分点；软件业务收入同比增长17.1%，高出电子信息行业8.8个百分点。

——2015年7月22日中央电视台《新闻联播》

2. 富裕的"低保户" (音视频4-8)

口播：我们都知道，这农村最低生活保障是发给那些家庭贫困村民的，是国家的一项重要保障制度，必须严格审核，认真对待，但是在保定易县的龙湾头村，最近一次低保公开选举却演变成了一场闹剧。

配音：易县龙湾头村最近举行了一场低保户的"选举"，然而许多村民对这次选举却颇有争议。在村里有一位刚被选举上的低保户名叫田明兰，今天上午，记者一进她家大门，首先映入眼帘的就是一辆私家车，从这家里的布置来看，怎么也不像低保户的生活条件。

记者：我看您家这条件还挺好的，还有车呢？

田明兰：这不我的脖子歪了，干不了活。

配音：经过记者了解，田明兰家不仅有私家车，还经营着旋耕机、播种机，像田明兰这样的富裕低保户，在村里并不是个例。而与之形成鲜明对比的是70多岁的兰贵林家，他的爱人是一位聋哑残疾人，还患有精神分裂症，平时老人就靠捡破烂为生，他认为自己符合低保条件但是却没有享受到低保。

记者：为什么你没有评上低保呢？

兰贵林：为什么，我找村支书跟大队长，他们说是村民代表选的。他也做不了主，他不管这个。

配音：老人说，前几天龙湾头村进行的低保选举中，由30户村民代表公开增选出了15名低保户，当时他也是参选对象，但在这次选举中，很多像兰贵林这样家庭困难的贫困户都落选了，一些富裕的村民反而当选了低保户。

刘庆房(村民)：我说我这样的，我参选去也是白去，我又没人又没关系又穷。

村民：有生活保障的有生活能力的，家庭有经济条件的都吃上低保补助了。穷的没有、摸不着。

配音：该选的人没选上，村里的百姓对此都议论纷纷，颇有意见，而按照标准，这些富裕户根本没有参选低保的资格，那他们是怎么参选又是怎样被选出来的呢？对此龙湾头村的村支书和村主任表示，在选举之前，他们村委会就接到了很多的"暗示"。

村支书：当时就说就给你这些低保指标，尽量评他们，评不上可以评别人。

记者：究竟是谁在打招呼呢？

村支书：镇里管民政的助理员。

村主任：我们村里有一个候选栏，上面打招呼的有一个候选栏，上头写着人的名字，都是谁。

记者：那田明兰在哪个栏里？

村主任：在乡里打招呼的栏里呗。

配音：村主任刘清河介绍，在最后的选举中，这些不符合享受低保规定的富裕村民，有的是通过县里的领导打了招呼、有的则是通过镇里的领导突出了名字，有的领导则干脆自己参与进来，田明兰也就是这样选举上的，而在最后选出的15个低保户中，只有三个人符合低保条件，对于这出闹剧，村委会也表示无能为力。

记者：现在比如说你们选出的这些低保户，他们民政局不会来审查吗？

村支书：没没没，没核查过，就2009年审查了一年。

第四章 财经新闻播音

配音：随后记者找到了易县民政局了解情况，这里的工作人员却以各种理由推脱拒绝接受采访。但是我们在采访中却了解到，以每个贫困户每月领取52元低保金的标准，2011年，整个易县就有近500个村2万多人享受到了1263万多元的低保补助，如果都按照当地民政部门的监管态度，这些钱最后又会落入谁的口袋呢？

毕晓哲(社会学者)：最根本的问题就是我们政府部门的监管不力，相关民政部门没有严格地把关，对选举过程中最后审核的时候严重失职，结果是造成我们的低保资金流失；然后弱势群体进不去(低保范围)、强势进去了，扰乱了社会公正性，同时对我们的低保制度啊，也是一种严重的破坏！

——2011年5月17日河北电视台经济频道《今日资讯》

3. 玻利维亚明年经济增长预期引领南美各国 (音视频4-9)

口播：就在大宗商品价格走低，美联储加息预期等多重因素的影响之下，2015年拉美多国经济陷入到了困局。据国际货币基金组织最新的预测，拉美地区今年的经济增长率仅为0.9%，低于去年的1.3%，成为持续减速的第五年，而作为拉美第十大经济体的玻利维亚却能以平均5%的经济增长率连续三年引领拉美各国。

配音：虽然联合国拉丁美洲及加勒比海经济委员会把玻利维亚2015年经济增长预期从5%下调至4.5%，但该国仍为今年拉美地区增长最快的经济体之一，主要收益于国内建筑、公共管理服务、水电气等基础服务及交通仓储行业的拉动，而曾经的经济支柱行业，例如矿业、原油天然气等继续增长乏力。

冈萨洛·查韦斯(玻利维亚经济学者)：玻利维亚受益于2006年至2013年大宗商品价格持续上涨带来的增长。在这期间，出口额从30亿美元上升到约140亿美元。然而随着外部增长动力的消失，政府开始通过一些支持总需求的政策来刺激内部的增长动力。公共投资的增长幅度很大，2015年预计会投入62亿美元。

记者：自2006年莫拉莱斯总统执政以来，玻利维亚石油年收入从3亿美元增长到了去年60亿美元，成为该国经济增长的主要动力之一。其中天然气出口占到了其出口总额的一半左右，然而由于国际油价大幅下跌并维持低位，玻利维亚的经济增长也面临着隐忧。根据该国最新统计数据显示，今年1月至7月玻利维亚的出口总额就比去年同期下降了30.7%。

配音：国际油价不断走低，成为玻利维亚未来经济增长的最大隐忧。受此影响,玻利维亚南部主要依靠天然气出口的塔里哈省,因出口创收的大幅下降,从曾经最富裕的省份一度濒临破产的边缘,政府负债高达11亿美元。

伯纳多·普拉多(玻利维亚石化行业网主编):生产(天然气)的省份,现在非常担心油价下跌带来的问题。为什么呢?现在我们的出口价格已经非常低了,所以这些省份的收入锐减,能够分摊在政府和市政管理上的费用也非常少了。

配音:在拉美多国,包括巴西、墨西哥、哥伦比亚、阿根廷、智利等经济深陷困境、货币大幅贬值的大环境下,玻利维亚货币经受住了考验,在经济增长预期的支撑下维持在相对稳定的水平。分析人士称,由于玻利维亚的出口模式相对单一,货币贬值不会刺激目前的出口形式。但在拉美多国贸易保护主义逐渐抬头的趋势下,玻利维亚目前的货币政策却不利于本国企业的发展。

——2015年9月23日中央电视台财经频道《环球财经连线》

4. 1月份CPI同比上涨1.8% 涨幅扩大 (音视频4-10)

国家统计局今天公布了1月份全国居民消费价格指数CPI的变动情况,1月份,CPI同比上涨1.8%,涨幅有所扩大。

统计数据显示,1月份全国居民消费价格总水平比去年同期上涨1.8%,比去年12月份扩大了0.2个百分点。其中,猪肉、鲜菜、飞机票、旅行社收费价格同比分别上涨18.8%、14.7%、11.8%、4.2%。此外,受劳动力成本上涨的影响,部分服务价格同比涨幅较高。

此外,统计数据还显示,由于部分工业行业出厂价格由降转升或降幅缩小,1月份,全国工业生产者出厂价格PPI同比下降5.3%,降幅比上月缩小0.6个百分点;环比下降0.5%,降幅也比上月收窄了0.1个百分点。

——2016年2月18日中央电视台《新闻联播》

5.《今晨国际观察》(音视频4-11)

天下财经,今晨国际观察。16个产油国昨天在卡塔尔首都多哈会谈,商讨冻结原油产量的相关事宜。北京时间今天凌晨,产油国并没有达成一致,各国就伊朗等国是否应参与冻产有着严重的分歧,这是无法达成共识的重要原因。早些时候多家外媒报道,多哈冻产协议草案显示,每月原油日产量的平均值,将不会超过1月份水平,产量冻结将持续到今年的10月1日。产油国将在10月在俄罗斯再次会面以评估协议的实施情况,将继续就寻求最佳途径,确保原油市场稳健复苏方面加强磋商。

草案经报道之后又有消息说,多个国家高级官员对达成最终协议表示乐观。然而随着沙特立场的突然转变,形势发生了很大的变化。不过有分析师表示,哪怕各国达成动产协议也不会改变他们看空油价的观点。问题的关键在于,即使动产,很多产油国已经处在各自产量高峰,因此有没有动产协议已经没有太大区别。

再来关注日本地震。日本九州地区的熊本县等地今日连续发生强烈地震,灾情不断扩大,特别是16日凌晨1点25分,熊本发生的地震达到了7.3级,其能量达到了1995年阪神大地震的规模,给日本社会及经济造成更大的心理冲击。

九州各工厂年产汽车130万台,占日本全国产量的十分之一,丰田、三菱、日产、本田、大发等工厂因交通受阻,零部件断供等已经停止生产。索尼、三菱电机等电子工厂也已经停产。一些企业的厂房设备等不同程度受损。丰田汽车公司表示,24日之后才能研究是否恢复生产。熊本是日本著名的农业县,番茄、洋葱、马铃薯等产量巨大,但是震后已经停止上市。估计今天东京和大阪等地的瓜果蔬菜批发市场,将会出现产品数量下降、价格上升。

经济学家们则担心这一次地震对经济形势的影响。日本综合研究所指出,如果工厂持续停产,将会影响五六月份的工业生产统计结果,形成景气减弱的影响。另外,地震可能会影响消费者的心理,海外投资家也可能出售日本股票。

——2016年4月18日中央人民广播电台经济之声《财经天下》

6. 人民币清算行正式落地美国(音视频4-12)

中国人民银行今天宣布,根据《中国人民银行与美国联邦储备委员会合作备忘录》的相关内容,人民银行决定授权中国银行纽约分行担任美国人民币业务清算行。

人民币清算行,就是通过提供人民币的账户、兑换以及清算结算渠道,为商业银行提供人民币清算服务。此前,美国本土的金融机构普遍不提供包括人民币在内的外币账户服务。美国境内客户须将美元兑换成人民币并通过境外清算,增加了人民币相关交易的成本和复杂性,也无法满足当地市场的人民币使用需求。

张青松(中国银行副行长):如果人民币在双边经贸与投资往来中得到更多的使用,会降低投资者贸易商的汇率风险,降低交易成本,对推动双边贸易往来的投资活动具有非常重要的意义。

我国自2003年开始在境外设立人民币清算行,目前已遍及英国、新加坡、南非、美国等全球21个主要国家和地区,人民币清算服务已经可以实现7×24小时的全球服务,为中外贸易、投资提供便利。

——2016年9月22日中央电视台《新闻联播》

7. 我国将新设立7个自贸试验区(音视频4-13)

今天记者从商务部了解到,为全面贯彻落实"十三五"规划要求,结合国家对外开放总体战略布局和推进"一带一路"建设需要,近日,党中央、国务院决定新设立7个自贸试验区。

新设立的7个自贸试验区分别确定在辽宁省、浙江省、河南省、湖北省、重庆市、四川省、陕西省,我国自贸试验区建设进入了试点探索的新航程。

高虎城(商务部部长):这7个自贸试验区将继续紧扣制度创新这个试验核心,以现有自贸试验区试点内容为主体,结合地方特点以及战略需要,增加差异化试点任务。

高虎城表示,自贸试验区是我国深化改革、自主开放的试验田,承担着探索新途径、积累新经验的任务,现有的4个自贸试验区建设取得了积极成效,有必要进一步加快试点进程。

高虎城(商务部部长):首先在改革方面,自贸试验区首次试行外商投资负面清单管理模式,大幅减少了行政审批,在开放方面,外商投资企业管理特别措施从2013年190项减至目前的122项,在创新方面,优化政府管理和服务模式,通关效率平均提高了40%。

商务部数据显示,2015年,4个自贸试验区新设立企业约9万家,其中广东、天津、福建自贸试验区新设立企业数同比增长2倍。4个自贸试验区吸收合同外资占所在省市吸收合同外资的比重超过50%,科技研发、创业投资、电子商务等高端产业聚集效应明显。

——2016年8月31日中央电视台《新闻联播》

8. 二维码支付地位获认可 移动支付市场将开启新一轮争夺战(音视频4-14)

二维码支付的市场地位正在受到监管层的认可。根据央行的要求,中国支付清算协会最近下发了《条码支付业务规范》(征求意见稿),这是央行自2014年3月份叫停二维码支付以后,首次官方表态。

我们先来听报道:近日,支付清算协会向支付机构下发《条码支付业务规范》(征求意见稿),意见稿中明确指出,支付机构开展条码业务需要遵循的安全标准。这是央行在2014年叫停二维码支付以后,首次官方承认二维码支付地位。2014年3月,央行发函叫停支付宝和腾讯的虚拟信用卡产品,同时叫停条码、二维码支付等面对面支付服务。当时央行表示相关支付撮和验证方式的安全性尚存质疑,存在一定的支付风险隐患。虽然央行已经表态,但二维码支付并未真正销声匿迹。近年来,随着支付宝和微信付款的普及,二维码支付已经被大家广泛接受。甚至连街边的水果摊也可以用二维码支付买单。市场日渐成熟,监管也不能缺位。征求意见稿规定,支付清算协会会员单位开展条码支付业务,应该取得相应的业务资质;会员单位应根据交易验证方式的安全级别,及条码支付技术安全指引关于风险防范能力的分级;对个人客户条码支付业务的交易进行限额管理;此外,征求意见稿对保护用户敏感信息进行了多方面规定。

有分析指出,随着二维码支付获得官方认可,移动支付市场的争夺大战势必会愈演愈烈。一方面,以支付宝、微信为代表的第三方支付平台之间将展开争夺。另外一方面,传统银行也跃跃欲试,抢滩移动支付市场,与第三方平台竞争。

值得注意的是,二维码支付获得官方认可并不意味着在使用上可以安全无忧。目前,二维码支付最大的安全问题来自于它的时效性。也就是说,在二维码有效期内,容易发生木马植入威胁,盗取用户信息并且产生多次扣费的行为。因此,央行提醒用户,二维码支付截图不要随便地分享给别人。

——2016年8月6日中央人民广播电台经济之声《天下财经》

第四节　延伸思考

1. 财经新闻定义?
2. 财经新闻的特点?
3. 财经新闻播报的总体要求?

第五章
民生新闻播音

第一节 理论讲解

一、民生新闻的定义

"民生"一词最早出现在《左传·宣公十二年》,所谓"民生在勤,勤则不匮。"这里的"民",就是百姓的意思。在《辞海》中对于"民生"的解释为"人民的生计",它是一个带有人本思想和人文关怀的词语,话语语境中渗透着一种大众情怀。随着社会经济水平的不断发展,市民阶层开始争取自身的话语权,"民生"与大众传播媒介的结合就变得势在必行,于是,便出现了"民生新闻"这个概念。在生活中,大多数的普通老百姓更乐于关注自己所在地域所发生的一些与自己生活息息相关的新闻事件。"为满足多元化的收视需求,赢得更高的收视率,各地方台针对社会需求,相继推出了风格迥异、特色鲜明、贴近生活的民生节目。"[1]

---

[1] 田园曲.电影电视配音艺术[M].第2版.北京:清华大学出版社,2014:155.

当代新闻播音实用教程

有学者甚至认为民生新闻的兴起"开拓了一个具有中国特色的新闻传播空间。"①

民生新闻是以城市居民为主要传播对象,以频道主要覆盖城市为报道范围,以报道市民生命、生存、生活、生计等与百姓生活息息相关的新闻事件为主要内容,通过记者现场调查、跟踪报道、嵌入式体验等灵活多样的方法采编制作,注重新闻的实用价值、娱乐价值、情感价值的一种电视新闻体裁。我国真正意义上的民生新闻节目开始于2002年1月1日江苏电视台都市频道开播的《南京零距离》栏目,长期以来,该栏目收视率一直位列南京地区电视节目排行榜榜首,并在全国产生了广泛的影响,开创了电视民生新闻节目的先河,被业界认为是民生新闻节目的典型范本。随着该节目的成功,各地方电视台也纷纷开办民生新闻资讯类节目。目前比较有代表性的民生节目有河北广播电视台经济频道的《今日资讯》栏目,江苏广播电视台城市频道的《零距离》栏目,山东广播电视台齐鲁频道的《每日新闻》栏目,四川广播电视台新闻资讯频道的《新闻现场》栏目,湖南广播电视台都市频道的《都市一时间》栏目,成都广播电视台公共频道《成都全接触》栏目等,这些节目以老百姓的"身边事、麻烦事、稀奇事、关心事"为主要报道素材,注重新闻的实用价值,深受广大市民的好评,取得了较好的业绩。

二、民生新闻节目的传播特点

1. 贴近百姓,关注民生

民生新闻作为以平民视角来关注百姓生活品质提升、生存状态改善、生活方式改变的一种节目形式,它不仅在传播观念、价值取向上强调贴近百姓生活,在呈现形态上也注重平民视角,营造平民风格,把视角聚焦在平民身上,关注他们的悲欢离合与酸甜苦辣,真正意义上用行动践行新闻报道的"三贴近"原则。

当前,伴随着我国逐渐进入社会转型期新阶段,一系列政治、经济、文化、教育、科技等方面的重大事件与政策法规与普通百姓的生产生活日渐密切,立足于简单的维权曝光、困难帮助、生活服务的民生新闻节目模式已经不能满足观众的收视需求。其实,一系列重大政策的出台也正是出于对普通百姓现实及长远利益的考虑而制定实施的。在这样的背景下,"大民生"的理念逐渐被民生节目制作团队接

---

① 董天策.民生新闻:中国特色的新闻传播范式[J].西南民族大学学报(人文社科版),2007(06):88-95.

第五章　民生新闻播音

受，一些立足于小事件却映射出普遍或典型问题的民生新闻相继推出，"从而逐渐形成了关注民生、民情，善解民意，聚焦社会热点、难点，彰显服务民生、以人为本的传播理念，受到受众的广泛认同与欢迎"。①

2. 故事化叙事方式

在当下各类媒体竞争白热化的环境下，民生新闻节目要想吸引眼球，就必须走出一条既有趣味又不失新闻性的创新之路。光有好看的新闻事件还不够，新闻故事的表述技巧有时更为重要。一档好看的新闻节目，除了新闻事件吸引人外，这种吸引力还来源于新闻事件故事化的呈现，故事化的叙事方式目前广泛运用于民生新闻节目中。

"电视新闻故事化"最早是由美国CBS电视台《60分钟》栏目提出的。当一个新闻事件具备话题本身充满争议、情节跌宕起伏、真相若隐若现、生动传神的细节这些故事化创作的传播元素时，有利于体现新闻的真实性与生动性，使新闻内容更加生动形象，使得新闻故事产生电视剧一般的效果，才能抓住观众的心理兴奋点，吸引观众投入地观看，拉近受众与栏目的距离。

当前，一些节目为了能获得较高收视率，片面追求故事性，一味地制造各种悬念与报道骇人听闻的故事，过分地追求曲折性与轰动效应，甚至脱离新闻最重要的真实性，这样的做法最终会失去观众，结果往往是得不偿失的。

3. 服务性强

如果说时政新闻主要报道国家大事，主角是领导干部；民生新闻则关注凡人小事，主角是普通老百姓。民生新闻被称为"老百姓自己的新闻"，这句话也蕴涵着民生新闻服务民众的价值理念。关注社情民意，为百姓排忧解难，着力打造服务功能，是很多民生新闻节目创办的初衷之一。

民生新闻的服务性很大程度上体现在它为受众提供的有效信息上。它关注的是食品、住房、物价、就业、教育、医疗等老百姓日常最为关心的话题，并通过热线电话、微博、微信公众号等方式倾听百姓声音，为群众服务，为基层服务，为政府解忧，全方位多角度构建起市民服务的公共平台。

4. 地域性强

由于我国幅员辽阔，不同地域的自然环境、历史文化、风俗习惯都有着一定的

---

① 彭朝丞. 获奖消息赏析——兼论消息的写作技巧[M]. 修订版. 北京：人民日报出版社，2013：45.

差异,民生新闻节目一般关注所在区域内或节目收视范围内的新闻事件。只有节目报道内容的本土化,才能吸引本地受众的兴趣。根据接近性原则,受众更关注与自身地理与心理更为接近的人和事,民生新闻节目以潜移默化的方式将地域文化作为连接受众的纽带,达到构建和强化"地域认同"的目的。以当地传统文化为基础扩展,让地域性成为观众认同的基础,挖掘地域特色,发挥区域传播优势,从而激发区域内受众价值的认同。

让百姓成为新闻真正的主角,真实呈现本地民众的生存状态和感受,提升受众对当地区域文化的认同感与归属感,为节目发展赢得深厚的地域优势,这也形成电视民生新闻节目的核心竞争力。江苏广播电视台城市频道的王牌民生新闻节目《零距离》栏目,在2009年5月1日栏目名称从《南京零距离》升级为《零距离》时的升级口号为"《零距离》——江苏城市频道献给全省电视观众的新闻大礼"。从升级口号可以明确地看出,"立足南京,面向全省"是地域定位。每天《零距离》节目三大板块、二三十条涉及社会事件、生活投诉、实用资讯的内容,通过事件化、过程化、细节化的表述,真正实现了与群众"零距离"的贴近,立体而保真地再现了南京市及江苏省的市民生活,"赢得了平民阶层的青睐,形成了'如期赴约'的收视依赖关系"[①]。

三、民生新闻节目主持人的语言特点

1. 语态平和,亲切感强

民生新闻播报的内容大都来源于百姓生活,平凡普通的人是节目的主角。播音员主持人应该意识到观众对此类新闻求近、求趣的心理,运用百姓的语言,报道百姓的故事,让普通观众在观看节目时产生深深的共鸣。播出的状态要和受众心理需求相吻合。民生新闻节目主持人的语言表达应具有平和亲切感,同时有声语言把握口语化、叙事化的特点。这里的亲切感更多是一种亲和力的综合体现,这种亲和力不是面带微笑肤浅的语气亲切,更多的是对广大民众的一种关注和思考,在传播新闻事件过程中心里装着百姓的冷暖,诚心诚意帮助老百姓解决实际问题,就能在表达中带给受众亲切感和认同感,成为受众的贴心朋友。一般情况下,主持人在

---

① 乔琪.《南京零距离》:与受众共舞[J]. 新闻爱好者,2008(03):56.

播报时要把新闻事件的发生过程叙述清楚,不能刻意传达过多的个人感情态度,要让受众在收看过程中自己去体会和感受,这就需要主持人播报的态度要恰当,"把主持人的主观倾向控制在播报的背后,对受众的影响达到'润物细无声'的效果"①。

当然,在民生新闻播报中,"贴近"并不是一味地迎合,"说"要有理有节,播音语言应当是审视的、揭示的、唤醒的、是追求精神价值、追寻生命意蕴的。民生新闻主持人作为有声语言传播者,"应当最大限度发挥自己的文化影响力,认识播音语言的庄重美、含蓄美、融通美、质朴美,提升受众的审美标准,深化全民的审美意识,引导公众的主流价值观"②。

2. 夹叙夹议,画龙点睛

从民生新闻的语言形式来看,讲述式与评论式相结合比较普遍,新闻讲述语调起伏明显,播报较为松弛畅快。新闻故事讲述时主持人要学会"讲故事",在"说"的基础上,多用"设悬念""抖包袱""卖关子"等手法,将新闻的起承转合"讲"得跌宕起伏、富有节奏,更易引人入胜,但所有的表现形式原则是不能损害新闻内容的客观性、真实性。

好的民生新闻节目不满足于简单的播报,对民生新闻的评论是决定栏目是否成功的关键因素之一,很多民生节目之所以受欢迎,就在于其评论出彩,很多民生新闻主持人成名也是因为在节目中精彩的点评。好的点评会有画龙点睛之功效,反之,会给人留下画蛇添足的败笔。对于评论,要有一定的约束,树立大局观,主持人应该设身处地,而不是居高临下,应该切中要害,表情达意,而不是不关痛痒,或者哗众取宠,更不能一味地批判,满足口舌之快。

江苏广播电视台城市频道《零距离》栏目,之所以在栏目开办之初便取得如此大的成功,和栏目初期开播时主持人孟非有很大的关系。孟非在主持中始终站在平民的立场,但并不完全放低姿态迎合受众,在对民生新闻素材理性分析后,用朴实真诚的语言让观众在平和轻松的氛围中了解新闻事实,同时评论语言短小精悍、诙谐幽默、张弛有度,表达对新闻事件的鲜明态度,充分彰显媒体的责任担当,较好地实现了舆论正确引导作用。"孟非也许不像诗人雪莱那样天真热情,但是他言辞

---

① 徐晶.民生新闻播音技巧的培养[J].新闻传播,2012(10):75.
② 廉伟.关于新闻播音方式的新思考[J].现代传播,2012(05):84-85.

中的激切却像拜伦一样痛心疾首，爱之深，故而责之切，充塞其间的悲天悯人的善良毋庸置疑。"①

在一期节目中有这样一条消息：因为自家的狗叫声惊扰到街坊邻居，狗的主人便把狗的声带割去。孟非在播报及评论中表现出的是一种悲悯，评论中的一句话"养狗是反映我们人类自身素质的问题，养狗既要讲公德又要善待生命"，话语朴实真挚，引人深思。孟非这种忧民之所忧，愤民之所愤，但始终理性温和表达，最终成为《南京零距离》节目取得巨大成功的重要因素。

3. 深入生活，形象亲和

民生新闻节目主持人要想体现出新闻的接近性和趣味性，就要深入生活，了解生活，关注百姓的需求，接近受众心理，表达出深切的人文关怀。主持人应该把自己定位为受众的朋友，用百姓的语言对新闻进行梳理、分析、评论，利用媒体平台的优势帮助解决受众关心的热点难点，以平等交流的心态获得受众的信任，进而树立受众对节目的忠诚度，完善新闻媒体的社会功能。一个不了解生活，不了解百姓需求，仅仅凭着所谓的"技巧"，把自己定位为高高在上的宣讲者的主持人是不可能把民生新闻播"活"的，最终也是不能触动受众心灵的。

所谓言为心声，主持人如果能够了解群众的意愿呼声，维护群众的利益，获得扎实的内心依据，在节目主持过程中就能流露出最真切的情感和态度，他所塑造的形象也必然是亲民的。

第二节　实例剖析

示例1

故意停水 大家很"受伤"（音视频5-1）

口播：有水头疼，夏日没有水那就更加头疼。相信大家没有水一天都很难熬，因为吃饭、洗衣服、洗澡，还有冲厕所，都需要水。这不，石家庄市谈南路附近的一些居民，现在在这样一个季节就忍受着没有自来水的日子。

---

① 于丹.孟非：不可复制的民生符号[J]. 中国广播电视学刊，2008(10)：85-86.

第五章 民生新闻播音

配音：在石家庄市谈南路与广安大街交叉口附近，乔电军开了一家理发店，虽然店面比较小，但是生意一直还不错。可是最近，有顾客来理发时，他不得不让顾客过几天再来，上门的生意，他为什么不做了呢？

乔电军(石家庄市某理发店老板)：停水对我们来说，理发店主要是用水，再一个，它洗不了头，洗不了头的话，就剪不了发。

配音：原来，从8月11日开始，包括乔电军的理发店在内，这一排十几家商户全部停水，虽然像服装店等商户没水也可以正常营业，但是理发店和饭店却受到了不小的影响。

某饭店老板：就洗菜什么的特别麻烦，刷碗、做饭得烧水。

配音：到记者采访时，由于停水，一些商户已经关门停业3天多的时间了，为了减少停水带来的经济损失，他们不得不用水桶打水来使用。

乔电军：一家人都靠我养家，出来都不容易，所以现在从外边拎的水。

某饭店老板：每天拿着那种水桶，每天回去打水，基本上平均每天都得10桶水左右。

配音：除了这些商户以外，附近的这座商务楼也同时停水，有几家公司在这里办公，由于没有水冲厕所，这里的工作人员现在上厕所都是一个大问题。

某公司负责人：肯定我没法办公，大便池没法冲水，臭气熏天的。

配音：一些商户告诉记者，停水的范围只是这些临街商户和这座商务楼，附近的居民小区都是正常供水。那么，为什么会出现这种情况呢？记者了解到，他们的自来水管和石家庄市广安大街小学连接，这所小学停水，所以他们也就没有了自来水。至于停水的原因，小学老师告诉记者，他们也不清楚。

小学老师：也没有说因为这个原因，咱们需要商量，你要不干的话，我就给你通知，没有，就是直接下通知，停水。(记者：先下的通知？)没有同时进行，(记者：你们也不知道什么原因？)我们也不知道。

配音：原来，8月11日，广安大街小学接到了一份石家庄市供水有限责任公司第二营业处下达的违规用水告知函，上面写着学校存在混合差价用水，并要求学校与供水公司及时联系，否则他们将按照相关规定采取相应措施。可是，没等到学校和供水公司联系，在学校收到告知函的同时，也就是8月11日，石家庄市供水公司就停止了给学校供水。那么，石家庄市供水公司停止供水的依据是什么呢？学校到底存在哪些违规用水行为呢？为了进一步了解情况，记者找到了石家庄市供水公司。

石家庄市供水有限责任公司工作人员：他们可能有些手续不太全，还有差价什么的，涉及有些手续可能没有(办理)，太详细的我说不太好。

配音：由于这位工作人员并不了解具体情况，随后她给记者联系了石家庄市供水有限责任公司第二营业处的一位负责人。

石家庄市供水有限责任公司第二营业处负责人：我们处里的工作人员，多次去到学校跟他们协商这个事，学校一直不同意缴纳水费，这样一个情况下，我们考虑到他们学校里也没有学生，所以把他们的水停了。

配音：既然供水公司多次和学校协商此事，为什么学校却置之不理呢？记者电话联系了一位学校负责人。

学校负责人：没有，他们从来没有通知过，因为他们这个水费，一直是按照一年一缴。

口播：石家庄市供水公司说经过多次协商无果，学校却说从来没有跟他们沟通过，那么谁在说谎呢？此外，石家庄市供水公司8月11日下达的告知函，就在当天就停水了，这又是否符合相关规定呢？为了能够尽快解决停水的问题，记者又再次联系了石家庄市供水公司和学校。

配音：为了进一步了解停水的具体原因，记者再次电话联系了石家庄市供水公司第二营业处的一位负责人。

石家庄市供水有限责任公司第二营业处负责人：学校不是供水公司的合约单位，不是供水的合同单位，我们现在没有权力也没有义务，给他们提供水源，这是第一，不是咱们的合约单位，就是说没有在我们单位正式立户。

配音：这位负责人还告诉记者，学校附近的这些商户和这座商务楼用水，属于商业用水，每吨水的价格是5.25元，学校用水的价格是每吨水3.63元，其中有1.62元的差价。由于商户和学校没有分开计量收费，所以存在混合差价用水。

石家庄市供水有限责任公司第二营业处负责人：他们必须让那些商户把水费差额补交到我们单位，我们立马给他们开水。

配音：对于石家庄市供水公司提出的停水原因，学校又是如何看的呢？

小学老师：立户的问题我们之前做过，因为种种原因没做成，现在接到通知以后，我们也在积极地做这个事情。

第五章　民生新闻播音

配音：这位学校的老师告诉记者，由于历史原因，学校确实没有和供水公司签订供水合同，但是，学校正常用水已经近10年的时间了，而且每年他们都向供水公司足额缴纳水费，供水公司也出具了收费发票。

小学老师：停水现在影响了我们学校的工程进度，现在马上面临开学，开学的准备工作，一切就都停滞了，我们盼望马上给我们供水。

配音：为了能够尽快恢复供水，学校老师表示，他们正在协调解决供水合同和开立账户的问题，对于混合差价用水的问题，他们也将和商户进行沟通，尽快分开计算水费。为此，学校想和石家庄市供水公司进行面对面的协商，可是协商开始之前，石家庄市供水公司的这位工作人员要求记者不能拍摄，在还没有协商的情况下，就怒气冲冲地离开了。

石家庄市供水有限责任公司第二营业处工作人员：我接到的通知只是过来接受你们的协调，协调咱们坐在一块说这个事，和学校把这个事说一下，你要是把机器放在这儿，咱们就没法谈了。(学校老师：你看是这样，学校不反对摄像)没事，你就说行还是不行吧，(学校老师：你听我给你说一下行吗)那就算了，就这样吧。

口播：我们的记者好不容易把双方联系到了一起，想协调一下怎么解决，没料想却吃了石家庄市供水公司第二营业处工作人员的闭门羹。看来，像商户，包括学校在内的用水方，可能还得再继续等一等了。大夏天停水实在是挺难熬，而且再过几天学校也相继开学了。我们也希望供水公司能够拿出一个积极的态度来解决这件事情。

　　　　　　　　——2015年8月17日河北广播电视台经济频道《今日资讯》

播读提示：这条民生新闻将镜头对准老百姓的生活用水问题。水是我们日常生活的必需品，尤其是在炎炎夏日，缺水会给生产生活带来诸多不变。在新闻叙述过程中，先从因为缺水影响到群众生计谈起，抓住了受众的关心点，然后又如同"剥洋葱"一样一步一步地引出广安大街小学与供水公司的水费纠纷，找到停水的根本原因。附近商家及学校急切用水，在播读中要"急人之所急，想人之所想"地体现出对此事的强烈关注。同时要注意，因为事情的解决需要一定程序，且事情原委到底是怎样还有待求证，所以在播读中不要过多地"偏袒"某一方，要客观地陈述新闻事实，将事情的来龙去脉讲述清楚，同时表达出期待事情能够尽快妥善解决的态度。

示例2

泰迪买回家上吐下泻 帮办揭开宠物狗市场的内幕(音视频5-2)

口播：现在很多朋友啊，都喜欢养狗，尤其是一些小狗，体型小，很可爱。比如说泰迪、比熊之类的，喜乐蒂什么的，很招人喜欢。济南的李女士呢就在宠物市场买了一只小狗，买的时候，狗是活蹦乱跳的，可精神呢。可到家之后这狗就耷拉头，就快咽了。

配音：济南的李女士很喜欢宠物狗，前不久她在济南的大明湖附近的宠物市场，看中了一条两个月大的灰色泰迪。

李女士：店员说是三千六，最后和他老板就讲到六百，然后就买了。

配音：要价好几千元的泰迪讲价讲到六百块钱，这让李女士非常高兴，再看看小狗的精神头也不错，于是李女士就交钱买下了这只泰迪。可高兴的同时李女士也心存疑虑，要价和成交价格怎么会差距这么大呢？老板的一句话让她心里隐隐感觉不安。

李女士：他老板说这样，你买回去七点之前，有什么问题你给我打电话，可以退。我想七点之前，肯定不会有什么问题，就等于白说一样。

配音：店主承诺的退货时间就截止到晚上七点，在李女士看来，这么短的时间小狗根本不会出现什么问题，结果却让她很意外。

李女士：当时买的时候，那个人就说，当面给我拿着他们的食，就说你看我给你喂喂，然后它吃。就特活泼地在那吃，他说没毛病吧，我说没毛病，然后就抱走了。回来之后也吃，但是到了睡了一觉，晚上的时候，它就不太正常。

配音：也就是过了短短六七个小时，原本活蹦乱跳的狗狗出现了意外情况。

李女士：它就一直趴那睡觉，我们还说这个狗怎么这么乖啊。然后到了早上它就不吃饭了，吐了之后我就带它去宠物医院，一化验是细小，有细小病毒。

配音：据了解，犬细小病是犬类易患的急性传染病之一，对幼犬的危害很大。

崔勇(济南皇家宠物医院主治医师)：常见的犬瘟热跟犬细小，凡是你新买的一条狗，最担心的就是这样。因为这两种病死亡率非常高，一般在不治疗的情况下死亡率甚至能接近百分之百。

配音：宠物医生介绍，患有这两种传染病的幼犬不仅死亡率极高，治愈这类传染病的投入也是相当的大，一个疗程甚至要花去几千元的治疗费用。为了尽量保住

第五章 民生新闻播音

这只泰迪,李女士现在每天都要花上百元为小狗打针。

李女士:昨天晚上,打完针回来,因为一天没吃饭,它什么也吐不出来,就吐出了一条虫子来。然后过了一会走着走着,又吐出了两条虫子,然后我过去用纸一拿,虫子本来是卷着的,一拿之后就伸开了,然后又卷起来了,我一看这不是活的吗?

口播:听完我都觉得有点恶心。这个李女士啊,本以为从好几千块钱讲价到六百,这是捡了一大便宜,哪成想捡了一大麻烦。买回来这么短时间就发病,能不能救过来这还是个未知数,光这治疗费就花了好几千了,都够再买几只小狗的了。想到这,李女士也有些怀疑,这里面会不会有什么猫腻?藏着什么秘密?

李女士:他有可能是给它打种什么强心针之类的,就是能让它白天暂时看着比较活泼,要不他能说晚上七点吗?

配音:回想起买狗时,店主约定的退货时间,李女士说出了自己的猜测。那么市场上的宠物狗,是不是真的存在这样的问题呢?随后,帮办以买狗的名义来到了济南大明湖西南门附近的柏宁宠物市场2楼宠物狗专区,一上楼梯,刺鼻的臭味扑面而来。

记者:这个多少钱?

商户:这个价钱比较高,三千五。

记者:这个比熊多少钱?

商户:八百。

配音:连续走访了几家店铺之后,帮办发现,宠物幼犬的价格悬殊很大,从几百到几千甚至上万元不等。当然,幼犬的品种、品相、颜色都是影响价格的因素,但是市场上,品相相似的同种幼犬的价格也差距很大,这是为什么呢?

商户:你不能光看价格,你得买个健康狗,不能交学费,对吧?

配音:这位店主的回答显然是话里有话,他告诉帮办,像泰迪、比熊这样的小狗在市场上很受欢迎。但很多人图便宜,买回去出了问题,后悔就来不及了。

商户:那个小伙子从前面买的狗,花了八百块钱,然后花了一千八没救活,他还说还不如这直接买个两千六的。

配音:帮办看到,与其他几家宠物店不同,在这家店里幼犬都被放在玻璃箱子里。

记者:为什么用玻璃盒子放着?

商户：就因为害怕他们有病菌，这市场太脏了，病菌太多了，你没看见他们得扔多少狗啊。一个星期他们那些狗必须得卖完，一个星期卖不完，这个狗就完了。所以他们很便宜的，赶紧卖赶紧卖。

口播：这个宠物市场还真是不简单，不少店主都建议帮办别贪便宜，价格便宜就很容易买到病狗。可是这狗生了病就能跟好狗一样卖吗？狗病了肯定就会有反应的啊，但这跟人是一样的啊，没精神要么上吐下泻，要么难受，要么不吃东西。李女士买的这只狗那么严重，就这么病着，为什么在市场买的时候就活蹦乱跳跟好狗没啥两样？难道真的像李女士怀疑那样，打了什么针了不成？比如说强心针啥的？帮办继续调查有了惊人的发现。

记者：帮办在济南柏宁宠物市场走访的过程中，几乎所有的店主介绍说自家的宠物狗可以放心买。

商户：俺这是自己家的狗，自己家繁殖的狗，这个狗保证没问题。

商户：这是它的孩子，你要想要我马上给你洗你看看，洗出来吹出风来不是这样的不要你钱。

记者：但当帮办询问购买幼犬之后如何保证小狗健康时，多数店主给出了这样的答复。

店主：家有万贯，带毛的不算，你都养了三天了，犬瘟了、细小跟我没关系。不行的话别过夜，别过到第二天第三天。

记者：这样的说法与之前李女士反映的情况基本吻合，而李女士花六百元买回家的泰迪幼犬过夜之后第二天就发病了，这难道只是巧合吗？

店主：他们有血清，打了血清之后就和健康狗一样，活泼好动能吃很有精神头。但是你回家可能当天晚上就吐，也可能第二天就吐。吐完了拉，拉完了就不吃饭了，然后就一个星期，你给它看病，也就能活十来天，不看病也就能活一个星期。

记者：知情人口中的血清指的是带有病毒抗体的健康狗的血清，他告诉帮办，患病的幼犬注射这种血清之后能够延缓病情。而帮办注意到，不少卖家在卖狗时都会承诺担心买到病狗可以拿去检测。

商户：你先检先测，测的那几项细小、犬瘟、冠状、肝炎这几项，就是说你检完了当天之内，你别过夜，就别过24小时，因为24小时这是一个诊断期，过了以后就转为你们饲养了。

记者：不放心可以当天把狗拿到宠物医院检测，听上去很让人放心，但是如果是注射了血清的病狗这种方法能够分辨出来吗？

崔勇：血清里面是含有抗体的，它能中和病毒，那么我们做检测的目的就是为了检测病毒抗原，所以说那一般注射血清之后对检测结果会产生影响。

商户：回去吐拉，不吃饭，然后不出一个星期就死了，那是"七天乐"。

记者：怎么能分辨那个呢？

商户：没法分辨。

口播：不出七天就死了，这还叫"七天乐"，能乐得出来吗？这星期狗啊就是说这个狗不出一个星期左右这个时间啊就会发病，死亡率很高。听着就跟那七步断肠散似的是吧，很恐怖。咱这片子里就有业内人士爆料了，这给狗打上这个带有抗体的健康狗的血清之后，即使有病也会暂时和健康狗一样活蹦乱跳。这玩意真有啊，电视机前喜欢宠物的朋友您遇到过这样的情况吗？我们在这里发起征集，如果您也买到过这样的小狗，可以给《生活帮》打电话96005900，狗市里面还有什么我们不知道的秘密呢？明天咱们接着再聊。

——2015年8月27日山东广播电视台生活频道《生活帮》

播读提示：现在越来越多的人喜欢养宠物，甚至把小动物当成了重要的家庭成员。随之而来，宠物市场的生意自然也就火爆起来。这篇报道主要通过对"李女士"买泰迪犬上当受骗的经历的讲述，"帮办"通过明察暗访找到了宠物狗买回家后不久就会死亡的真实原因，进而揭露出宠物市场商户欺骗消费者的内幕。在播读这则新闻时，要注意讲述新闻事件的连贯性和层次感，让受众了解真相不再上当受骗，同时也呼吁商家加强自律、相关部门能够及时进一步调查处理。

示例3

山东问题疫苗：江苏九名涉案人员全部归案 (音视频5-3)

口播：山东食药监局共梳理出向庞某等提供疫苗及生物制品的上线线索107条，从庞某等处购进疫苗及生物制品的下线线索193条。涉及全国24个省份，另外还有300名买卖疫苗的人员名单。江苏有9名涉案嫌疑人员已经被全部查获，那江苏涉案的9人究竟是什么人？最近我们的记者在南京附近连云港等地进行了走访调查。

配音：根据山东食药监局公布的名单，向庞某等提供疫苗以及生物制品的南京两名上线孟丹丹和陈燕，3月24日名为"英超里的咸鱼"的网友在微博里称南京两名上线之一陈燕是江苏博达生物卫生技术有限公司的员工。这家公司又是省疾控中心的下属单位，那么江苏博达生物真的如网友所说是省疾控中心的下属单位吗？今天上午，在虎踞北路的江苏博达生物，工作人员向《零距离》记者表示，这家公司与省疾控早已脱钩。

梁涛(江苏博达生物企业法人)：以前是省疾控中心的三产，截止时间是2010年10月份，公司改制了，跟省疾控脱离了，省疾控不能再搞经营实体了。从2010年到现在，这么多年不是省疾控的了。

配音：而于3月22日江苏省疾控中心也在官方网站上发表声明表示，2011年1月，江苏省疾病预防控制中心已与江苏省博达生物卫生技术有限公司脱钩，该公司任何行为与江苏省疾病预防控制中心无任何法律关系。那么牵涉山东疫苗上线陈燕又是何许人？她是江苏博达生物的员工吗？

梁涛：山东的事件是2015年4月份以前的事情，陈燕确实是我们员工，2015年9月份入职我们公司的，她前面自己有个公司，叫南京擎泽生物科技有限公司，陈燕是法人代表，名单的另外一个人叫孟丹丹，是她的内勤，这两个是涉及名单上的两个人。

配音：这名负责人表示，2015年9月份，陈燕来到江苏博达公司应聘，说自己的擎泽公司经营状况并不太好，不想经营了，入驻之前公司并不知道陈燕之前经营疫苗的情况，述职之后主要从事公司人员的培训工作，也就是说陈燕提供疫苗给山东庞某是在入职江苏博达生物之前发生的，与公司没有关联。记者查询国家工商总局网站发现，这家名为南京擎泽生物有限公司于2012年11月注册，法人代表确实是陈燕本人，注册地址在六合区横梁街道新篁东路。在一家网页上介绍，南京擎泽生物科技公司，长期致力于生物制品——疫苗的代理推广和销售，与国家各大生物制品研究所及知名疫苗生产企业有着良好的合作关系，推广品种有水痘、狂苗、狂免、乙肝等市场占有率较高的疫苗品种。

南京擎泽生物有限公司原员工：孟丹丹是公司财务，公司主要是做疫苗的推广。

配音：在宿迁市，记者了解到，江苏涉案9人中，宿迁籍的陆波是宿迁市某医院的医生，该医院的一名主任医师告诉记者，陆波之前在当地某社区卫生站工作，两年前来该医院工作。

记者：陆波在这里待了多久？

宿迁某医院主任医师：一年多两年。

记者：现在不在这边？

宿迁某医院主任医师：不在了。

记者：出了事情走了吗？

宿迁某医院主任医师：对，现在被控制，沭阳正在调查。

配音：这位医师表示，陆波是该医院骨科的医生，从来不接触疫苗，与医院任何疫苗业务无关。

宿迁某医院主任医师：陆医生是我们医院的职工，这是不假的，但是他和我们医院，没有任何的业务往来。

配音：记者了解到，该医院是疾控中心指定的狂犬病疫苗接种点。该医院工作人员表示，知道陆波涉案后，医院已经展开自查自纠，并没有发现陆波进入医院工作后曾与医院的疫苗业务有过接触，医院所有疫苗均通过正规渠道从疾控中心采购而来，市民可以放心。

医师：到目前我们医院都是定点，打狂犬疫苗的定点单位。不过你放心，我们的疫苗都是从疾控中心统一采购的，这点你放心。

配音：记者从连云港警方了解到，在山东非法经营疫苗案中，涉嫌买卖疫苗的连云港市的人员宗仁红3月23日在连云港市灌云县被警方抓获，另一名涉案人员阎瑾伦迫于压力也在赣榆区向警方投案自首。至此，山东非法疫苗案连云港买卖疫苗人员已经全部被控制，目前案件还在审理中。而连云港市疾控中心有关负责人告诉记者，该中心对外购买疫苗有严格的规定和程序，从未购买过宗仁红、阎瑾伦等人提供的任何涉案疫苗。

张晖（连云港市疾控中心体检中心主任）：我们市疾控中心是肯定没有的，我们跟这个问题疫苗没有关系。

配音：连云港疾控中心疫苗库管理人员也告诉记者，对于疫苗的运输和保存，国家有关部门对此有严格的规定，该市疾控中心既有专门的冷库进行存放，并有专人24小时进行监管。

赵海洋（连云港市疾病控制中心冷库管理员）：我们现在有一个冷链的专门的监

控平台,它是24小时监控。

配音:目前经各地食药监和公安机关密切配合,山东省局公布的江苏9名涉案嫌疑人员已被查获。下一步将督促各地尽快查清涉案医疗品种、数量、批号、购销流向及使用情况等。

——2016年3月25日江苏广播电视台城市频道《零距离》

播读提示: 2016年3月,山东警方破获案值5.7亿元非法疫苗案,疫苗未经严格冷链存储运输销往24个省市。此次疫苗系列案件涉及面广,性质恶劣,是严重违法犯罪行为,也暴露出疫苗质量监管和使用管理不到位、对非法经营行为发现和查处不及时、一些干部不作为、监管和风险应对机制不完善等突出问题,教训深刻。这则新闻以所在江苏区域为出发点,在第一时间通过记者走访调查江苏省的9名涉案人员背景情况,查找其在江苏的涉案情况,满足受众的知情权。主持人在播报这则新闻之前,要对此次事件的来龙去脉有较为详细的了解,同时怀着对受众高度负责任的态度将事实客观讲述。

示例4

省公安厅交警总队"百日会战"(音视频5-4)

口播:《新闻夜航》联合黑龙江省公安厅交警总队,在全省范围内,对机动车违法行为明察暗访,第一站来到了绥化市下辖的区县,下面我们来了解一下查处的情况。

配音:在绥化市青冈县,这辆城管执法车,明晃晃地停在马路中央,两个穿着工作服的人员正在车里,不过看看这辆车,悬挂的却是城管执法的牌子。

记者:为什么挂这样的牌子?

违法驾驶员:也是为了下来工作方便。

记者:什么方便啊?

违法驾驶员:牌子都在单位统一放着呢。

记者:不挂牌子哪些地方方便?不挂牌子哪些地方方便?

违法驾驶员:单位就是这么规定的,可以到单位,牌子可以给你取来啥的。

配音:看来,这辆青冈县执法局车辆的真正牌照,不太经得起风霜,只能放在单位里。工作人员介绍,单位的执法车辆,大多都悬挂这种统一写着城管执法的牌

第五章　民生新闻播音

子,为的是方便工作,至于哪里方便,就只有他们自己知道了。作为执法部门,本应该知法守法,执法者违法就说不过去了。在望奎县,这辆白色的汉兰达吉普车的牌照也消失了。

记者:牌子呢?师傅,牌子呢?

违法驾驶员:牌子等会。

记者:牌子在哪呢?看一下来。

违法驾驶员:后备厢。

记者:你有,咋不挂呢?师傅,你挂上啊。

违法驾驶员:是,没挂。

记者:为什么没挂牌子呢?

违法驾驶员:那个铅封丢了。

配音:铅封丢失可不能成为不悬挂号牌的理由,按照《道路交通安全法》的规定,未按规定悬挂号牌,罚款200元,记12分。下面这辆车的临时号牌过期,同样属于无路权车辆,按照未悬挂号牌处理。还有这辆车牌号为黑M40042的轿车,开着开着就停下来卸起了牌子,经过查询,这辆车归属于望奎县新华印刷厂。

主持人:我们的记者在随警采访的过程当中也发现,绥化地区车辆的涉牌涉证的违法现象确实不少。为了保障道路的交通安全,依法驾驶是每个交通参与者都应该做到的。对于以上违法现象省交警总队暗访组在查处的过程当中都移交到当地的交警部门,而我们《新闻夜航》也将会持续地关注处罚结果。我们一次次地强调交通安全,绝不仅仅是口号。今天上午,在哈尔滨市香坊区公滨路,一辆轿车压双实线掉头,结果又引发了一起一人死亡的交通事故。

配音:今天上午10点左右,在哈尔滨市香坊区公滨路47号附近,一辆轿车和一辆摩托车相撞。

加油站工作人员:就像爆胎似的,嘭的一声。

配音:目击者说,在事故发生前这辆轿车刚加完油准备掉头离开,在轿车刚刚越过双实线时,与路过这里的摩托车相撞,摩托车驾驶员当场被撞飞,头面部大量出血,急救车赶到时,摩托车驾驶员已经停止了呼吸。

目击者:这儿特别多,加完油都不少从这拐弯,双实线正常不允许转弯。

配音:记者观察,在事故发生后,仍有多辆轿车,加完油后违法掉头,因为这

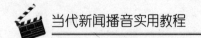

一路段行驶车辆车速快存在着很大的安全隐患。

——2015年8月18日黑龙江广播电视台《新闻夜航(都市版)》

播读提示：交通事故带来的后果是可怕的，一场场血淋淋的交通事故让人触目惊心，很多交通事故源于一些驾驶员交通安全和法律法规意识的淡薄。这则消息报道的是黑龙江省公安厅交警总队针对机动车违法行为开展的明察暗访的两则违反交通规则的典型案例，以及节目播出当天发生的一起交通事故。对于这三起违反交通规则的行为，主持人播报的总体基调应是批判与谴责的，同时积极呼吁城管执法单位要带头遵纪守法，交通参与者特别是驾驶员要加强道路安全意识，遵守交通规则，保障生命和财产的安全。

第三节　实训材料

1. 大山深处的牵挂与梦想 (音视频5-5)

口播：在石家庄平山的大山深处，住着一家四口，这个家庭的构成并不是像别的家庭那样是父母带着孩子，而是一个大人带着三个孩子。今年大女儿王东梅，考上了河北农业大学，不过这求学路走起来却没那么容易。

配音：晌午时分，平山县六西岸村王东梅的家里又如往常一样升起了炊烟。父亲还在地里干农活，王东梅要在家里做好饭，等着他回来。

记者：今天给爸爸做什么饭啊？

王东梅：炒鸡蛋。

记者：炒鸡蛋啊？为什么做炒鸡蛋？

王东梅：因为我爸爸不舍得吃鸡蛋，平时他吃不上热饭，我在，吃些有营养的热的。

配音：王东梅的家位于平山县深山区的六西岸村，古朴的房子看上去已经有年头了，而在这里生活着的，除了王东梅和父亲，还有一个即将上高中的弟弟和正在读小学的妹妹。

记者：你妈妈呢？

王东梅：我妈妈她回老家了，就不回来了。

记者：她老家在哪啊？

王东梅：云南。

记者：在云南呀？她什么时候走的？

王东梅：(我上)初一的时候吧，走了有六七年了。

王军平(王东梅的父亲)：不想回来，这是山区，困难，不如她那边。

配音：六年以前，王东梅的母亲回到云南的老家探亲，就再也没有回来。听王军平说，妻子回到家乡之后，在那里又成了家，因此他也放弃了寻回妻子的念头。

记者：你跟她有联系吗？

王东梅：她偶尔打电话问一下身体，但是她那边总是换号码，所以大部分都是她联系我们。

配音：母亲离开以后，家里的担子全部都由父亲王军平一个人扛了起来。由于位于山区，过去的几年，王东梅一直寄宿在学校，偶尔才能回到家里。而父亲还要照顾弟弟妹妹，因此也没办法外出打工。

记者：在家里边您是在做什么？

王军平：家里就是种那点地，三亩地吧。

王东梅：有些时候会去扛一下木头。

记者：是给别人打工吗？

王东梅：对，他不能一直干，偶尔干几天几天的，家里遇到农活就不能干了。

配音：依靠着务农、打零工，还有亲戚们的帮助，孩子们都平安地成长着。只是自从妻子离开以后，王军平患上了颈椎病，时常会头疼，身体也越来越不如从前了。然而为了孩子们，即便是务农，王军平也从来没有松懈过，因为他知道这是保障孩子们未来的唯一的办法。

王东梅：有时候做饭，凉着就吃了，因为赶不上时间，要赶着去地里，就他一个人。

王军平：(从地里)回来已经黑了，一个人头也不舒服，就睡觉了，就不吃饭了，早上起来吃上一口就又走了。为了孩子们得挣钱，一个人还不得干，还有孩子们，辛苦一点也得干。

配音：这些年来，王军平几乎都把钱省下来留给孩子们用。而作为家里的老大，王东梅也时常会考虑到家里的状况，平常在吃穿上都十分节俭，这也让她看上去比同龄人要瘦小一些。

王军平：小时候家里困难，别人吃得好，她吃不好。我说你该吃要吃，我在家里吃好赖无所谓，你们在外面还长个呢，没有钱我去借钱，你们得吃好。她不，在家里拿点腌的咸菜，去学校里省得打菜了，打点馒头就着吃。

配音：而更让王军平欣慰的是，东梅不仅懂事，学习也是十分用功，过去的奖状贴满了墙。今年高考，她考上了河北农业大学，虽然并不是期盼中的结果，但这已经让全家人都非常高兴了。

记者：跟平时比发挥得正常吗？

王东梅：失常。

记者：像你平时是什么样的水平？

王东梅：本一线以上。

记者：那这次没打算复读？

王东梅：因为学费比较贵，还有我弟上高中了，所以就不打算复读了。

配音：王东梅跟我们说，现在弟弟马上就要上高中，开销会越来越大，因此她必须赶紧上完大学，希望能够工作去挣钱养家。而除此之外，在她的心里还有一个始终放不下的牵挂，就是自己的妈妈。

王东梅：想过大学毕业以后去她那里看看她。

记者：想大学毕业以后看看她。

王东梅：因为中间怎么去啊，离得远，得挣钱，没有费用也不能去吧。

记者：你对于妈妈是什么样的感受？

王东梅：有爱有恨，当初本来一个很好的家庭，她走了以后我爸一个人抚养我们三个，身体就越来越不好了。想问她为什么离开？为什么不回来？

配音：王东梅说，她有很多话想问问母亲，然而云南对自己来说太远了，只能把这些念想放到工作以后。眼前家里还需要她的照顾，她想趁这个假期多陪陪家人，让父亲能多吃上几顿自己做的热乎的饭菜。

王东梅：爸，你尝尝咸淡。

王军平：行，挺好吃。

王东梅：有啥别不舍得吃，鸡蛋啊肉啊都吃点，我们在学校里也吃，你别舍不得吃。

第五章　民生新闻播音

王军平：舍得，舍得吃。家里苦点累点，他们都成了事，我心里也就轻松了。

王东梅：毕业以后找一份好工作，找工作以后自己就不用担心了吧，然后把钱让弟弟妹妹爸爸(生活)。就是我爸不再累，我弟和我妹不用为别的发愁，安心地上学。

口播：这是一对有担当的父女，不过现在全靠着父亲一个人务农，偶尔打打工，供养着孩子们上学，确实太困难了。如果电视机前的您想帮帮这一家人，帮助王东梅顺利地完成学业，让她在自己的梦想的道路上减轻一些压力，可以和我们联系。

——2015年8月18日河北广播电视台经济频道《今日资讯》

2. 让人糊涂的停车费 (音视频5-6)

口播：按照国家的相关规定，出了交通事故的车辆，在事故停车场停放期间，停车费以及救援费用是不需要车主交纳的。可是遵化市的徐少青，在自己的大货车出事后，不但掏了1450块钱的救援费，而且还被迫掏了将近4000块钱的停车费。

徐少青：我的大车出了交通事故，把车停到丰润南关停车场，大概停了38天左右。等我们取车的时候，停车场让我们交停车费，一天在102块多一点，加上前期的施救费1450块，总共让我掏了将近5500块钱。

配音：徐少青的大货车是一辆前四后八的自卸货车，今年6月21日晚上8点左右，当他的车走到唐山市丰润区与遵化市交界处的时候，意外发生了。

徐少青：一辆摩托车从南向北行驶，有一辆箱式小货车由北向南行驶，他们俩发生了碰撞，把摩托车司机撞倒之后，我们的车辆正在正常行驶，结果把摩托车司机给碾压了。

配音：事故发生之后，徐少青的大货车作为交通肇事车辆，被随后赶来的唐山市第九交警大队沙流河事故处理中队的民警，带到了丰润区南关停车场停放。

徐少青：7月22号责任认定书下来之后，交警让我们去提车，我们去南关停车场提车的时候，停车场的人说不交停车费不放车。

配音：万般无奈，徐少青只好按照停车场的要求交了3914块钱的占地停车费，可是回来以后徐少青越想越不是滋味。查阅资料后他才得知，按照2012年实施的《中华人民共和国行政强制法》规定，出了交通事故的车辆，在事故停车场停放期间，停车费与救援费都不应该由车主支付。

徐少青：后来为了这两笔钱，我们一直找九大队，可是他们的答复是，财政一直没有给他们拨款，让我们自己先垫付。

配音：为了弄清楚其中的缘由，记者跟随着徐少青一起找到了唐山市交警9大队。纪检督察办公室的民警张多表示，虽然她知道国家确实有这方面的法律规定，但是第九大队目前是无法执行的。

张多：像你交的这些钱，照法律规定，事故处理期间的停车费用确实不该找你们收，是有这个规定，但是现在我们这里没办法，因为支队迟迟没有一个方案出台。

徐少青：可是这跟我们车主是没关系的？

张多：但是现在停车场没法制约交警队，只能制约你们车主了。就是你们不给钱的话，他们不放车。

配音：张多告诉我们，解决问题的办法只有让徐少青将两张交费单据在他们那里进行一下登记，然后回家等消息，而且类似的情况在9大队并不只是徐少青这一起。

张多：我现在手里光备案的就有90份了，你们可以找我们上级部门进行投诉，或者可以通过媒体曝光，或者是你们走诉讼程序起诉我们，这都是可以的，这都是你们的权利啊。

口播：2012年实施的《中华人民共和国行政强制法》第26条规定，因查封、扣押场所设施或者财务发生的保管费用，由行政机关承担。2013年的11月，我省物价局、交通厅和公安厅联合下发了《关于规范道路车辆救援服务收费的有关问题》的通知中，更是明确规定，交通事故处理期间的车辆停放费用，由执法单位承担，不得向当事人收取。虽然这个政策出台已经一年多了，可是，现实情况却不尽如人意，好政策的落实需要配套措施的支持，需要相关部门做好衔接。希望当地交管和财政部门能够积极沟通协调，推动相关政策的落实，早日让这糊涂的停车费变得清清楚楚。

——2015年8月20日河北广播电视台经济频道《今日资讯》

3. 落户口牵出一场家庭变故(音视频5-7)

口播：夜航调查，由娃哈哈冠名播出。哈尔滨的张春娟和小孙女相依为命，今年呢，小女孩五岁了，快到了上学的年纪，那张春娟为了给孩子落户真是急坏了，

第五章　民生新闻播音

就是因为落户口，这个家庭牵出了一系列的变故。

配音：张春娟说，儿子陆强和女朋友是在外地打工时认识的，儿子的女友怀孕七个多月的时候张春娟才知道这件事。

张春娟：她妈妈刚18，她爸爸19，当时他俩就想把这孩子做下去，我就没让。我说留着吧，我就始终把这孩子抚养到现在5岁了。

配音：在小陆梓涵的印象里一直都是和奶奶两个人一起生活，爸爸陆强常年在外打工，而妈妈在她5个月的时候就离开了家。

张春娟：根本他俩也没结婚，没举行什么仪式，就是说在一起待了一段时间，完之后就走了。

配音：因为父母没有正式结婚，陆子涵的户口一直没有落上。直到今年，张春娟发起了愁，因为眼看孩子就要上学了。

吴翠霞（哈尔滨市公安局道外分局团结派出所户籍员）：假设父母不在一起，你任意选。可随父，也可以随母。像这种非婚生子就不一样了，非婚生子原则上是随母落户，但要想随父，得做亲子鉴定。

配音：今年六月，张春娟带儿子陆强和孙女去做了亲子鉴定，可结果出来后事情变得更复杂了。因为鉴定结果是，排除陆强和陆梓涵的亲子关系，也就是说陆梓涵不是陆强的亲生女儿。鉴定结果出来不久，陆强就因为心脏病病重离开了人世。

张春娟：孩子父亲始终没敢告诉，因为他始终病重，所以没敢告诉他。他走他也不知道，这孩子不是他的。

配音：张春娟守着这个秘密送走了儿子陆强，陆梓涵的落户问题成了张春娟的一个心结。

张春娟：现在我都不想上我儿子那屋，一上那屋想起他，我都没法接受。你说白发人送黑发人，24岁就走了，太年轻了，我儿子长得太漂亮了，我接受不了这个事实。现在唯一能跟我相依为命的就是这个孩子，孩子现在户口还落不下。

口播：你看这孩子多懂事啊，紧着在那擦眼泪啊。虽然抚养了5年的孙女一夜之间发现和自己并没有血缘关系，但是儿子陆强去世之后，陆梓涵便成了张春娟思念儿子的寄托。

配音：自从知道陆梓涵的身世后，张春娟就更同情起这个孩子了。今年张春娟的爱人和儿子陆强相继离世，接二连三的打击，只剩下祖孙俩相依为命。

张春娟：看这孩子太可怜了，孩子没有妈也没有爸，太可怜了。我说你喜欢管我叫妈妈还是叫奶奶。她说喜欢管叫妈妈，我说那你就叫吧。

配音：幼儿园的小伙伴，每个人都有妈妈，所以陆梓涵也喜欢管张春娟叫妈妈。张春娟没有正式工作，打工一个月有一千多的收入，租住的房子每个月房租650元，再加上陆梓涵上幼儿园的开销，家里只能勉强糊口。好心人给陆子涵送来几袋衣服，是这个家徒四壁的家里最值钱的东西了。张春娟决定，要对陆梓涵负责到底，供她读书，培养她成才。但是落户首先就是一大关，陆梓涵有母亲，按理说也应有父亲在世，是不能和没有血缘关系的张春娟落在一起的。

记者：孩子的母亲在这个过程里来看过她吗？

张春娟：没有，一次没来过。

记者：有打过电话问孩子的情况吗？

张春娟：一次都没有。她生下这孩子，完全完全就是说一口奶也没给吃，什么义务都没尽到。

配音：因为落户问题，派出所的户籍民警帮张春娟找到了孩子母亲张娜的个人信息，所留的电话是张娜父亲接的。

张娜的父亲：不知道，我也没看见过她，我们好几年没在一起了。

配音：张娜的父亲说，自己和张娜的母亲已经离婚，和张娜并没有联系。随后，记者又联系了张娜。

记者：要是落的话是孩子跟你落，还是跟她奶奶落啊？

张娜：跟她奶，不可能跟我。

记者：您现在结婚了吗？

张娜：没有。

记者：你愿意以后跟小孩一起生活吗？

张娜：那肯定的呀。

配音：张娜说，等自己回哈尔滨会和张春娟详细谈孩子的相关事宜。现在，按照法律规定，张春娟可以向派出所提出申请给孩子落户。

孙鹏(黑龙江孟繁旭律师事务所律师)：按照我们国家《户口登记管理条例》的规定，婴儿出生一个月内，他的户主、抚养人甚至是邻居都可以向婴儿常住地的派出所申请户籍登记。

口播：虽然像小梓涵这样的情况，应该是随母落户，但是依照现在的情况来看，为了不影响上学，还是尽快落在张春娟这比较好。户籍的规定呢，首要还是要便民。张春娟也说了，小梓涵知道自己爸爸妈妈的事，但是年幼的她也许还不明白其中的全部的意义。但是每次张春娟流眼泪的时候大家看到了，小梓涵不管在玩什么吃什么，就会马上放下手来，给奶奶去擦眼泪，有时候还和她一起哭。也希望张春娟和小梓涵的妈妈能够快点协商一下对孩子最好的办法，都说时间是良药，能解决一切，但是在孩子的成长阶段，在她最需要爱的时候，时间不等人。

——2015年8月23日黑龙江广播电视台都市频道《新闻夜航》

第四节　延伸思考

1. 民生新闻的定义是什么？
2. 民生新闻节目的传播特点？
3. 民生新闻节目主持人的语言特点？
4. 民生新闻地域性的具体表现？

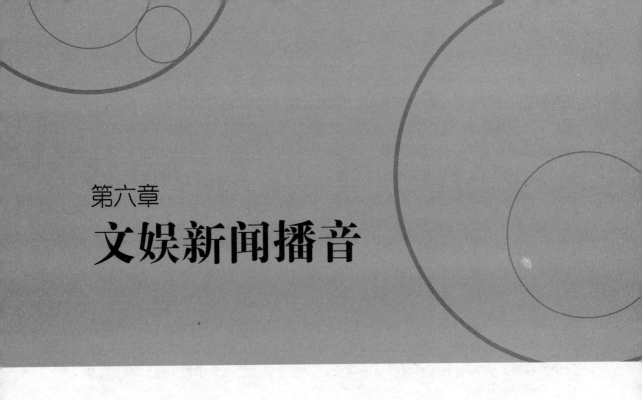

第六章 文娱新闻播音

第一节 理论讲解

一、什么是文娱新闻

文娱新闻是指在大众传媒平台发布的有关文化、娱乐、艺术领域的新闻资讯,是根据人们对文化娱乐新闻资讯的需要而产生的信息产品,是广播电视机构新闻节目重要的组成部分。和其他类新闻节目相比,文娱新闻在注重新闻的真实性、时效性和客观性的同时更加注重娱乐性、大众性与趣味性,有信息传播、社会教育、文化娱乐等多种功能。

美国学者赖特1959年在拉斯韦尔提出的大众传播三大社会功能(环境监测功能,社会协调功能和社会遗产传承功能)的基础上,提出大众传播的第四大功能是娱乐功能。随着社会经济的不断向前发展,人们的生活也越来越丰富多彩,在物质生活水平得到极大满足与提高的同时,伴随着人们生活节奏的加快,工作、生活压力也越来越大,人们对精神文化生活的需求也随之进一步提高。人们通过新闻媒介获得娱乐的满足，而娱乐新闻就很好地满足了人们的这种需求，通过营造轻松、快乐的氛围，让人们获得感官上的愉悦、身心上的放松，甚至成为人们生活中不可或缺的一部分。

文娱新闻在新闻媒体的地位日渐突出，很多报纸都开设了专门的文娱新闻版面，一些电视台甚至还确立了"文艺兴台"的办台理念。通过这些文娱新闻节目，让受众获取了最新的文娱资讯，提高了受众的艺术修养、艺术品位。

文娱新闻主要关注近期文化、艺术、娱乐界的演出赛事、明星逸闻、文化交流等各种信息。播报的形式比较灵活，语言表达较活泼、轻快，服装、化妆等造型时尚炫目，经常加入背景音乐、道具、图片、视频等表现手段来增强娱乐气氛，让受众在轻松愉快的心境下接收文娱资讯。如中央电视台电影频道的《中国电影报道》、中央电视台电视剧频道的《影视同期声》、北京广播电视台文艺频道的《每日文娱播报》、东南卫视的《娱乐乐翻天》，东方卫视的《娱乐星天地》等节目都属于文娱新闻节目。

二、文娱新闻播音的语言特点

1. 节奏明快、语调活泼

休闲娱乐功能是文娱新闻节目的核心功能，文娱新闻能给人带来轻松活泼的心理满足。"文娱新闻的内容、传播价值和社会意义决定了播音员的状态不可过于严肃。"[①] 在播报时，要求播音员用亲切自然、轻松活泼、幽默诙谐的语言表达，情绪积极饱满，富有动态感与韵律感，营造出娱乐的氛围，从而达到"就是让你乐"的传播目的。整体状态要配合人们追求轻松愉快的天性，这既是节目内容、形式所决定的，又是受众需求所决定的。在语言表达上多样化，整体语速偏快，层次清晰，多连少停；语势上扬，语调多变，轻松活泼。

2. 穿针引线、营造氛围

串联介绍是文娱新闻播音员一种常见的播报方式，播音员要配合图像对音乐、舞蹈、曲艺、电影等各种文艺形式进行串联介绍及专题讲解。要求主持人语言内行，有较高的文化品位与艺术修养，语言具有较强的表现力和感染力，情绪饱满积

---

① 童云，周云.文稿播读和新闻播音实务[M].北京：中国广播电视出版社，2011：228.

极,善于营造轻松活泼的节目氛围,在潜移默化中让受众得到精神的愉悦与满足。

3. 个性鲜明、亲切自然

文娱新闻播音员要把握好"娱乐为民""与民同乐"的尺度,保持一种自然真诚、朴实大方的平和心态,不矫揉造作,不忸怩作态,不嗲声嗲气。一定程度上来说,播音员个性鲜明、语言生动,具备亲和力是赢得受众信任的关键所在。这就要求播音员在文娱新闻播音主持中,表达亲切、清楚,具有较强的表现力和感染力,个人也应具备较高的艺术素养。"既播撒欢乐娱乐大众,又传播文化提升审美品位;既有高品位的文化追求,又有扬善、扬美、批丑、批恶的文化价值取向;既能从容适应当前的娱乐潮流,又能保持传播文明和优秀文化的自觉、自信。"①

第二节 实例剖析

示例1

山东作家莫言获诺贝尔文学奖(音视频6-1)

晚上7点刚过,高密的大街上便响起了鞭炮,一条消息在鞭炮声中口口相传:高密走出去的山东作家莫言荣获2012年度诺贝尔文学奖。这是中国籍作家首次问鼎这一奖项。

几天前,莫言成为诺贝尔文学奖大热门的消息不胫而走。来自国内外20余家媒体的记者奔向高密,在莫言文学馆的手稿里,在莫言出生的大栏乡平安村,在高密的剪纸、扑灰年画和山山水水中找寻密码,期待一条爆炸性新闻。

这是收获的季节,高密的棒子黄澄澄地摆满了场院和房顶,侍弄着活计的老乡们略带疑惑地观望着纷至沓来的记者。莫言的二哥管谟欣已经说不清接待了几拨客人,但他还是面带笑容。

随着时间推移,记者群里散发出焦急和期盼的气氛。他们不停地看表、翻着网页,并一遍一遍追问着莫言的下落。莫言事后对记者说,那时,他正躲在一个地方逗着小外孙玩耍,还舒舒服服吃了顿晚饭。

---

① 中国传媒大学播音主持艺术学院. 电视节目播音主持[M]. 北京:中国传媒大学出版社,2015:178.

"成了!"晚上7点刚过,记者当中一个手疾眼快性子急的率先确认了这一消息,人群中随即爆发出热烈的掌声。

在斯德哥尔摩当地时间10月11日13时,远在北欧的瑞典文学院宣布,2012年诺贝尔文学奖授予中国作家莫言。

瑞典文学院常任秘书彼得·恩隆德在瑞典文学院会议厅先后用瑞典语和英语宣布了获奖者姓名。他说,中国作家莫言的"魔幻现实主义融合了民间故事、历史与当代社会"。

诺贝尔文学奖评委之一、瑞典汉学家马悦然说,莫言的作品十分有想象力和幽默感,他很善于讲故事。莫言获奖会进一步把中国文学介绍给世界。

晚9点,让各路记者找得好苦的莫言终于现身。对于获奖,莫言表示"可能是我的作品的文学素质打动了评委,中国文学是世界文学的一部分,表现中国独特的文化和民族风情,站在人的角度上,立足写人,超越了地区、种族的界限。"他强调,"诺贝尔文学奖是重要的奖项,而并不是最高的奖项",自己要"尽快从热闹喧嚣中解脱出来,该干什么干什么"。

莫言出生于1955年2月,原名管谟业,山东高密人。小学即辍学,曾务农多年,也做过临时工。1976年2月离开故土,尝试写作。1981年开始发表作品,一系列乡土作品充满"怀乡""怨乡"的复杂情感,被称为"寻根文学"作家。他的主要作品包括《红高粱家族》《丰乳肥臀》《檀香刑》《蛙》等。长篇小说《蛙》获第八届茅盾文学奖。

按照诺贝尔奖有关规定,所有获奖者将前往瑞典首都斯德哥尔摩,参加12月10日举行的颁奖典礼。

——2012年10月12日《大众日报》第1版

播读提示: 这则由山东记协报送的新闻获得第二十三届中国新闻奖二等奖。莫言获得诺贝尔文学奖,是中国当代文学得到世界认可的标志性事件,对中国文坛有着巨大的轰动效应,这是大新闻,也是中国文化的大事件。莫言是山东籍作家,这则新闻语言生动朴实,带有现场的温度,重点突出山东元素,在所有莫言获奖报道中独树一帜,稿件被多家媒体转载,许多媒体把这则新闻当作学习范文,成为莫言获奖报道中最权威、最典范的作品。播读此篇稿件时要把握稿件创作时所带有的浓重的文学色彩、直观的现场感和冲击力,做到层次清晰、语言节奏明快。

第六章 文娱新闻播音

示例2

北京阅读季启动 白岩松陈铎等亮相"书香中国"(音视频6-2)

4月18日晚,在北京市通州区大运河畔,伴随着千名群众的诵读声,由国家新闻出版广电总局、北京市人民政府主办,国家新闻出版广电总局出版管理司、北京市委宣传部等承办的"2015书香中国暨北京阅读季"正式启动。

启动仪式由白岩松、春妮主持。在启动仪式上,著名表演艺术家殷之光、陈铎、朱琳、张家声、张卫东等带领着来自通州各个社区、街道、学校等千余名阅读爱好者,集体朗诵了白居易的《忆江南》、季羡林的《怀念母亲》、李叔同的《送别》等经典诗文,场面令人振奋。

"读书是一个民族精神发育和文化传承的基本途径,也是一个民族凝聚力和创造力的重要源泉。"国家新闻出版广电总局党组成员、副局长孙寿山在仪式上表示,今年的"书香中国"系列活动将组织北京、江苏、湖北、广东、湖南、浙江等地开展一系列全民阅读活动,在全社会进一步营造浓郁的读书氛围,使全民阅读理念深入人心。

据了解,从2006年开始,国家新闻出版广电总局会同中宣部等部门,持续10年开展全民阅读活动,通过组织倡导、搭建平台、塑造品牌等举措促进全民阅读。"北京阅读季"自2001年设立至今,已开展各种读书活动3000余场,今年北京阅读季领导小组办公室将推出一系列高品质阅读推广活动,地点选择兼顾地标性阅读空间、出版机构、学校、乡村、社区等,力争在北京的各个角落、各类人群中营造浓厚阅读氛围。

据悉,今年全国各地将在国家新闻出版广电总局组织指导下,于4月23日"世界读书日"前后启动"江苏读书节""书香荆楚""书香八闽""书香岭南""三湘读书月""南国书香节"等一系列全民阅读活动。同时,国家新闻出版广电总局将力争在全民阅读立法、建立长效机制、开展阅读活动、实施公益助读等方面整体推进,如组织开展全国各类书店开展优秀出版物展示展销及优惠售书活动、向全国青少年推荐百种优秀图书等。

——2015年4月19日人民网

播读提示:从党的十八大报告中的"开展全民阅读活动",到2014年政府工作报告中的"倡导全民阅读",再到2015年政府工作报告中的"倡导全民阅读,建设书香社会",全民阅读正受到越来越多的重视,赋予全民阅读的内涵也进一步丰富。在播读时,要对当前开展的全民阅读活动有较为深入的了解,同时要对稿件的层次有一个明晰的认识,前四段主要介绍"2015书香中国暨北京阅读季"这一典型全民阅读活动的开展情况、活动的背景及今年将推出的阅读推广活动,最后一段主要介绍"世界读书日"前后全国范围内将要举办的一系列全民阅读活动计划。

示例3

冯小刚向吴亦凡鞠躬?(音视频6-3)

主持人:好,欢迎回来。这里是我们正在为您直播的《每日文娱播报》,我是晨阳。昨天呢电影《老炮儿》举行了发布会,冯小刚率领吴亦凡、刘桦等人纷纷出席。那现场更是组织了一场三对三的篮球对抗赛。那么谁到底是球技更胜一筹呢?

冯小刚:略

配音:为凸显电影《老炮儿》中爷们元素及激烈对抗情节,发布会现场特意设置了三对三篮球对抗赛。担任现场裁判的冯导这一次算是彻底被吴亦凡惊艳了,不仅仅是因为吴亦凡的球技更因为他的演技。

冯小刚:略

配音:所谓"老炮儿",是北京的一句俚语,专指提笼遛鸟又爱惹事的老混混。在电影《老炮儿》中冯小刚扮演的正是老炮儿"六爷",而吴亦凡则是专门跟他对着干的小混混。无论是片中的江湖辈分还是现实中电影界的地位两人都不可同日而语。难怪面对冯小刚的赞赏,吴亦凡有点手足无措,让他现场模仿冯小刚的环节更令他紧张到发抖。

吴亦凡:略

配音:播报点评:"老炮儿"冯小刚这回改放"糖衣炮弹"了。

——2015年9月7日北京广播电视台文艺频道《每日文娱播报》

播读提示:这则新闻是对电影《老炮儿》在上映前期所举办的发布会的现场情况的报道。发布会现场主要是通过现场游戏和主角人物对电影片段的"模仿"活跃现场气氛、让大家对这部电影产生兴趣。在播读时,整体语调轻快利落,节奏舒展活泼,配音语言语速稍快,加强语言对比,突出讲解感,与现场轻松活跃的氛围相匹配。

示例4

李小璐献爱心不幸被骗（音视频6-4）

主持人：看完荧幕上的追凶，咱们再来帮李小璐痛斥借慈善之名骗钱的恶人。前不久为帮助一个患病儿童，李小璐捐款并发微博呼吁爱心，不曾想对方却是个骗子。话说眼下《中华人民共和国慈善法》已经通过，对于此类案件李小璐能得到怎样的法律援助呢？我们这就连线专业律师咨询一番。

配音：昨晚李小璐一脸微笑现身北京出席时尚活动，心情很是愉悦，不过说起日前献爱心被骗的经历她仍有些不忿。

李小璐：刷微博评论然后就看见了这个，当时就还蛮关心的那个小朋友，然后就进去看，看了以后他当时确实是有把孩子生病，还有住院，还有一系列的照片都分不同的时间放上去，然后也有账号。但是我忽略了一点，就是他没有留联系方式。所以就是当我在转完了(款)以后，我发现到这一点的时候，再去追问的时候，他已经全部撤销了。

媒体记者：大家都是做公益，都是为社会付出，而且他做出了这件事，我感觉就是挺气愤的，让人感觉。

张春杰(北京瀛和律师事务所影视律师)：应该涉嫌构成诈骗罪，就可以去报警处理可以。根据我国的刑法规定，如果是诈骗数额在50万元以上，则属于数额特别巨大，可以判十年以上或者无期徒刑。

配音：做好事却被骗，着实让人懊恼。网络骗子的无良行为不仅触犯了我国刑法，更是伤害了李小璐等公益人士的一颗爱心。

媒体记者：我希望这个事不要影响到艺人，就是做公益这事。

李小璐：虽然会有一点难过，但是没有阻止我去帮助别人的这种心，因为后来我落地第一时间不是别的，而是去联系了真正那个孩子的家人。

配音：李小璐对公益的执着让人忍不住拍手叫好，更可喜的是眼下《中华人民共和国慈善法》已在第十二届全国人大四次会议审议通过，并将于今年9月1日开始施行，未来明星做公益将会有更加可靠的途径。

张春杰：这个慈善法对慈善组织、慈善募捐、慈善信托、慈善捐赠等行为进行了规范，慈善组织有义务对需要募捐的事实进行调查。作为明星或者说想捐赠的个人来讲，如果说靠自己的能力去核实事实比较困难的话，那么说呢，通过慈善组织来进行捐赠也是一个非常好的一个事情。

——2016年4月4日中央电视台电影频道《中国电影报道》

播读提示：作为公众人物的明星们，对公益慈善行为有着示范引导作用。不论是通过自媒体转发公益内容，还是带头捐款，这些举动都献出了爱心，传递了社会正能量。这篇报道主要讲述李小璐同情微博上需要医治的重病孩童，凭着母爱和同情心，加上一时冲动，就给对方汇了款。可以说她的初衷是好的，希望凭借自己的力量带动网友粉丝帮助这位无助的"患儿母亲"。但当发现被骗后，她依然寻找到真正的患儿家人并提供帮助。这则新闻在讲述事件经过的同时，还通过此事对慈善活动的相关法律保障进行探讨。在播读时，播报语言要有对李小璐慈善行为的点赞、对诈骗者利用慈善进行诈骗行为的谴责，以及期待尽快通过法律途径保护公民慈善行为的呼吁。

示例5

北京电影学院65周年校庆 (音视频6-5)

主持人：下面是我们刚刚收到的一条最新消息，一起来关注一下。

配音：张艺谋、赵薇、黄晓明等近百位知名导演、演员同走红毯，如此情形，除了电影节想必也只有在昨天的那场活动中可以见到了。

采访：略

配音：成立于1950年的北京电影学院今年迎来了她的65岁生日。重返母校，这些导演、演员们最想念的地方是哪里呢？

采访：略

配音：多年之后终于重返校园，他们想念教学楼、排练厅、宿舍、金字塔、甚至是食堂的饭菜，但是最想念的莫过于那些曾经朝夕相处四年之久的同学们。因此校庆当天，北电的校园里随处都在上演着老友重逢的感人戏码。

采访：略

配音：无论这些演员平时面对镜头是什么模样，在老同学面前，他们似乎都回到了学生时代，肆无忌惮地调侃打闹。几乎每个重逢的场面都是欢声笑语，不过假如能够再回到大学时代，他们最想做什么呢？

采访：略

——2015年10月18日北京广播电视台文艺频道《每日文娱播报》

第六章 文娱新闻播音

播读提示：北京电影学院是亚洲规模最大、世界著名的电影专业院校，在国内外电影和文化艺术界享有很高的盛誉，被誉为"中国电影人才的摇篮"。这则新闻记录了北京电影学院65周年校庆期间校友明星云集的场景。78级和96级是北电教学成果杰出的代表，为了突出明星班效应，在播报的时候可采用较为夸张的语言处理方式，播报整体节奏应以清晰明快、语式常扬为主，营造、烘托出欢乐喜庆的现场氛围。

第三节 实训材料

1. 曹文轩获2016国际安徒生奖 (音视频6-6)

4月4日，在意大利博洛尼亚举办的国际童书展上，中国作家曹文轩荣膺2016年国际儿童读物联盟国际安徒生奖，成为首位获得该奖项的中国作家。

国际安徒生奖是世界儿童图书创作者的最高荣誉，该奖项由国际少年儿童读物联盟1956年设立，由丹麦女王玛格丽特二世赞助，以童话大师安徒生之名命名，每两年评选一次，以奖励世界范围内优秀的儿童图书作家和插图画家。该奖最初只授予在世作家，从1965年起也授予优秀的插图画家，获奖者限于长期从事青少年读物的创作并作出卓越贡献者，目前共有26位作家和20位插图画家获奖。今年获奖的插图画家是德国的苏珊·贝尔纳。

曹文轩1954年生于江苏盐城，作为中国当代儿童文学的代表性人物，其创作强调内在的艺术张力，尤其注重情感的力量、善的力量和美的力量，代表性长篇小说有《草房子》《细米》《红瓦黑瓦》《根鸟》等，多部作品被翻译为英、法、德、日、韩、希腊等国文字。

据悉，由接力出版社打造的曹文轩少年成长系列小说"大王书"将于本月中下旬推出。该系列小说是曹文轩耗时8年创作完成的具有史诗性质的少年成长系列小说，既具有作者一贯的美学风格，又极富探索之风。

——2016年4月6日《中国文化报》第1版

2. 上海"白玉兰"戏剧表演艺术奖颁奖 (音视频6-7)

第26届上海"白玉兰"戏剧表演艺术奖获奖演员名单日前揭晓，并于3月31日在上海大剧院举办了主题为"为人民绽放"的颁奖晚会。曾三度获得"白玉兰"戏剧奖的话剧表演艺术家娄际成获本届"白玉兰"戏剧奖特殊贡献奖。"白玉兰"戏剧奖中的主角奖、配角奖和新人主角奖、配角奖以及集体奖等奖项也一一揭晓。

本届"白玉兰"戏剧奖共有来自全国各地44个剧团、61台剧目、107名优秀演员参评。其中,辽宁人民艺术剧院演员姚居德凭借在话剧《祖传秘方》中的出色表演夺得本届"白玉兰"戏剧表演艺术奖主角奖榜首,并与贾文龙、窦晓璇、张琳、柳萍、傅希如、李君梅、龚莉莉、吴双共9人同跻主角奖。配角奖榜首则由上海越剧艺术传习所(上海越剧院)钱惠丽摘得。

颁奖晚会上,尚长荣、濮存昕、李蔷华、张先衡、张静娴、茅善玉、蔡金萍等著名表演艺术家揭晓各个奖项,并为获奖演员颁奖。上海市人大常委会副主任钟燕群、副市长翁铁慧、市政协副主席方惠萍等领导出席颁奖晚会,向获奖演员表示祝贺。

自创办以来,一年一度举办的上海"白玉兰"戏剧奖已走过26个年头,共有近60个剧种的3600多名演员参评,近600人获奖。其中,沪外艺术人才获奖数达到了2/3以上。

——2016年4月6日《中国艺术报》第1版

3. 施瓦辛格12年后重返影坛,《终结者》兑现回归承诺 (音视频6-8)

口播:好莱坞动作大片《终结者:创世纪》正在国内热映,影片里终结者T-800的扮演者阿诺·施瓦辛格接受了我们节目的专访。作为无数影迷心中的传奇偶像,施瓦辛格在电影里给人的印象总是高大威猛、神秘严肃的,但在专访中我们却看到了一个亲切可爱的阿诺·施瓦辛格,他不仅给我们分享拍摄这部电影的感受,还给有表演梦想的年轻人提供了非常中肯的建议,下面就一起去看一下。

配音:今年距离阿诺·施瓦辛格主演的《终结者3》上映已经过去了12年。在终结者系列的最新一部电影里施瓦辛格再次扮演了终结者T-800,兑现了我会回来的承诺。

施瓦辛格:12年前我拍了《终结者3》,那部电影2003年上映,然后他们又拍了一部"终结者"电影。但在那期间我是加州州长,不能来演电影,当我结束州长的工作后,就接到了这部电影制作人的电话,他问我有没有兴趣再来演《终结者》。我回答说现在我不是州长了,可以再演"终结者",所以我又回来拍了这部"终结者"电影。

配音:跟阿诺·施瓦辛格一起回归的还有那句经典台词"我会回来的"。现在这句话甚至已变成了一种电影现象。可是你知道吗?当初他差点就被施瓦辛格改成另一句话。

施瓦辛格:我跟詹姆斯·卡梅隆争论过很多次,我说这句话应该改成"我将要回来",这样更符合机器人的身份。他跟我说你不要改剧本,就说"我会回来的",我们就一直这样争来争去,但没想到这句台词后来会成为经典。

配音:作为一名国际巨星、传奇偶像、美国加州前任州长。阿诺·施瓦辛格的身上有着太多的光环,但是当摘掉了这些光环之后,我们看到的施瓦辛格依然是一名谦虚谨慎的演员。

施瓦辛格:我从来不会拿身份出来压人,逼着他们做一些事情,这没有任何意义。比如我拍《独闯龙潭》的时候,拍一场我跟别人对打的戏,我提了一个建议,结果就被导演赶了出去。

配音:近两年中国电影市场的迅速发展,也对施瓦辛格产生了强大的吸引力。他向我们透露,将要在中国开办电影公司、制作电影、开设影院。而跟中国功夫巨星成龙的合作则是他期盼已久的事情。

施瓦辛格:我和成龙是好朋友,我们谈过很多次,要一起拍一部电影,我很期待与他的合作。

配音:今年已经68岁的施瓦辛格,还能回归拍摄这样一部动作大片,让人不得不佩服他的决心和勇气。从影30多年来,他始终不忘初心,对电影保持极大热情,在我们的这次专访中他也把这一成功经验分享给了有电影梦想的年轻人。

施瓦辛格:如果你喜欢一件事情,就要一直不断地去追求,这是你必须要做的事。如果你只是想尝试的话,那就不要想了。因为还有很多人,在充满热情地做这件事,只想尝试是不可能成功的。你有多么渴望成功,将决定你能否成功。

——2015年8月24日中央电视台电影频道《中国电影报道》

4. 鲍美利:歌声营造欢乐 共创幸福晚年 (音视频6-9)

男口播:经典电影《音乐之声》曾经感动过无数人。片中的家庭女教师,用音乐教化了七个顽皮的孩子，为他们带来了欢乐和爱，自己也收获了爱情。

女口播：而在上海，也有一位女教师，她用音乐和热情，为社区100多位有着各种烦恼的老人带去了欢乐，演绎了中国版的《音乐之声》。她就是虹桥镇龙柏三村78岁的退休音乐女教师鲍美利。

配音：这位活力十足的老人，就是鲍美利。你一定想不到，十多年前她曾患过肠癌，动过大手术。那时她刚搬来此处，病痛的折磨，加上邻里间气氛冷漠，让她感觉很苦闷。

鲍美利：人情淡薄一张纸，看到了不打招呼，只听到关门的声音。

配音：和死神打过交道的鲍美利，和丈夫作了个决定，打开房门，将自家的二居室改成社区活动室，把邻里召集起来，免费教大家弹琴、唱歌。就这样，1999年，"开心小屋"诞生了。这里，是用唱歌锻炼身体的地方。

鲍美利：因为唱歌用气唱，锻炼身体。来，段阿姨。

段汝文：工作以后，半个世纪没有唱过歌。就退休之后跟了这么好的鲍老师。

鲍美利：儿子叫她去美国，她不去。她说我离不开鲍老师，离不开"开心小屋"。

段汝文：对呀，我的快乐家园就在"开心小屋"。

配音：这里，也是用歌声击退自卑的地方。

潘家琼：我的老同学说我声音像鸭子叫，但是现在我跟了鲍老师十年，我等会儿唱给你们听，比鸭子叫稍微好一些。但更重要的是，我确实得到了快乐。

配音：这么多年，许多老人带着各种各样的烦恼，来到"开心小屋"。有的沉迷过麻将、有的得过抑郁症、有的家庭不和，但"开心小屋"都奇迹般地改变了他们的人生。

徐龙英：我麻将台卖掉了，买了只钢琴回来。

吴燕萍：心胸开阔啊，对子女也很理解他们，就变成了新潮的父母了。

配音："开心小屋"支撑着大家，而鲍老师的精神支柱除了音乐，还有一起度过金婚的丈夫。三年前，丈夫脑中风病倒了，鲍老师每天去医院照顾他，也把那里发展成了开心病房。如今，鲍老师的学生，也主动在自己家里办起了"开心小屋"分部，"开心小屋"发展到了18家，成员近200人，但是鲍老师还有更大的梦想。

鲍美利：我们现在是个模式，老年人居家养老的新模式。希望全国老年朋友都天天过上开心的日子。

——2013年6月19日上海电视台新闻综合频道《新闻报道》

第四节　延伸思考

1. 什么是文娱新闻？
2. 文娱新闻的节目形态及代表节目？
3. 文娱新闻播音的语言特点有哪些？

第七章
新闻评论播音

第一节 理论讲解

一、新闻评论的定义

新闻评论是新闻媒体针对现实生活中新近发生的、具有普遍意义的新闻事件和迫切需要解决的问题而发议论、讲道理、直接发表意见的一种文体,主要包括社论、评论员文章、短评、编者按语、专栏评论、述评、广播评论、电视评论等。新闻评论在新闻宣传中占有非常重要的地位,是新闻媒体发挥正确舆论导向作用的重要力量。

新闻稿件向受众传递新闻事实,新闻评论则向受众传播观点。"如果说新闻报道是'形',那么新闻评论则是'神',只有将报道与评论有机结合,才能收到'形神兼备'之效,也才能做好新闻宣传这篇'大文章'。"[①]它向受众阐释和宣传党的方针政策、分析当前形势、挖掘新闻事实的典型意义。主要起着深化报道主题、帮助受众把握大局、明辨是非,表达党和政府的立场和态度,正确引导社会舆

---
① 吴庚振. 新闻评论学通论[M]. 保定:河北大学出版社,2001:3.

论的作用。

二、广播电视新闻评论

广播电视新闻评论,就是将抽象的论述性语言与形象的声画语言相结合,利用广播电视媒介来对新闻事件或热点话题进行评论,表达广播电台、电视台或栏目组的观点态度,起到影响舆论、引导舆论的作用。

广播电视新闻评论的产生源于报刊评论,也就是用有声语言的方式将报刊的评论文章通过广播电视媒介表达出来,早期的广播电视评论基本都是采用这种方式。和传统的纸质媒体新闻评论相比,"广播评论见长于有声语言的表情达意,电视评论见长于形象与声音的视听兼备"[①],广播电视新闻评论的受众更加广泛,篇幅一般较短,内容更加通俗易懂。由于传播属性的不同,广播电视如果像报刊那样将大篇幅的严密逻辑推理、表达精确的评论进行播报,就显得语言生硬、形式呆板。因为纸质媒体的读者需要一定的阅读理解能力,而广播电视直接通过有声语言传播,受众更加广泛,传播内容也更加口语化和通俗易懂,最终达到在道理上说服人,在声画上感染人,在感情上打动人的传播目的。

广播电视新闻评论一般就事论理,采用评论与新闻内容相结合的方式来呈现,即通过对现实具体问题的理性分析来阐明观点,表达立场态度。"关于新闻事件的交代固然要更加全面详细,但以帮助观众剖析新闻内涵的评论同样需要摆到重要的位置。"[②]评论与新闻内容的结合,表现了两种基本手段之间的融合关系,不仅满足了受众获取更多信息的需求,同时也有助于受众对新闻事实的进一步理解与思考,增强了新闻评论的吸引力与说服力。

三、广播电视新闻评论的类型

1. 播读报刊社论、评论员文章

主要播读各级主流报刊所刊载的社论与评论员文章,简单地说就是将报刊的社

---

① 丁法章. 新闻评论学[M]. 第2版. 上海:复旦大学出版社,1997:9.
② 刘敬源. 谈"本台短评"对舆论引导力的提升[J]. 新闻窗,2011(02):71-72.

论通过广播电视媒介传递出去。

社论，是指新闻媒体就某一重大事件、典型事件或重大问题发表的权威性、指导性评论，是新闻评论中规格最高，最具权威性的一种新闻评论，是影响并引导社会舆论有力的评论形式。社论不仅体现媒体的基本政治倾向和立场，更代表着同级党委、政府的立场与观点，具有鲜明的政策性、导向性和指导性。评论员文章是由报刊评论员撰写或以报刊评论员名义发表的文章，是新闻评论中常用的一种文体，是仅次于社论的重要评论。它作为结合新闻事件或新闻报道配写的重头评论，旨在体现新闻媒体的立场、观点和态度。

由于报刊社论或评论员篇幅一般较长，比较注重论证的系统性与严密性，思想性与理论性较强，这种模式不适合广播电视的传播属性。所以一般采用概括这些文章的主要内容的方式进行播报。

2. **本台评论**

本台评论，相当于广播电视的"社论"。本台评论与社论一样，代表广播电台、电视台或栏目组对重大事件进行评论，旗帜鲜明地表达态度观点，在宣传党的方针政策、引导舆论方面发挥着重要作用。

3. **本台短评**

短评从字面上理解就是用简约的文字对新闻进行评论。短评很少单独播报，常常配合或结合新闻事实材料而播报。这些短评角度独特、观点新颖，具有以小见大、言简意赅、生动活泼的特点，起着深化新闻主题的作用。

4. **编后话**

编后话属于以本台名义播发的微型评论，类似于报纸的"编者按语"功能。它是在新闻事件报道之后播出的一种画龙点睛的评论，是栏目编辑或播音员对新闻内容所附加的总结、评价、批注、建议或说明性文字，既可帮助受众理解新闻事实，又可增强新闻报道的内涵。编后话写作内容简练精干，多用于阐述某些一点就明或处于萌芽状态但需提醒人们注意的问题。

四、新闻评论播音的语言特点

广播电视新闻评论通过较为简短的文字，表达作者观点态度。对于播音员来说,要在全面深刻理解稿件的基础上,把评论稿件所要表达的意思确切地传递给受众。新闻评论稿件播读的语言特点是:观点鲜明、逻辑严密、以理服人。

1. 观点鲜明

在播读评论前,播音员要在全面、细致、深刻理解评论稿件的基础上,把握评论稿件的时代脉搏与深刻内涵。要熟悉稿件叙述的人物事件,弄清评论稿件中的实质性问题,如这则评论的背景是什么?要表达什么观点?并结合社会实际理解文稿的精神实质。"宣传目的明确了,态度肯定了,才能有针对性地、有的放矢地把稿件的态度通过有声语言准确地传达给受众,使受众得到感染和启示。"[①]

2. 逻辑严密

评论的力量就在于有理有据、逻辑严密、令人信服,主要表现在重点突出和条理清晰两个方面。重点突出是指要把握住体现中心论点和播讲目的的地方,找准中心词,准确显露语句目的,通过有声语言技巧准确传递信息。条理清晰是指要对论证的过程进行归并和划分,理清逻辑结构,这样才能把握好节奏、调整好语气。同时由于评论文字理论性较强,在播读时语速不宜过快,要尽可能给受众留有回味、思考的空间。

3. 以理服人

从文学体裁上讲,新闻评论属于议论文的范畴。新闻评论要靠严谨的逻辑和正确的立场观点去说服人、教育人,但并不是代表评论播音就是说教的、机械的、无生气的。每一篇评论都蕴涵着较为强烈的感情色彩,播音语言要由宣传式话语变为传播式话语,把握好语言的分寸尺度,这样既能说服人,又能感染人,真正做到寓情于理、情理交融。

第二节 实例剖析

1. 播读报刊社论、评论员文章

(1) 人民日报社论:担负起新闻舆论工作的职责和使命(音视频7-1)

本台消息,明天出版的《人民日报》将发表社论,题目是《担负起新闻舆论工

---

① 王方. 全媒体时代新闻播音员如何做好评论播音[J]. 西部广播电视,2015(16):170-174.

第七章 新闻评论播音

作的职责和使命》。

社论指出，党的新闻舆论工作是党的一项重要工作。习近平总书记在党的新闻舆论工作座谈会上发表重要讲话，着眼党和国家的事业发展和长治久安，着眼党的工作全局，提出了48字党的新闻舆论工作职责使命，就新的时代条件下做好党的新闻舆论工作作出战略部署，具有很强的政治性、思想性和指导性，是一篇马克思主义的纲领性文献，为我们在新形势下做好党的新闻舆论工作提供了强大思想武器和根本遵循。

社论强调，担负起新闻舆论工作的职责和使命，必须把坚持正确政治方向放在首位，要牢牢坚持党性原则这一根本原则，牢牢坚持马克思主义新闻观这个灵魂，牢牢坚持正确舆论导向这个生命，牢牢坚持正面宣传为主这一基本方针，提高党的新闻舆论工作能力水平，向党和人民交出一份满意的答卷，为实现"两个一百年"奋斗目标、实现中华民族伟大复兴的中国梦提供强大精神动力和有力舆论支持。

——2016年2月19日中央电视台《新闻联播》

播读提示：2016年2月19日，习近平总书记到人民日报社、新华社、中央电视台等三家中央新闻单位进行了实地调研，并主持召开党的新闻舆论工作座谈会，结合当前新闻舆论工作面临的新形式和新挑战发表了重要讲话，深刻回答了党的新闻舆论工作中一系列重大理论和实践问题，丰富和发展了党的新闻舆论工作理论，为我们做好新形势下党的新闻舆论工作指明了方向、提供了思想武器和根本遵循。

播读这篇社论文章，首先要明确舆论是影响社会发展的重要力量，党的新闻舆论工作是党的一项重要工作，新闻播音员也是党的新闻舆论工作的重要组成部分；其次要深入学习领会习近平总书记重要讲话精神，明确这次讲话对新闻舆论战线适应形势、把握大方向、积极改革和发展创新、全面提高工作能力和水平所产生的重大、深远意义。最后要认识到我国新闻媒体具有一般的传播媒介所具有的环境监测、信息传递、传承文化、提供娱乐等各种具体的功能和作用，但作为社会主义国家的新闻媒体，其功能与作用更多地体现在社会效益的实现之上，即代表最广大人民群众利益的中国共产党的方针、政策、路线等通过舆论引导的实现，这是我国媒体的独特性和优越性。对稿件有了这些充分认识，才能将稿件的精神实质播读出来。

(2)《求是》杂志将发表评论文章 (音视频7-2)

本台消息，明天出版的今年第16期《求是》杂志将发表抗日战争胜利70周年评论文章，题目是《中国人民抗日战争的回顾和思考》。

文章指出，抗日战争是中国人民反抗日本军国主义侵略、争取民族解放、捍卫自由独立的正义战争，是中华民族由灾难深重走向伟大复兴的历史转折点。中国共产党始终坚持全面的全民族抗战路线，在抗战中发挥了中流砥柱的作用。

文章强调，中国抗日战争是世界反法西斯战争的重要组成部分，是世界反法西斯的东方主战场，对彻底战胜日本法西斯起到了决定性作用。纪念抗战，就是要弘扬伟大的抗战精神、继承抗战传统，激发奋进力量，为实现中华民族伟大复兴不懈奋斗。

——2015年8月15日中央电视台《新闻联播》

播读提示：这篇发表于"9.3大阅兵"前夕的评论文章，从中国抗日战争的基本特点和历史经验、中国抗日战争在世界反法西斯战争中的地位作用和弘扬抗战精神、实现中华民族伟大复兴三个方面，系统地对中国人民抗日战争进行了总结回顾和思考，深入阐释了中国人民抗日战争的伟大意义、中国人民抗日战争在世界反法西斯战争中的重要地位、中国共产党的中流砥柱作用是中国人民抗日战争胜利的关键等重大问题。

对稿件有了深刻解读，同时理清稿件脉络才能准确把握这则重要评论文章的思想内涵。这则评论第一段为导语，第二段具体阐述抗日战争胜利的历史意义及中国共产党在抗日战争中所发挥的中流砥柱作用，第三段进一步阐述中国抗日战争的重要地位和弘扬抗战精神的重要现实意义。

2. 本台评论

(1) 本台评论：电梯上上下下，莫让人心七上八下 (音视频7-3)

几乎每一次电梯吃人事故都与人祸有关，电梯三分靠质量，七分靠安装和维保，但是一项调查显示，近六成电梯没有按时维修保养，有太多的老龄化电梯带病上岗。目前我们国家电梯保有量已经超过了300万部，每天有超过两亿人乘坐电梯，可以说已经进入了全民电梯时代。发生了电梯吃人的惨剧，一定要认真地反思和补救，否则悲剧就很难避免。不论是电梯的生产制造商，还是维修保养部门；不论是商场的管理机构、小区物业公司，还是监管部门都应该承担各自的责任，莫让上上下下的电梯,让乘客的心里打鼓、七上八下,缺乏安全感。

【新闻背景】扶梯"吃人"惨剧为何发生

我们再来关注昨天发生在湖北荆州的电梯惨剧。昨天上午湖北荆州安良百货商场6楼到7楼的扶梯上一名30岁的母亲怀抱孩子刚抬脚踏上七楼扶梯处的踏板就突然跌落卷入扶梯。当时站在商场扶梯口的商场工作人员接过了母亲递过来的孩子并试图拉住这位母亲,但无济于事。仅仅短短九秒的时间,这名母亲最终被彻底卷入扶梯,不幸身亡。本台记者今天采访到了死者家属和消防救援人员,我们来看看当时到底发生了什么?

据死者丈夫张伟回忆,26号上午他和妻子带着不到3岁的儿子去逛安良百货,走到六楼时儿子提出想乘扶梯。张伟回忆,当妻子和小孩乘着扶梯快到7楼时,他听到扶梯出口处的商场工作人员对妻子说话。事发之后,当地消防、安监等部门紧急从扶梯上下两个方位破拆,直到当日下午2点左右才找到被困的母亲,当时已无生命迹象。

目前,事发点安良百货正常营业,5楼、6楼、7楼扶梯全部停运,并设置了维修停止的指示牌,安良百货的工作人员否认当时电梯在检修。记者随后找到了百货公司一名李姓负责人,但这名负责人拒绝了记者的采访。当地安监部门正在现场拍照取证,事故原因正在调查中。

湖北荆州的扶梯事故原因还在调查中,这起事故足以给我们敲响警钟,这样一件日常生活中频繁接触的工具,到底要怎样乘坐才算安全呢?那么如果遭遇了意外,又该如何处置呢?

电动扶梯作为特种设备存在三大缝隙,最容易引发儿童安全事故。一是扶手底部的缝隙,二是梯级与侧裙板间的缝隙,三是梳齿板和梯级间的缝隙。别看这些缝隙都只有几毫米,一旦触摸,很容易发生危险。以梳齿板和梯级间的缝隙为例,一部标准的电梯这样的缝隙是4毫米,即使小孩的手指一般是8毫米宽,也很容易在扶梯运动中卡入缝隙。

试验中,假肢手指瞬间被卡在了扶梯的梳齿板和梯级之间。此时,取出的假肢已经伤痕累累,如果真是孩子的手指,后果更加不可设想。那么乘坐扶梯遇到事故又该如何呢?扶梯在理论设计上遇到阻碍会自动停止运行。我们同样拿假肢试验,同时卡入扶梯缝隙中,一个立即按了扶梯停止按钮,另一个则没有采取措施,结果扶梯并没有因为碰到假肢而停止。我们可以清晰看到，取出后的假肢与立即按停止键的假肢比，受损更加严重，难道自动保护功能不起作用吗？

为此，专业人员提醒，一旦在扶梯上发生危险，一定要立即按下停止键以减少伤害。此外，专业人士还提醒，孩子乘坐电梯时家长一定要抱起小孩或手牵小孩。同时，务必让小孩站在扶梯黄线以内，远离危险缝隙，切忌让孩子在扶梯附近玩耍。

据本台记者从前方得到消息，今晚九点半湖北荆州市召开新闻发布会。荆州市安监局通报发生事故五分钟前商场工作人员发现电梯盖板有松动翘起现象，但是并未采取停梯检修等应急措施，导致当事人踏在已经松动翘起的盖板最末端时，盖板发生翻转坠入电梯间隙内，属于安全生产责任事故。

——2015年7月27日中央电视台《晚间新闻》

播读提示：2015年7月26日上午发生在湖北省荆州市安良百货公司的手扶电梯安全事故，引发人们对电梯安全的强烈关注。在新闻背景中，主要介绍本次事故的详细经过、处理进展及电梯出现故障乘客应该采取的应急措施。评论部分则主要通过这次事故对影响电梯安全运行的各个环节进行梳理和分析，说明电梯与人们生活的密切关系，从电梯生产制造、维修保养、管理机构，到监管部门都应承担起责任，确保人们乘坐电梯安全。播读这篇评论时，要注意前后呼应关系，既要与背景资料相互呼应，又要对评论语言中两个层次进行呼应。播读语言言辞恳切，表现出对事件真切的关注、期待相关部门能够及时处理的急迫感。

(2) 央广评论：发展中国足球不能急功近利（音视频7-4）

打进世界杯亚洲区十二强，大家为中国足球队鼓掌喝彩。但我们清楚地认识到，中国队离挺进俄罗斯世界杯还很远，中国足球的大发展大进步，还有很长的路要走。

足球是各国人民普遍喜爱的一项运动，世界上共有超过130多个国家拥有足球职业联赛，足球世界杯的影响力甚至超过奥运会，是世界第一大赛。我国人民也非常喜欢足球，有庞大的球迷群体和深厚的群众基础。但与13亿人口大国不相称的是，我国的足球人口只有两万多，仅仅相当于总人口30万的冰岛的足球人口。大家看球聊球，但是踢球的人并不多。可选材的苗子少，球队偶尔有好成绩，也难以持久。铿锵玫瑰中国女足的昙花一现，大家扼腕叹息，根本原因就是后继乏人。

大家想踢球，却没有地方踢，这是遗憾的客观现实。据统计，我国体育场地面积只有人均$1.46m^2$，而发达国家的这个数字是$20m^2$。足球场地的面积更是少得可怜。篮足排三大球中，足球的场地也是偏少，近十年来，全国篮球场新增近48万多，新增排球场地3万多，但新增足球场却只有7000多个。2002年韩日世界杯之后，中国男足就远离了世界杯，各项大赛也鲜有好成绩。这是由中国足球的整体实力决定的。

事实上，在最新一期国际足联世界排名中，中国男子足球队也只是排在亚洲第12位，世界第96名。近来一些俱乐部队在亚洲赛场打得不错，但这些俱乐部队基本是靠外援打天下，优秀的国内球员并不多。踢球的人少，没有地方踢，中国足球成绩上不去，也就不足为怪了。实力摆在这儿，球迷们有时拿中国足球调侃几句，但其实并未寄予太高期望。只要球员们尽力了，其实胜负都能接受。大家不能接受的，是不努力和长时间的没进步。在有的球场上，球迷们打出了"赢了同欢喜，输了一起扛"的标语，鼓励球员们放下输赢，不再患得患失，对这种成熟的心态，我们必须点赞。

有了源头活水，才有江河浩荡。一两场比赛的输赢，进不进世界赛场，其实并不是最重要。根据最新规划，我国将用五到十年时间，建设一万到两万所校园足球定点学校，这样我国足球人口将不再以万计，而是以百万计，以千万计。有了这种数量的足球人口，全国联赛一定会涌现出大批人才。到那时，相信中国足球一定能成为亚洲领先，甚至迈进世界强队行列。发展中国足球，不可能一蹴而就，也切忌急功近利。

目前的考验，是各地能否切实落实规划，能否不要眼光只盯着房地产开发，而是要下决心给孩子们，给球迷们更多的足球场地和空间，让大家享受足球的快乐，为中国足球的长远大计打下扎实根基。(撰写：罗厚)

——2016年3月30日中央人民广播电台中国之声《新闻和报纸摘要》

播读提示：2016年3月29日，中国男足在主场2：0战胜卡塔尔队，时隔15年再进世预赛亚洲决赛圈。这一消息让很多热爱足球的人似乎看到了中国足球的希望，纷纷表达对中国足球的信心和急切希望。这则评论及时表达态度观点：中国足球事业，急功难近利，欲速则不达。文章清醒地指出中国足球目前发展现状，与其他国家相比我国足球运动发展的客观现实，提出发展中国足球需要切实落实足球发展规划、从长远出发发展足球运动。这篇评论文字较长,在播读前要理清文章脉络,详细了解评论播出的背景与目的,准确传达文章所要表达的意思。

(3) 解读社会主义核心价值观:公正 (音视频7-5)

　　解读社会主义核心价值观,今天我们来说一说"公正"这一关键词。如果说平等是一杆秤的话,公正就是那个掌秤的人。"天无私覆,地无私载,日月无私照。"公平正义如同日月光华,朗朗乾坤,让每一个人都平等地受惠。人们对公平正义的追求,有时比对吃和穿的追求还要强烈。在现实生活中,人们感到公平正义还有所缺失。比如,在人事方面,萝卜招聘,火箭提拔;在经济领域,权钱交易,黑箱操作;在司法领域,徇私枉法,滥用自由裁量权;在收入分配方面,贫富悬殊,城乡之间、不同群体之间政策差别大,等等。

　　正是因为看到了这些有违公正的现象,党的十八大、十八届三中全会才把促进公平正义作为全面深化改革的一个重点。提出要推动经济更加公平发展;发展成果要更多更公平惠及全体人民;要逐步建立以权利公平、机会公平、规则公平为主要内容的社会公平保障体系,努力营造公平的社会环境,保证人民平等参与、平等发展的权利;要推进公正司法,确保审判机关、检察机关依法独立公正行使审判权、检察权等等。习近平总书记更要求让人民群众在每一个司法案件中都感受到公平正义。

　　我们是共产党领导的社会主义国家,中国共产党是代表最广大人民根本利益而没有自己的私利的,社会主义的本质是与特权、不公正格格不入的,我们一定要实现"公正"这一核心价值。

——2014年4月8日湖南卫视《湖南新闻联播》

　　播读提示:十八大以来,党中央高度重视培育和践行社会主义核心价值观,而"公正"就属于社会主义核心价值观社会层面的重要内容。这则电视评论从历史与现实、理论与实践相结合的角度,对"公正"二字释义准确,视野开阔,做到了图文并茂、声画合一,既有思想性,又生动活泼。文章深入浅出地指出现实生活中一些不公平现象还客观存在,针对这些现象要通过具体措施推进社会公平正义。播读者要对社会主义核心价值观特别是"公正"这一关键词有系统的认识和深入的解读,同时播读时语速不要太快,尽可能给受众回味和思索的余地。

3. 本台短评

(1) 本台短评：扶贫开发 关键在于精准 (音视频7-6)

从大水漫灌到精准滴灌，从大而化之到对症治疗，扶贫方式的转变，是科学施策的体现，也是攻坚决心的彰显。精准扶贫，关键在一个"准"字，看准才能发力，打准才能奏效。要铺设起符合当地情况的生产生活道路，就需要对贫困的原因认识得准；要建立起稳定脱贫的体制机制，就需要对扶贫的方法把握得准。实现非常目标，需要非常举措，集全党全国全社会之力，我们不仅有信心让"最后一群人"迈入全面小康，更有信心在全球减贫事业中展现中国担当、中国力量。

【新闻背景】"安民之道，在于察其疾苦"，习近平总书记指出："要建立精准扶贫工作机制，扶到点上、扶到根上、扶贫扶到家"。今年以来，国家全力推进精准扶贫方略，因地制宜、找准突破口，推出社会化企业扶贫、光伏扶贫等办法，把扶贫资源准确投放到最适合、最需要的贫困户。

这两天，广西凭祥市友谊镇平而村迎来一件高兴事。村里20多户贫困群众与凭祥市几家外贸企业共同签订了三方合作协议，搭建起了村企共建平台。参与扶贫的企业给村民提供免费三轮车，组织村民从越南进口货物拉回国内销售。贫困户黄小宁开玩笑说，自己最近做起了跨国贸易。

根据国家相关政策，边民每天可以享受进口生活用品8000元以下免征进口关税以及进口环节税的优惠。但是以前因为缺钱，许多贫困群众难以开展边贸活动。在精准识别贫困群体之后，当地引入有劳动力需求的企业签订扶贫协议，每户自愿参与的贫困群众把国家的5万元扶贫贷款纳入合作社参与经营。

黄小宁一年的收入曾经不到2300元，属于绝对贫困。参与合作社之后，像黄小宁这样的贫困户，光是从边贸收益中每年的分红就有3000元。再加上全年蹬三轮跑边贸的收入，一年超过了一万元。精准到户的扶贫政策，就是要为每个贫困户谋划好脱贫的路径。在安徽，贫困户秦时运怎么也没想到，这天上的太阳光能直接变成自己口袋里的收入。几天前，他家里安装的小型太阳能电站开始并网发电了。

以前，用电要花钱，现在一边用电一边还能赚钱，老秦说虽然建电站时贷了些款，可这以后产权收益全都是自己的了。

今年以来，国家在安徽、山西等6省区的30个县开展光伏扶贫试点。把小型发电系统建设到农户家里，帮助43万贫困户每年至少增收3000元。

中央提出，到2020年通过产业扶持、转移就业、易地搬迁、教育支持、医疗救助等措施解决5000万左右贫困人口脱贫。完全或部分丧失劳动能力的2000多万人口则全部纳入农村低保制度覆盖范围。精准扶贫，精准脱贫，摸清12.8万个贫困村的"家底"，让7017万贫困人口都有自己专属的脱贫之路。

——2015年11月28日中央电视台《新闻联播》

播读提示：精准扶贫政策是落实扶贫开发工作的重点工作，与扶贫成败与否和全面建成小康社会目标的实现有着巨大的关联。这则富有建设性的评论文字通过对广西凭祥市友谊镇平而村建立村企共建平台的案例介绍，说明了扶贫方式得从"大水漫灌"转向"精准滴灌"的重要性，呼唤思想观念、变革与创新工作方法，呼唤一支沉得下去、真抓实干的扶贫干部队伍，为精准扶贫工作提供经验方法和工作思路。在播读时，要对新闻背景资料有详细深入了解，深刻认识精准扶贫政策的紧迫性与重要性，要通过严谨的逻辑和观点，深刻阐述"精准"二字在当前扶贫工作中的核心作用。

(2) 中央台短评：要的就是这点精神 (音视频7-7)

大医精诚，"精"于医术，"诚"于品德，这是医者的至高境界。"白求恩医疗队"八年行走太行山，救死扶伤16万，老区百姓说："白求恩回来了"，无疑是给这群穿着白大褂的军人点了一个大大的"赞"！

1939年冬天，白求恩病逝于河北完县黄石口村。70多年了，中国人为何念念不忘一个"外国人"，就是因为他身上那点精神，"对同志对人民极端的热忱、对工作极端的负责任、对技术精益求精"。在商品大潮汹涌而来的今天，这精神似乎远了。人们困惑，没钱就别想看病？困惑找个好医生为什么那么难？

白求恩医疗队里都是好医生，他们一次次走进大山，没出过一次医疗事故，没收过一分钱，还通过"传帮带"，带出了一批批基层好医生。

医生的心是暖的，老百姓的心就是热的，这里没有医疗纠纷，有的是彼此的感恩。或许对于困境重重的中国医疗体系，白求恩医疗队这支队伍是特殊的。但是"医者仁心"，克服困难，首先要的就是这点精神。无论哪个行业，要的都是这点精神。(撰写：王亮)

【新闻背景】新年度开训，白求恩国际和平医院"白求恩医疗队"组织科室主任来到某防空旅蹲连住班，开展巡诊。晚上，战士赵小武震天的鼾声引起了耳鼻喉科主任李晓明的注意，询问后得知小赵经常头晕，初步判断他患有严重的"睡眠呼吸暂停综合征"。赵小武不在和平医院的保障范围，体系医院又做不了这种手术，医院特事特办，直接安排他住院手术，解决了困扰他多年的老毛病。

太行老区部队驻地相对偏远、官兵就医非常不便。医疗队持续开展"健康军营行"活动，将定期巡诊向持续服务拓展，将治疗身体疾病向保障官兵身心健康拓展。8年来，从渤海之滨的驻训场到狼牙山下的夫妻哨，医疗队先后深入40多个山沟仓库、10多个部队驻训点，累计接诊官兵3万多人次。

——2015年1月20日中央人民广播电台中国之声《新闻和报纸摘要》

播读提示：白求恩医疗队持续开展的"健康军营行"活动，既是弘扬传播白求恩精神的过程，也是医疗人员接受教育的过程。走一个村庄、接受一次洗礼，治疗一名患者、增添一份敬意，医疗队通过实际行动为老区乡亲和基层官兵带去了健康和希望，生动演绎了"毫不利己，专门利人"的白求恩精神。这则短评言简意赅地概括了这种无私奉献的大医精诚精神，也是各行各业需要学习的精神。播读时应深刻认识医疗队发自内心的责任和信仰，整体播读状态应积极主动，论点、态度鲜明。

4. 编后话

(1) 有图未必有真相 (音视频7-8)

网民们喜欢说：有图有真相。而从这件事情来看，有图未必就有真相。网上信息鱼龙混杂，不乏有人造谣起哄。如果不加甄别，甚至带着定势思维和有色眼镜，那就容易偏听偏信，觉得社会一团糟，洪洞县里无好人。没有事实撑腰，结论可能是谬论，判断说不定就是误判。误判往往带来误伤，包括不实信息的传播者在内，人人可能都是受害者。

【新闻背景】记者调查："冷漠"背后的真相 (音视频7-9)

近日，网络上的一篇报道引发广泛关注：在长春市一家菜市场，一位老人突发脑梗倒地不起，有178个人从老人身上跨过。报道一出，再次引发人们对道德良知的大讨论，而事实真的如此吗？

这篇新闻报道的标题是：《长春老人突发脑梗塞摔倒 178人跨过仅1人守护》。视频上还配有这样的文字："老人摔倒后，陆续有人从老人身上迈过，一个、两个、N个。5分钟后,一位白衣女子停下脚步上前询问,为老人垫起头部,指挥行人让出空间。"

这篇报道在微博大量转载,大多数网友感慨社会冷漠、麻木不仁。那么这些路人真的如此冷漠吗?记者找到了当天的几位目击者。

老人摔倒的地方是一条重要通道,不足两米宽,过往的人不少,为了不让路人碰到老人,老杨一直在旁边守着,老杨说,老人摔倒时头部碰到了后面的柜台,嘴里还吐着白沫,大家都不知道该怎么处理。

从监控视频中可以看到,老人倒地时是上午9点31分,记者从长春市120急救中心了解到,从9点32分到37分,他们共接到三名群众针对此事打来的求助电话。在等待医护人员到来的时候,一位身穿白色外套的女子一直在护理老人。

随后,记者找到了这位白衣女子,她叫王玉玲,她告诉记者,自己懂一些医学常识,所以没有走开。

王玉玲说,当时的情况与网上报道并不相符,现场帮忙的不止她一个。

在长春市人民医院,记者找到了救治老人的医生。医生告诉记者,老人是突发脑梗塞才摔倒的,由于救治及时,当天就出院回家了,而当时大家对老人的处理方式也是正确的。今晚的《焦点访谈》将播出《老人摔倒之后》。

——2013年4月9日中央电视台《新闻联播》

播读提示:面对一些新闻事件,"有图有真相"的惯性思维却也会给人们带来误导,让"围观者"悄然上当,让有关当事人无辜"躺枪"。这则编后话呼吁旁观者不仅要理性看待问题,避免先入为主,当事人更需及时回应,澄清事实,就可以使"围观"的网民更迅速更准确地作出判断,从而引导舆论朝着正确的方向发展。在播读时要承接好新闻背景的语势,在语气上表现出区别来,语速放慢,体现出语言的逻辑推理感,同时要将重音播读准确。

(2) 本台短评:号贩子该打 医院更该负起责任 (音视频7-10)

号贩子令人深恶痛绝,要想根治必须在立法、执法、医疗卫生制度改革等多方面一起发力,但这并非一朝一夕就能解决。事实上,医院是防范号贩子最关键的一环。有号贩子就说了,医生一般不看患者姓名跟挂号单上是否一致,随便用谁的名字都能预约挂号。如果医院负起责任,要求人与号严格地对应起来,应该说,可以在很大的程度上,把这个疏漏堵死。病起刻不容缓,生命重于泰山,不能等到所有制度都健全了,医院才承担起自己的职责。

【新闻背景】打击医院号贩子,再出重拳,如何根治?(音视频7-11)

北京警方此次抓获的这批号贩子已经被刑事或治安拘留,案件正在进一步审理中。警方也表示,针对群众反映强烈的号贩子问题,他们将会常抓不懈。不过,消灭号贩子,光靠警方的打击,可能还不够。

号贩子霸占挂号厅,往往是用同样的身份证反复挂号。目前,北京市卫计委正在与公安部门协商,获得身份证信息核验授权,一旦授权完成,身份证的真伪以及挂号人是否有倒号前科,通过身份证读卡器都能查明,封住号贩子现场抢号这条路。商业挂号软件沦为贩号工具,针对这一问题,上海、广州等地出台新政,禁止商业软件有偿加号功能,北京则是统一管理号源,禁止医生手动加号,从源头上解决了这一问题。号贩子利用的就是某些医疗资源的稀缺性,合理疏导患者也不失为一种方法。最近,北京市卫计委公布,市属医院将打造手机移动平台,如患者选择一家医院的某个科室号源挂满,系统将跳出提示框,推荐到就近有号的医院。

——2016年3月21日中央电视台《晚间新闻》

播读提示: 2016年1月25日晚,一段"女孩痛斥号贩子视频"在网上热传,同时也引发人们对"号贩子"问题的热议,北京市卫计委立即配合公安机关开展打击扰乱医疗机构正常就医秩序的行动。北京医院的"号贩子"屡禁不止的问题,很大原因是一些大医院的管理疏忽或蓄意纵容,给"号贩子"提供了做大甚至呈现集团化趋势的现实土壤。要彻底斩断"号贩子"利益链条,医院作为关键环节也要主动承担起自己的职责,这在理论与实际上是可以做到的。播音员只有把握好这一中心论点,才能逻辑清晰地传递出立场和态度,为彻底根治"号贩子"提供具体可行性措施。

第三节 实训材料

1.《人民日报》发表社论:《干在实处走在前列》(音视频7-12)

本台消息:明天出版的《人民日报》将刊发社论,题目是:《干在实处走在前列》，热烈庆祝中国共产党成立94周年。社论指出，中国共产党与中华民族的前途命运紧紧联系在一起，构成当代中国最为关键的命运共同体。实现现代化进程中的"惊世一跃"，关键在党，总览全局、协调各方，关键在8700多万党员干在实处，走在前列。

社论强调，干在实处走在前列。就要有落到实处的紧迫感，拿出只争朝夕的不懈干劲，马上就办得雷厉风行，将每一项工作落细、落小、落实。就要保持从严从实的过硬作风，以严的精神去推进，以实的作风去落实。就要锤炼敢于担当勇于任事的品德，焕发在岗勤勉、敬业奉献的状态。在不忘初心中行稳致远，在不忘本来中开辟未来，我们定能交出无愧于时代无愧于历史，无愧于人民的崭新答卷。

——2015年6月30日中央电视台《新闻联播》

2. 新闻社发表评论员文章：《变中求新，闯出发展新路子》(音视频7-13)

本台消息，新华社今天播发评论员文章《变中求新，闯出发展新路子》，学习贯彻习近平总书记吉林调研重要讲话精神之一。文章说，深刻领会总书记讲话中蕴涵的科学方法论，深刻理解变与新、变与进、变与突破的辩证关系，对于我们推进全面深化改革、推动经济社会发展，具有重要指导意义。

文章强调，只有勇于求变、积极转变、务实谋变，才能找到破解问题的方法，开辟改革发展的新路，不断把各项事业推向前进。处于发展关键阶段的中国，要在激烈的国际竞争中赢得主动和先机，更要大力推进创新驱动发展，下好创新这步先手棋，激发调动全社会创新创业活力，为中华号巨轮行稳致远提供源源不断的强劲动力。

——2015年7月22日中央电视台《新闻联播》

3. 人民日报述评：创新，引领发展的第一动力 (音视频7-14)

本台消息，明天出版的《人民日报》将发表述评，题目是《创新，引领发展的第一动力——党的十八大以来实施创新驱动发展战略述评》。

文章说，党的十八大作出了实施创新驱动发展战略的重大部署。三年多来，新技术、新成果加速转化，新模式、新业态不断涌现，创新千帆尽举，有力地引领着中国经济航船破浪前行。

创新驱动助力调结构,支撑中国经济有效应对下行压力、保持"中高速"增长;助力中国经济调结构促转型、迈向"中高端"水平。

三年来,改革与创新两个轮子一起转,有关创新驱动的顶层设计日臻完善,围绕体制机制的改革举措蹄疾步稳,培育起创新沃土,让创新活力迸发。

——2016年1月29日中央电视台《新闻联播》

4. 本台评论:调查研究是谋事之基、成事之道 (音视频7-15)

可以说没有调查研究,就没有边区的大生产。而这次固林调查只是当时党中央在西北进行的众多调查之一。调查研究是我们党的传家宝,也是各项事业的谋事之基、成事之道。为什么调查?只有深入调查,才能听到实话,查到实情,获得真知,收到实效,才能看到乡亲们是笑还是哭,也才能检验我们的政策好不好。

从延安大生产到当今中国,相隔七十多年,但从坚持群众路线,从坚持求真务实,从坚持问题导向等方面来看,共产党人对自身的要求是一脉相传的。今天我们正处在全面深化改革的关键时期,越是在这样的时候,调查研究这个传家宝越要发扬光大,并不断赋予它新的时代内涵。

——2015年6月22日中央电视台《新闻联播》

5. 本台短评:任何人都无权干扰司法程序 (音视频7-16)

像刚才我们看到的这样的所谓"访民",其实只是翟岩民等幕后推手的道具,这些人扛着所谓"声援"的正义旗号,却干着与正义背道而驰的事情。特别是少数律师,不把舞台放在法庭上,却屡屡在法庭外搞小动作,本应是遵纪守法的带头者,却堕落为法治秩序的破坏者。全面推进依法治国,维护社会秩序和法律尊严,任何人都不能置之法外。

【新闻背景】山东警方侦破组织策划访民举牌滋事案(音视频7-17)

近日,山东潍坊警方破获了一起组织策划访民举牌聚集、试图干扰法庭审判的案件,犯罪嫌疑人翟岩民、刘建军等人因涉嫌聚众扰乱社会秩序罪,被公安机关依法刑事拘留。随着案件调查的深入,一个专门纠集访民,以维权为名四处声援热点事件,向政府或司法部门施压,并以此获利的犯罪组织浮出了水面。

这是6月15日发生在潍坊市中级人民法院门前的一幕,一名留着长头发、长胡须的中年男子指挥着十多个人排队形、举标语、拉横幅，声援法院即将二审判决的一名被告人。

当时正是周一上班早高峰，他们的异常举动引来大量群众围观，导致法院门口的交通要道发生堵塞，严重扰乱了周边的秩序和法院的正常工作。在劝阻制止无效后，民警将多名涉嫌聚众滋事的人员依法强行带离现场。随后，这些人交代他们都是从外地赶来的访民，但是对自己要声援的人及相关案情却并不清楚。

既不认识被告人也不知道法院要判决的是什么案件，这些人为什么要不远千里赶到潍坊进行声援呢？很快民警了解到，组织策划这出闹剧的幕后推手是北京的无业人员翟岩民和律师刘建军等人。翟岩民是受刘建军的委托，张罗访民们去潍坊的。他说"因为刘建军对我了解，知道我手底下有很多访民可以组织起来"。

经侦查审讯，公安机关初步查明，这是一起受当事人的关系人委托，为制造影响向法院施压，由律师、"访民""访民经纪人"和中间人相互勾连、精心组织策划的聚众滋事案件。翟岩民所扮演的，正是其中的"访民经纪人"角色。在翟岩民的指挥、策划和刘星牵头组织下，6月14日，15名"访民"带着事先准备好的标牌陆续到达潍坊，在商定了第二天到潍坊市中级人民法院门口造势声援的方案后，刘星等15人每人领到了500元的报酬，作为组织者的翟岩民会拿到大头。在潍坊这次事件中，他就承认："按照潜规则，如果事情办成了，刘建军会给我钱作为报答，如果访民被拘留，刘建军会协调当事人家属支付访民一部分钱作为慰问金。"

6月15日一大早，刘建军和被告人家属带着这15个人到法院门前，然而，在闹剧表演期间，被告人的家属认为刘星等人的表演太过敷衍了事，出工不出力，双方还发生了争执。

在黑龙江庆安火车站枪击事件发生后，翟岩民先后组织五批次的访民去进行"声援"，还特意叮嘱他们"不要让当地公安机关知道我们有一个庆安事件的协调群，不要让政府知道我们是有组织的"。访民们在庆安高举"我是访民 向我开枪"的牌子，现场照片在博讯等境外网站上引发了上万人跟帖转发，很多不明真相的网民的情绪被煽动。

警方查明，仅2014年以来，翟岩民直接组织和幕后指挥各地访民以"声援"之名，进行滋事的事件就达9起。在这个组织中，翟岩民如同"经纪人"一样，给大家接活派活，去潍坊之前，翟岩民就在微信群里写道"庆安被拘的勇士们，给你们

第七章 新闻评论播音

联系了一个小活儿,应当事人的需要前往潍坊围观一个冤案,提供食宿费用并有误工补偿,时间为一天半,愿参加者即刻报名"。每接一单活儿,参与的访民就会收到几百元到上千元不等的差旅费和误工费,而作为组织者的翟岩民会拿到大头。这群人之间已经形成了以翟岩民为纽带和指挥、由个别"维权律师"和当事人的关系人等出钱、人员相对固定的访民群体出面,分工明确、组织严密的犯罪团伙。

目前,案件还在进一步侦办当中。

——2015年6月22日中央电视台《新闻联播》

6. 央广评论:别让天价彩礼成为压垮农村的最后一根稻草 (撰写:徐冰) (音视频7-18)

农村"天价彩礼"最近成为热门话题,有些地方彩礼动辄十几万、几十万,还衍生出不少莫名其妙的讲究,比如什么"三斤三两",就是百元大钞用秤称,称够三斤三两方可,大概要人民币15万。什么"万紫千红一片绿","万紫,就是一万张5元;千红,就是一千张100元;一片绿,就是再加些50的,总共加起来大概要20万"。还有什么"一动不动","动"指的是汽车,"不动"指的是楼房。如此花样翻新、层层加码的彩礼已经成为很多农村家庭的沉重负担,而且越是偏远贫困的地区就越严重。一些地方甚至出现了光棍村,一些家庭一夜返贫,甚至酿成悲剧。

彩礼本是传统习俗,如今在个别地方竟然成了买卖人口式的明码标价,是农民的观念天生落后,封建传统顽固不化?还是一些女方家庭过于看重金钱?

传统观念和看重金钱只是表象,天价彩礼的直接原因是农村人口性别失衡,重男轻女的观念导致男多女少,女性倾向于嫁到城市和富裕地区,而女性也更容易在城里面找到工作岗位,大量缺乏一技之长的男性留在农村,农村"剩男"成为直接受害者,3000万光棍并不是危言耸听。

天价彩礼的背后还有对于未来养老保障的焦虑,农村的社会保障制度还只是低水平覆盖,对于一些独生女家庭而言,手里有了钱,心里才踏实。

天价彩礼的背后,更透露出农村的空心化和边缘化。传统农业收入偏低,人口大量外流,发展缺乏动力,一些乡村日益凋敝。农村的凋敝的直接后果是教育资源缺乏,基础设施落后,这也更刺激了一些女性不愿意留在农村,或者要求男性在城里买房,成为一种恶性循环。

159

天价彩礼问题的背后是农村发展的深层次问题,反过来,天价彩礼问题不解决,又会进一步加大农村人口的生活压力,扭曲农村的文化生态,处理不好,则有可能成为压垮农村的最后一根稻草。

破除天价彩礼,绝非宣传教化那么简单,协调城乡均衡发展、加快建设新农村才是治本之策。

——2016年3月1日中央人民广播电台中国之声《新闻和报纸摘要》

7. 本台短评:美国社会的内伤出血点(音视频7-19)

巴尔的摩骚乱应该说只是一个出血点,它暴露出的是美国社会存在的内伤。就连奥巴马总统都承认,格雷的蹊跷死亡不是孤立的事件。虽然在美国的上层精英当中也有一些黑人,但是更多的普通黑人,尤其是南部的黑人,至今依然不能充分地享受平等的公民权。这个顽疾多年不能根治,也显示出了美国制度本身的脆弱性。美国在国际上一贯是以人权卫士自居的,把人权作为指责他人、甚至干涉别国内政的工具,可是它的人权探照灯,消除不了自己的灯下黑,这充分显示出美国在这个问题上的双重性、虚伪性和功利性。美国经常把民主作为普世价值对外输出,甚至以此来颠覆它不喜欢的国家政权,但是在这一次的格雷事件当中,连美国民众自己都在质问"美式"民主的价值究竟何在呢?都在质疑民主是否为民众所有呢?这恐怕是对美国制度的最大的反讽吧。

【新闻背景】美警方提交"格雷案"内部调查报告(音视频7-20)

当地时间4月30号,美国巴尔的摩警方向检方提交了非洲裔男子格雷"非正常"死亡事件的内部调查报告。当天,全美多地继续举行抗议示威活动。

据巴尔的摩警方透露,调查报告显示,事发当天,涉事警察将格雷关进警车押往警局的途中曾四次停车,而不是此前说的三次。新发现的这次停车是被一家杂货店的监控摄像头记录下来的。警方并没有透露这次停车期间发生了什么,也没有说明格雷当时的身体状况。

目前格雷到底如何受伤致死仍然疑点重重。有美国媒体报道称,在内部调查报告中,警方称没有证据显示,格雷被捕时受的伤是导致他死亡的直接原因。格雷在进入警车后,颈部、头部受伤,而这才是他的致命伤。究竟在警车上的40分钟里发生了什么,警方并没有公布。

第七章 新闻评论播音

4月30日晚,巴尔的摩民众继续上街抗议,不少人声讨贫富差距和社会等级问题,呼吁黑人享有应有的平等人权。

在美国《独立宣言》和《联邦宪法》的诞生地——费城,上千名示威者几乎挤满了市政厅前的空地。示威者和警方还发生了冲突。

据人权组织称,从2013年5月起,美国共发生了1450起因警方导致的"意外死亡"事件。在这些"意外死亡"事件中,多数受害者是手无寸铁的黑人。

——2015年5月1日中央电视台《新闻联播》

8. 本台短评:官,本该不好当!(音视频7-21)

各种规定和条例不断地出台,内容越来越细,笼子越扎越紧,一些官员抱怨,现在当官已经是"高危行业",像是在鸡蛋上跳舞,搞不好就要锒铛入狱。这话很矫情,但是也很有道理。禁令之下,官员不能公款大吃大喝了,办公室的面积也不能随便超标了,出国游玩不那么容易了,向上级部门赠送土特产被禁止了,靠婚丧嫁娶敛财要吃苦头了,连公款买个贺年卡、烟花爆竹什么的都被叫停了。官不好当,这是件好事。其实,官本来就不该好当,现代政治意义上的官员必须恪尽职守、殚精竭虑,还得接受体制内外的监督,如临深渊,如履薄冰。习近平曾告诫官员,千万不要既想当官,又想发财,还要利用手中的权力谋取私利,要拎着乌纱帽干事,不要捂着乌纱帽做官。可预见,当官必然越来越难,"难"是好事,"难"才正常。其实,如果两袖清风,兢兢业业,当官有什么难的呢?

【新闻背景】年底禁令频出,公务消费降温 (音视频7-22)

临近春节,各种禁令更加密集出台。就在上周,中央发出通知要求领导干部公共场合要带头禁烟。"禁烟令"发出之后,在不少地方,高档香烟的销量随之开始下滑。

其实这一年来,高端餐饮、高端礼品、贺卡、挂历等都遭到了冷遇。商务部近日发布的年终工作述评显示,2013年餐饮业奢华消费的势头得到遏制,高档餐饮业营业收入同比下降20%以上。高端消费的背后隐藏的往往是"三公"消费的腐败,根据财政部公布的2013年中央单位"三公"经费预算,中央国家机关各单位各部门公务接待中的餐饮经费下降了60%。在湖南,2013年1月至11月,116个省直部门"三公经费"同比下降22.6%。在江苏,2013年"三公"支出与2012年同期相比平均降幅达到34%，最终缩减开支达3亿元以上。在云南，去年"三公"经费同比压缩了2.82亿元。

——2014年1月6日中央电视台《晚间新闻》

9. 述评：明天太阳照常升起 (音视频7-23)

再过几个小时，2012年12月21日这一天就要过去了，而传说当中的世界末日并没有在今天降临。之前蔓延全球的这个谣言不攻自破了，留下的不过是一些荒唐的笑话。

事实上，所谓2012年12月21日这一天世界会毁灭，这只是后人对玛雅历法的一种曲解而已。但是就是有那么一些无良的商人，他们盯紧了"末日危机"当中的商机。比如美国就有地产商搞出了价格非常昂贵的"末日避难所"，比如有多家国际旅行社在贩卖"末日避难之旅"，还比如有一款其貌不扬的皮鞋，居然自封是"末日避难专用鞋"。这个谣言之所以被越炒越热，在所有的这些幕后推手当中，商业利益大概是最卖力的一个。可是我们想一想：假如这些商人他们真的相信世界立马就要完蛋的话，他们哪儿还有什么心思去赚钱呢？

如果说世界末日在这些人手里是商业噱头，那么在另外的一些人手里，它还成了包藏祸心的工具。最近，全国各地相继破获了"全能神"等一批邪教案件。这些邪教成员散布末日谣言，以"花钱买平安"为幌子坑蒙拐骗、危害社会。按照我国《治安管理处罚法》的第25条，散布谣言属于扰乱社会秩序，而组织邪教活动，就是性质更为严重的犯罪行为，当然要露头就打，毫不手软。

因为谣言被传得有鼻子有眼，一些群众也因此产生了恐慌。比如有人就去抢购蜡烛，说是要度过所谓连续三天的大黑暗；还有人就是因为相信地球要毁灭了，竟然抛下家庭和工作，在街头散发末日传单等等。

我们常说谣言止于智者，显然提高全社会的科学素养任重道远。同时谣言更止于治理。比如专家学者可以做一些解疑释惑的工作，新闻媒体及时的引导，乡村社区大力普及常识，商业机构都承担起社会责任，这样有效的社会管理手段多一些的话，谣言对于我们生活秩序的冲击就会少一些。

其实相对于传说当中的所谓"世界末日"，恐怕更值得人类忧患的，是气候变暖、水资源短缺、生态恶化这些全球慢性病。太阳照常升起，生活还将延续，就让我们扎扎实实地过好每一天吧!

——2012年12月21日中央电视台《新闻联播》

10. 编后话 (音视频7-24)

从施工单位,到市区两级劳动监察部门和建设部门,再到清欠办,田大姐说,她感觉自己就像皮球一样被踢来踢去。田大姐反复跟我们说,她一直觉得,只要老老实实干活,就能挣钱过上好日子。不过眼前的处境,让她真的有些绝望,同时也让我们感到困惑,不知道在秦皇岛谁能帮田大姐要回这拖欠了一年多的三万块钱。

【新闻背景】田大姐的艰难讨薪路(音视频资料7-25)

河北农民田淑先和丈夫打工的近三万元工钱已经被拖欠了快两年了,"年底给钱""年底给钱",上一个春节前,他们就听到这样的承诺,如今又一个春节要到了,这回钱能拿到吗?

田淑先夫妇2012年,在秦皇岛市北戴河区的谢李庄工地打工,从活干完到现在,已经快两年了,三万元工钱还是没影。春节要到了,田大姐的公公又卧病在床急需用钱,他们和工友约定再去要钱。可出发前,夫妻俩却因为一双棉鞋吵了一架。

最后,从邻居家借了两百元钱,两口子上路了。谢李庄工地的承建单位,是中皓德大集团公司,施工方是秦皇岛第二建筑公司。

在二建碰了壁,大家只好找到当地劳动监察部门。工作人员说,这件事早就仲裁过了,虽然赢了,但是大家却拿不到钱。

这位工作人员建议,按照国家规定,工程的相关企业,应该向当地建设主管部门缴纳过农民工工资保证金,这笔钱应该可以用来支付给大家。于是,田大姐一行又来到了北戴河区建设局。

按照这个说法,田大姐和工友又来到秦皇岛市建设局。

原以为找到秦皇岛市建设局,就能利用保证金拿回工钱。但现在,工作人员又让他们去市里的清欠办。到了市清欠办,这里的工作人员却说,拖欠工资的事还是该由工程所在地的劳动部门解决。

跑了一圈下来,田大姐要钱的事儿似乎又回到了原点。

——2014年1月26日中央电视台《新闻联播》

第四节　延伸思考

1. 什么是新闻评论？
2. 什么是广播电视新闻评论？
3. 广播电视新闻评论的类型有哪些？
4. 新闻评论播音的语言特点？
5. 如何理解和把握新闻评论的分寸感？

第八章
新闻配音

第一节 理论讲解

在电视新闻节目中,播音员口播的内容一般为新闻的导语句或导语段,而新闻的主体、背景及结语部分则通过录制好的新闻片来呈现,新闻片就必须要有配音。一般来讲,除去完全由播音员口播或配音的新闻稿件外,在一条完整的电视新闻消息中,播音员口播部分大约只占10%~30%,剩余70%~90%的部分则由配音完成。"新闻播音不只是在镜头前的那几十分钟,更多的时间是在配音间度过的。"[1]

新闻配音的质量直接关系到整个新闻节目的水平高低。播好新闻稿件是配好新闻稿件的前提条件,新闻配音是在播好新闻的基础上,根据电视配音的特点及要求进行相应调整。

在口播部分,播音员只能依靠声音和极其有限的眼神、表情、手势等副语言为手段来传递新闻稿件内容,所以播报整体状态相对积极主动。

电视是声画艺术,画面是其最主要呈现方式,声音是其不可或缺的组成部分。电视中的声音包括同期声、音乐、音响、配音等,配音只是其中的组成部分之一。

---

[1] 冯威. 浅谈电视新闻配音[J]. 视听,2013(07):70-72.

"新闻片的画面特点在于反映事物的直观性与形象性,新闻片画面与声音是对应关系。"[①]配音在新闻片中起到解释说明画面内容的作用,补充画面无法全面传递信息的缺陷,使画面信息更加翔实丰富。所以新闻配音应在口播新闻的基础上稍微弱化,更加侧重讲述感,加强语言对比,使得声画协调、互为补充。

一、新闻配音的方式

新闻片的制作方式根据各个电视台新闻节目的制作惯例,以及制作不同类别新闻的要求来进行,同时受时间、设备限制而采取相应方式制作新闻片。

1. 先配音,再剪辑新闻视频

播音员先将配音新闻文稿录制好音频,后期编辑再根据配音文稿,特别是配音音频来结合视频资料剪辑制作新闻片视频。一般重大新闻、会议活动或后期编辑时间宽裕的新闻片采用这种方式。

2. 先做好视频,再加上配音

后期编辑先将前期采访采集的分镜头与示意图、图片、动画、字幕等有机组合在一起制作成新闻片视频成品,再让播音员根据配音文稿并结合视频画面活动进展来配音,这是目前大多数新闻节目采用的配音方式。这类配音形式对播音员来说难度较大,播音员可先根据新闻片视频内容在配音文稿上进行一些标注提示,在配音时,一边看着配音文稿,一边看着新闻片视频来进行配音。

二、新闻配音的呈现形式

1. 声画严格对位

在配音中,配音语言必须对照画面,使得配音语言与画面内容严格对位。一般用于播读内容提要、介绍参加人员、活动流程及对图表、示意图的解释说明等。在配音中要根据画面内容的变化来调整配音语言的速度、停连与节奏,要使声画比例均匀。

[①] 信欣. 试谈电视新闻播音和专题片配音[J]. 中国广播电视学刊,2001(02):76-77.

如：时政要闻 (音视频8-1)

口播： 各位晚上好，欢迎收看正在直播的《晚间新闻》，首先请看时政要闻。

配音： 5月14日，习近平同印度总理莫迪在西安参观，共话中印友好历史，就中印文化交流及各领域合作等共同关心的问题交换意见。

5月15日，李克强在北京举行仪式，欢迎印度总理莫迪访华。两国总理举行会谈，并共同会见记者。

5月15日，李克强同印度总理莫迪共同出席首届中印地方合作论坛，并发表致辞。

5月15日，李克强在北京会见来华出席中法高级别人文交流机制第二次会议的法国外交与国际发展部部长法比尤斯。

5月15日，张德江在人民大会堂会见印度总理莫迪。

——2015年5月15日中央电视台《晚间新闻》

在这条新闻中，短时间内信息量相对较大，且这五则党和国家领导人活动提要新闻密集度高。在配音时，配音语言需严格与视频画面相对应，人物名字与活动需严格对位，并通过停连、重音表现出不同新闻之间的层次转换。

2. 声画不严格对位

在配音中，新闻片画面与文字关联度不大，如一些文化艺术活动、旅游景点、军事活动、民俗节庆等无须展现画面细节或具体人物的概括性介绍一般不要求声画严格对位。但要注意的是，在画面中有一些人物、场景的细节变化，还需在配音时做到声画对位。

如：中美联袂奉献芭蕾舞《天鹅湖》(音视频8-2)

口播： 昨晚由中央芭蕾舞团与美国芭蕾舞团、芭蕾舞剧院联袂演出的芭蕾舞剧《天鹅湖》亮相了国家大剧院。

配音： 古典芭蕾舞剧《天鹅湖》是最能检验各国芭蕾舞团水准的舞剧，也是演出场次最多、关注人数最多、影响范围最广的一部舞剧。作为本届"相约北京"艺术节的开幕演出，此次由中美两国芭蕾明星携手演绎的《天鹅湖》是非常经典的玛卡洛娃版本，由多次获得国际奖项的美国芭蕾舞剧院首席演员伊莎贝拉担当女主演和中央芭蕾舞团新一代男演员马晓东扮演的王子，共同为观众展现这部芭蕾艺术史上的经典作品。

观众： 跟孩子重新一起体验一下这版的《天鹅湖》，而且是中美两国联合出演的，很期待。

配音：2015年第15届"相约北京"艺术节的主宾国是美国，一系列的主宾国活动将为中国观众更加全面地介绍美国艺术。据了解，本届"相约北京"将持续至5月30日，期间将有25个国家和地区的42个大型表演艺术团，104个流行乐队，为观众举行100多场室内演出和50多场户外演出。

——2015年4月24日中央电视台《新闻直播间》

在这条新闻中，视频画面主要展现的是芭蕾舞剧《天鹅湖》在国家大剧院的演出场景及"相约北京"艺术节部分活动场景。而文字介绍的是芭蕾舞剧《天鹅湖》、本次演出及"相约北京"艺术节的一些背景性资料，画面内容与配音文字关联度不大，所以在配音中对声画对位要求不高。但需要注意在读最后一句话时，配音语言需与视频画面文字相对应。

3. 声画严格对位与声画不严格对位相结合

在新闻配音中，大多数情况为根据画面内容的需要声画严格对位与声画不严格对位两种方式相结合运用。在配音时，可在配音文稿上进行相应标注，使两种配音方式有机结合。

如：习近平接受九国新任驻华大使递交国书 (音视频8-3)

配音：国家主席习近平4月14日在人民大会堂接受9国新任驻华大使递交国书。他们是：马拉维驻华大使纳蒙德维、中非驻华大使姆巴佐阿、汤加驻华大使乌塔阿图、英国驻华大使吴百纳、泰国驻华大使醒乐堃、南非驻华大使姆西曼、哈萨克斯坦驻华大使努雷舍夫、韩国驻华大使金章洙、安提瓜和巴布达驻华大使斯图亚特-杨。

习近平欢迎外国使节们来华履新，请他们转达对各有关国家领导人和人民的诚挚问候和良好祝愿。习近平表示，中国愿继续加强与各国的友好务实合作，并共同为维护人类和平、促进世界繁荣而努力。中国政府将为各国使节履职提供便利和支持，希望各位使节为推动中国同有关国家双边关系发展、促进中国同有关国家人民之间的友谊作出积极贡献。

外国使节们转达了各自国家领导人对习近平的亲切问候，祝愿中国繁荣富强，并在国际事务中发挥越来越重要的作用。使节们表示，中国的发展对世界是重要机遇，各国高度重视对华关系，赞赏和支持中方发起的"一带一路"和亚洲基础设施投资银行等倡议。使节们表示，能够在此时出使中国深感荣幸，将为增进各自国家同中国的友谊与合作积极努力。

——2015年4月14日中央电视台《新闻联播》

在这条新闻中，第1段文字中不同国家新任驻华大使向习近平主席递交国书时，配音语言应严格对应每一位新任驻华大使。因为视频画面较长而配音文字很少，会出现"等"画面的情况，配音时语速适当放慢，同时韵母拉开使字音饱满圆润。而在第2、3段文字中，因为视频展现的是习近平主席同这些新任驻华大使亲切交谈的画面，配音语言在此时声画则不需要严格对位。

三、新闻配音的语言特点

1. 语速相对较快

因为新闻配音是对新闻片的解释说明，所以在新闻配音中语速相对于新闻口播来讲要快一些，停顿时间短一些，单位时间内吐字密度更大一些。特别是视频画面时长较短而配音文字较多时，还要加快语速"抢"画面。但要注意在语速快的同时要通过有声语言的高低、快慢、虚实、轻重、强弱变化来体现出节奏变化，使得节奏轻快，语意明晰。同时注意在语速快的同时要理清新闻稿件内部层次变化，不要一味地快，在遇到一些使观众比较难以理解的专业性较强的语句时，还需要相应放缓语速，要做到有条有理，快而不乱。

2. 侧重讲述性

很多新闻片是对新闻中具体的某个人物或某件事情进行介绍，配音时在注重新鲜感的同时应更加侧重讲述感。具体来说整体音高较低，贴近口语，语势少大起大落，以平稳晓畅为主，并需要对通过视频画面无法看清楚的地方重点突出介绍。但需要注意在语言中要根据所配音新闻文稿整体基调及新闻所呈现的内容作出相应的感情态度变化，做到沉稳平实，不影响声画和谐。

3. 画面感强

因为新闻配音主要是描述画面信息，所以在配音时要附着于画面，要特别注意与画面的协调统一，不能只顾语言而不顾画面内容。可在配音前，先对配音画面进行整体梳理，加强"情景再现"，做到"心中有数"，再结合配音文稿来配音，使

声音与画面贴合,达到视听统一。

4. 引入承接感较强

画面、声音和字幕三要素以组合方式呈现在新闻片中。在配音时,要通过有声语言的承接与转换来组合承接,使得声画组合显得晓畅有序。如在播音员口播结束后,紧接配音的语言要相对弱化,但转换时需注意在语气感情色彩上需要承接播音员口播语气感情色彩,使得转换衔接自然;在配音后有同期声接入时,"要把握'引入'的心理感觉,将配音的尾音略微上扬,达到衔接、领起和进入的效果。"① 在同期声结束时,语言要有另起一层的承接感,同时在语气上也应有相应的转换。

如:助力申冬奥 储备体育解说人才 (音视频8-4)

口播:为了发掘和培养优秀的体育解说人才,助力申冬奥,昨晚中国传媒大学播音主持艺术学院携手央视举办了第二届体育播音展演大会。

配音:这是资深足球评论员张路和中国传媒大学播音系学生苗霖即兴合作的现场解说,精彩的展示不时引发观众的掌声和喝彩。本届体育播音展演大会通过演讲、赛事解说、名将访谈等环节全面展示了中国传媒大学学生在体育播音和解说方面的专业能力。

王泰兴(体育解说员):作为校友,我真的特别自豪,希望他们在声音和语言上具有强大优势的情况下,能够做有内涵的体育解说。

配音:展演还特意邀请短道速滑运动员王蒙、奥运会冠军李娜、罗雪娟以及足球运动员杨晨等担任访谈嘉宾。

罗雪娟(奥运会冠军):这两年我也是受了中央(电视台)5套的邀请,作为嘉宾解说游泳项目的赛事,专业的角度来讲我可能还不错,但是从一个合格的主持人来说,还有很多空间可以提高。

陈文申(中国传媒大学党委书记):我们很多学生在2008奥运的时候,当过各个场馆的助理解说。2013年开始播音主持学院和中央电视台体育频道联合成立人才培养基地,我觉得是非常有意义的,特别感谢业界的老师们,给我们人才培养提供的巨大支持。

——2015年6月25日中央电视台《新闻直播间》

---

① 田园曲. 电影电视配音艺术[M]. (第2版). 北京: 清华大学出版社, 2014: 135.

第八章 新闻配音

在这条新闻中，播音员口播结束后，新闻片画面内容是足球评论员张路充满激情的足球解说，并伴随现场观众此起彼伏的热情喝彩声。在配音时，语言在有引入感的同时，还需要在感情色彩上承接现场热烈气氛。在衔接体育解说员王泰兴接受采访画面之前，最后一句话"……展示了中国传媒大学学生在体育播音和解说方面的专业能力。"语势可稍稍上扬，使观众在听觉上感受到明晰、自然层次转换感。在体育解说员王泰兴画面结束后，"展演还特意邀请短道速滑运动员王蒙……"这句话应有另起一层的接入感，在声音上可采用稍"顿"一拍的方式自然进入下一层次的内容。

四、新闻配音的类型

1. 内容提要配音

内容提要用简练的文字简明扼要介绍新闻节目的主要内容，语言精练，信息密度较大，转换频率也比较快，一般伴有节奏轻快的背景音乐，目的是使观众快速浏览新闻节目的主要内容，并激发继续观看下去的兴趣。因为内容提要是对新闻节目的简要概括性介绍，在播读时，整体状态要积极主动，语速稍快，节奏感强，要营造新闻刚刚发生或者正在发生的新鲜感，不同新闻之间在语气上要有所区分，同时在不同新闻之间要注意层次转换。

如：内容提要（音视频8-5）

中国女子重剑队时隔9年再夺世锦赛团体冠军。

中国女排力克美国女排，大奖赛、分站赛连胜9场。

田径世少赛第4比赛日，中国队6枚奖牌入账。

乒超联赛第10轮，山东客场获胜，张继科未出场。

——2015年7月19日中央电视台《体育新闻》

2. 新闻消息配音

新闻消息配音是电视新闻配音中最为常见的一种，需在配音中注重配音语言特点，紧密承接口播导语，气息稳健，注意声画对位的协调统一，突出新鲜感与讲述感，语言自然流畅，层次明晰。

如：金砖国家新开发银行今天开业（音视频8-6）

口播：由中国、俄罗斯、巴西、印度、南非五个金砖国家发起成立的金砖国家新开发银行今天在上海正式开业。

配音：财政部部长楼继伟、上海市市长杨雄出席，并与金砖银行行长卡马特共同启动金砖银行，标志着金砖银行正式扬帆启航。

在随后的研讨会上，楼继伟说，金砖银行作为国际发展体系的新成员，与现有多边开发机构是合作互补关系，将与相关多边和双边开发机构和私营部门建立紧密的合作伙伴关系，共同促进发展中国家的经济发展和全球经济复苏。金砖银行应注重通过创新降低成本、提高效率，更好地适应不同发展阶段客户的动态需求和不断变化的世界经济形势。杨雄表示金砖国家新开发银行落户上海，是上海的荣幸，也是上海的机遇，有助于我们加快推进国际金融中心建设，加快发展开放型经济，加快建设自由贸易试验区和具有全球影响力的科技创新中心。我们将积极配合，全力支持，主动服务，为新开发银行的发展创造良好的环境。卡马特对中国作为东道国为筹建金砖银行所展示出的务实合作精神和卓有成效的努力表示赞赏和感谢。

金砖银行预计将于2015年底或2016年初开始业务运营。东方卫视记者严玮骈、冯昆、陈弋报道。

——2015年7月21日东方卫视《东方新闻》

3. 主播口播配音一体化

是指在新闻节目中，播音员在口播结束后，新闻片切入的同时，播音员同步配音。在新闻直播常态化、新闻内容激增的今天，采用这种方式的新闻节目逐渐增多。这种方式大大节省了制作流程，特别是在直播时间段一些即时突发新闻来不及编排时，这种方式最为快捷简便。这种配音形式对播音员的业务能力要求较高，要求有快速的语言转换处理能力，且要把握好配音语言与视频画面的准确贴合。播音员在插入画面后，语言应在口播新闻的基础上稍微弱化，增强讲述感，使得口播语言与配音语言既有语言形态上的不同又衔接自然，使得声画和谐。

如：两岸高校在南宁研讨"微"时代的口语传播 (音视频8-7)

口播：近日，由厦门大学新闻传播学院、台湾世新大学口语传播学系、广西艺术学院影视与传媒学院联合举办的第二届海峡两岸口语传播学术研讨会在广西艺术学院举行。据了解，本次会议设置了主题论坛和分论坛两大板块，研讨会重点关注

第八章 新闻配音

各种流行的微博、微信、网络动画等微媒介对语言的影响，探索新时代下口语传播研究的新突破点和口语传播实践的规律。主办方表示，研讨会的举办不仅从学术上提升了两岸的口语传播学的教学和研究水平，同时让两岸未来一代更加理解对方的公共话语乃至公共生活，加深两岸未来一代的沟通和理解。

——2015年12月17日中央电视台《中国新闻》

第二节 实例剖析

一、时政新闻配音

在时政新闻配音中，要保持新闻播报的字正腔圆、庄重规整，状态积极主动，声音大气沉稳，咬字力度较大，语速相对较快，声音清晰集中、圆润饱满。要在理清配音稿件脉络，讲清新闻事实的基础上，对稿件有较为深入的分析理解，将稿件所传递的精神实质表达出来。和新闻口播相比，配音语言声音力度相对弱化，突出讲述感。同时在时政新闻中，视频画面与配音文字大多关联不大，要通过声音的高低起伏与语言的疏密变化来表现出内容的节奏层次。

1. 十二届全国人大常委会第四十六次委员长会议在京举行 (音视频8-8)

配音：十二届全国人大常委会第四十六次委员长会议23日下午在北京人民大会堂举行，张德江委员长主持。

会议听取了全国人大法律委员会主任委员乔晓阳作的关于食品安全法修订草案三次审议稿修改意见的汇报、关于广告法修订草案三次审议稿修改意见的汇报、对药品管理法等26部法律的修正案草案审议结果的报告、关于授权在部分地区开展人民陪审员制度改革试点工作的决定草案审议结果的报告。

会议听取了全国人大外事委员会主任委员傅莹作的关于《〈中亚无核武器区条约〉议定书》审议情况及决定草案代拟稿的汇报。

会议听取了全国人大常委会副委员长兼秘书长王晨作的关于个别代表的代表资格的报告和任免案审议情况的汇报。

委员长会议决定,将食品安全法修订草案、广告法修订草案、关于修改港口法等七部法律的决定草案、关于修改电力法等六部法律的决定草案、关于修改义务教育法等五部法律的决定草案、关于修改计量法等五部法律的决定草案、关于修改药品管理法的决定草案、关于修改文物保护法的决定草案、关于授权在部分地区开展人民陪审员制度改革试点工作的决定草案的建议表决稿,以及关于批准《〈中亚无核武器区条约〉议定书》的决定草案等,提请常委会审议。

——2015年4月23日中央电视台《新闻联播》

播读提示:这则新闻属于时政新闻中常见的会议新闻,因为本次会议议程主要为对相关法律法规的修订审议及听取相关汇报,会议程序严谨、内容正式,所以在播报中语气要庄重大气。本次委员长会议审议内容较多,在配音时要注意稿件内部层次的转换,因为一些法律法规文字具有一定专业性,在播读时首先要在播读清楚的基础上表现出文稿精神实质。同时,在不同人员作相关汇报时,要注意配音与汇报人画面的声画对位。

2. 一架德国客机在法国南部坠毁 (音视频8-9)

口播:首先来关注空客A320客机在法国南部坠毁的最新消息。一架从西班牙巴塞罗那飞往德国杜塞尔多夫的空客A320客机今天在法国南部坠毁,机上载有144名乘客和6名机组人员,坠机的原因目前还不清楚。

配音:法国总统奥朗德今天召开发布会表示,机上人员已无生还希望。据报道,这架飞机当地时间今天上午9点55分离开西班牙巴塞罗那机场,准备前往德国杜塞尔多夫,不过在当地时间10点45分,飞机发出坠机信号。法国内政部发言人表示,飞机坠毁在法国南部海拔2000米左右的阿尔卑斯山区,目前还不清楚飞机失事的原因。据介绍,飞机坠毁地点上空有云层,不过云层比较低,可能不会对飞行造成太大影响。

据法国警方和民航局官员说,失事的这架航班属于德国汉莎航空公司的德国之翼航空公司,航班号4U9525,1991年2月5日交付汉莎航空,已经是24岁的老飞机了。德国之翼航空公司是总部设在德国科隆的一家廉价航空公司,成立于2002年。2008年,被德国汉莎航空公司收购。目前,该公司机队共有81架飞机,其中包括42架空客A319-100,18架A320-200,21架庞巴迪CRJ900飞机,平均机龄9.2年。

——2015年3月24日中央电视台《国际时讯》

第八章 新闻配音

播读提示：这则新闻为重大空难事故新闻，在配音前应通过配音文稿将飞机失事原因及航班相关背景资料了解清楚。配音语言客观平实，对客机失事原因表示强烈关注，同时对机上遇难人员深表哀悼。在口播结束配音开始时，可稍"顿"一下并降低音高自然承接口播。

3. 拿出筹办奥运劲头 办精彩成功的田径盛会 (音视频8-10)

口播：再有一个月，2015年北京国际田联世界田径锦标赛就要开幕了。今天上午，市委市政府召开动员大会，总结通报赛事筹备进展，研究部署下一阶段工作任务。市委书记郭金龙强调，要巩固树立大局意识、责任意识、首善意识，以昂扬奋进的精神状态，拿出当年筹办奥运的劲头，扎实工作，精益求精，办一届精彩成功的田径盛会。国家体育总局局长刘鹏讲话，市委副书记、市长王安顺作动员部署。

配音：郭金龙在讲话中强调，承办田径世锦赛是中央和全国人民交给北京的又一项重大任务，也是对我们城市服务保障能力和运行管理水平的又一次全面检验。各区县、各部门、各单位都要主动担当、积极行动，高水平做好各项服务保障工作。要大力美化城市环境，全力保障城市运行，加强交通管理，确保赛事绝对安全和社会和谐稳定。首都的服务行业要充分展现首都人民团结友善、热情好客的精神风貌和文明形象。

郭金龙指出，赛事组织是筹办工作的核心。要抓好赛事运行指挥，抓好关键环节，抓好细节服务，为各国各地区运动员提供优质高效服务。要广泛动员群众参与，切实搞好志愿服务，以昂扬奋进的精神状态办一届精彩成功的田径盛会。

刘鹏在讲话中指出，要进一步将工作特别是竞赛组织工作精细化、周密化，确保赛事指挥系统、高效运行，确保赛事顺利精彩。要做好国际田联代表大会、理事会等重要国际会议的筹备工作。做好中国田径队参赛组织保障工作，力争在成绩上有所突破。同时，要切实做好反兴奋剂工作，把本届世锦赛办出水平、办出特色。

王安顺总结通报了赛事筹备进展，指出田径世锦赛筹备已经到了最后冲刺阶段。要严格按照倒计时工作流程，抓紧制定完善赛事工作方案，精心组织开幕式工作，认真做好竞赛准备工作，全力做好赛时接待服务，切实强化交通和安全保障。要精雕细琢，尊重个性，营造氛围，加强保障，实现精彩、成功的办赛目标。

国家体育总局和市领导张工、张延昆、张建东、王小洪、高志丹，市政府秘书长李伟出席会议。北京台报道。

——2015年7月21日北京卫视《北京新闻》

播读提示：这则新闻内容为北京市委市政府为承办田径世锦赛而举行的动员大会，对即将举办的本次重要赛事活动进行筹备部署安排。在配音时声音状态积极自如，整体节奏明朗畅快，将三位领导同志对大赛的指示细腻充分地表现出来，表现出北京市委市政府、国家体育总局对这项重要国际赛事活动的高度重视与精心部署、人民群众对精彩赛事的热切期待。

二、民生新闻配音

因为民生新闻大多采用故事化的表达方式，在配音时，要增强讲述感，将新闻事件的来龙去脉讲述清楚。因为民生新闻表现的是老百姓喜闻乐见的"身边事、麻烦事、奇特事、关心事"，所以在配音时语言要平民化、生活化。民生新闻大都有较为鲜明的情感倾向且采用故事情节化表达，在配音时，态度在客观的基础上可稍鲜明，"急人之所急，想人之所想"，表现出对新闻事件进展的急切关注与情感态度，同时要用生动的细节表现出跌宕起伏的故事情节。但要注意的是，民生新闻配音一定要把握新闻真实性的原则，不要有"演"的痕迹，通过较为夸张的语言来夺人眼球是不可取的。

1. 监拍老太为搭便车 带孙女高速路上跪地拦车 (音视频8-11)

配音：5月11日下午五点左右，镇江高速民警利用监控进行网上巡查时突然发现，润扬大桥中央隔离栏边竟然出现了两个模糊的人影，快速行驶的车流中站了一名老人和一名小女孩。老人先是靠在中央护栏上伸手示意过路车辆靠边停车，随后老人干脆直接横跨过了护栏，祖孙俩就这样走在高速路行车道上，过往车辆纷纷急打方向避让。步行了200米后祖孙两人又横穿高速公路走到一侧的应急车道上，而此时老人儿子驾车上了高速，由于不清楚老人的具体方位他只能把车停在应急车道上开始在高速上步行寻找。儿子在后方紧追，老人却带着孙女一路向前一直没等到儿子，焦躁的老人突然做出了惊人举动。

仇建新(江苏镇江交警支队高速二大队民警)：她然后直接跪在高速公路上面拦车，强行拦车，许多车子甚至邀避让到了应急车道上面，因为高速公路车速比较快，如果司机稍微一分神,等发现他,再采取刹车都来不及。

配音:就在老人强行拦车时老人的儿子追了上来,随后祖孙三人结队在高速上步行,不久巡逻警车赶到了现场,执勤民警将祖孙三人带离了高速公路。

——2015年5月13日江苏广播电视台公共·新闻频道《新闻360》

播读提示:在这则新闻中,因为视频画面展现的是整件事情的详细进展情况,且监控画面清晰度不高,所以在配音时要侧重对视频画面的情况介绍,将祖孙二人在高速路上的一系列危险举动细致讲述出来,突出细节表现。同时在配音语言中要有对祖孙二人危险举动的担忧、对交警细心观察并及时施救表示赞赏,以及对电视观众遵守道路交通规则的善意提醒。

2. 汪新民:山村里的"小橘灯"(音视频8-12)

口播:以有限的生命来感受无限的书香,继续来看"书香中国"。今天我们来认识湖北省浠水县一位爱书如命的老人。他办的书屋就像一盏小橘灯,给村子带来知识和光亮。

配音:当我们见到汪新民的时候,他正忙着搬家,他要告别自己住了40多年的老房子,把书屋搬到镇上新盖的福利院。这是最后一部分还没搬完的剪报和杂志,汪老师简单整理,用绳子把书捆好,拿一根扁担挑着,步行1公里来到新书屋。

汪新民:以前在家里没地方放书,现在有地方放书了。

记者:我看还有阅览室呢?

汪新民:家里面只借,不能看书,现在既可以借书,又可以看书,方便群众。(新书屋)交通方便,我那个地方偏僻,这个地方全部是水泥路进来,交通方便。

配音:尽管书屋还没有完全搬完,但是十里八乡的孩子、留守老人早就知道了这个消息,他们已经在这里看书借书了。

记者:您这边什么书最多啊?

汪新民:学生的书最多,学生阅读的书最多,农业科学的书也不少。我分了12个类型。

记者:就是您自己分?

汪新民:我自己分,什么书在什么地方我就知道。

配音:汪老师所在的村叫羊角桥村,全村不到600人,大部分中青年人都外出打工了,村里留守了很多学生和老人。为了便于他们借阅,汪老师把书分门别类,用显眼的红色大字在书柜上标记了学生用书、文学艺术、历史名著、伟人、名人等。

小读者：我喜欢看漫画。

记者：你觉得汪老师这儿的书多吗？

小读者：多。

记者：你都什么时候来看书？

小读者：星期天。

徐秀云(读者)：我看的林觉民，刚才看的是老舍，写的怀念他的母亲，那一篇文章写得真好。

配音：汪老师告诉记者，他2003年在村里开办书屋的时候，只有200本书，经过十几年的积累和社会各界的捐助，他的书屋现在已经有三万多册图书。书是越来越多了，但汪老师仍然在使用一些很破旧的书柜，这三个木书架是浠水县图书馆2005年淘汰的，看上去已经用了很多年头了。

汪新民：农村就是那个条件嘛，自己买(书柜)的话划不来，几百块钱(一个)。我有买书架的钱，我能买多少书，现在书又不是好(很)贵。

配音：汪老师说，农村的孩子没钱，他开办书屋的初衷就是为了让这些没钱买书的孩子读到书。这位同学叫胡晓静，是镇中学初三的学生，从小学开始一直是汪老师书屋的忠实读者，几乎每个周末都是泡在书屋里。

胡晓静(初三学生)：我差不多就是每次一看完了就去借，然后我几乎借的都是那些能够帮助我提高作文的，还有科普类的。

配音：胡晓静之所以这么喜欢汪老师的农家书屋，是因为从小就爱读书的她想买本书非常不容易。

胡晓静：就是上学的时候，我喜欢看书，然后又没钱看(买)书，然后我就靠捡废品来赚钱，然后就是买书看。

配音：汪老师当时正是知道了胡晓静捡废品赚钱买书的事之后，才开始大力增加学生读物的。由于现在初三，中考升学压力大，胡晓静已经一年多没来汪老师的书屋了，最近是听说书屋搬新家，她才特地赶过来看一下。

汪新民：这个书你可以看。

记者：《红与黑》，司汤达的。

汪新民：还有一个《高老头》，这个书也写得很好。

配音：汪老师告诉记者，村里像胡晓静这样的爱读书的学生大概有三四十个，他们爱看什么类型的书，他心里基本都清楚。在汪老师的老房子里，有很多书屋的记忆。2003年筹办书屋的时候，他的书架是花钱买了三棵松树锯成木板后，自己钉成的。大女儿出嫁的时候，汪老师给的嫁妆就只有两千册图书。如今大女儿也跟随他的脚步，已经在别的村子办起了书屋。在汪老师十几年开办书屋的过程中，老伴儿已经成为他管理书屋的搭档，不过老伴儿患有高血压，已经两次中风，只能帮着做些简单的工作。汪老师现在每月有退休工资大概两千块钱，这其中，他固定地拿出1/3给书屋买书买报，1/3给老伴儿买药治病，剩下1/3是两人的生活费。尽管物质生活并不十分富足，但汪老师觉得自己过得很充实，这段写于十年前的文字就是他的座右铭。

汪新民：名誉是虚伪的，金钱是诱人的，只有做点实事、好事，才是实在的。我办农家书屋，就是为人们做点好事、做点实事。我看了冰心的《小橘灯》，虽然它的亮很小，但是能够照亮很大的地方。我办农家书屋，也像小橘灯一样，能够照亮我们家乡的人。

——2015年4月20日中央电视台《新闻直播间》

播读提示：在文化资源相对贫瘠的乡村，汪新民老师的"农家书屋"这盏微弱的"小橘灯"点亮了村民和孩子们的精神家园。因为汪新民老师依靠自己一个人心血经营"农家书屋"，不为私利，精神值得我们学习。这则新闻是记者实地采访手记，在配音时，语言平实质朴，侧重讲述感，配音语言在讲清楚事情整个经过的基础上，要表达出对老人这种行为的钦佩之情，同时号召大家向老人学习，一同为构建"书香中国"贡献自己的力量。因为视频画面中同期声较多，在配音时要特别注意语言承接转换的自然。

3. 来宾一派出所所长酒后开枪 致一死一伤 (音视频8-13)

口播：广西贵港市覃塘区樟木乡在前天晚上发生一起命案，来樟木乡喝酒的来宾市公安局兴宾分局五山派出所的所长谭宁江，在喝醉酒之后他突然拔出了自己的七七式的手枪向同席的谢某开枪，结果致使当场一死一伤。

配音：据知情者说，案发时谢某和来宾市五山派出所所长谭宁江等几个人正从楼上吃饭下来，不知道怎么回事上车后的谭某突然从车上朝谢某开枪，随后又下车拿枪追着谢某连打数枪。

目击者：他(谭某)拿枪啊追到这里来，追到这里血就流到这里了。

配音：据附近群众介绍，谭某枪击谢某的时候，一位骑摩托车路过的村民李某也不幸被打中两枪，目前李某被送往贵港市人民医院进行治疗。

记者：你是听说还是看到的？

目击者：我都亲自到了医院去了，死了一个，一个在这里打穿了。

配音：在现场，跟谭宁江等同桌吃饭的人已被警方控制，而开枪者谭宁江也已被控制在警车内，由于喝了酒他已经昏睡过去。随后记者赶到贵港市人民医院见到了被枪击的过路行人李某。

李某：手麻，还有这个肚子也麻，因为后面还坐着我儿子嘛，我都不敢停车了，如果停下来我们就没命了。

配音：医生介绍，李某身中两枪，一枪是在左手手掌附近打断了骨头，另外一枪是打中腹部。但值得庆幸的是子弹只是从表层的皮肉擦过没有伤及内脏，目前没有生命危险。目前事件正在进一步调查处理之中，东方卫视综合报道。

——2011年7月23日东方卫视《东方午新闻》

播读提示：这则新闻属于法制类新闻，在配音时要理清事件的详细经过及现场处理情况，整体语言基调应为客观公正、庄重严肃的。要表现出对此事的持续关注，强烈谴责身为派出所所长的开枪者，同时要对死伤者表示深切同情，呼吁相关部门能及时调查，惩治凶手，尽快给公众一个满意答复。

三、生活服务提示配音

生活服务提示针对生活中遇到的很多"衣食住行育乐"各个层面的种种问题，对这些话题进行深入浅出的解答和权威提示，倡导健康生活，极具服务性和贴近性。在配音时，用声适用中声区，用声状态松弛舒展，整体感觉细腻温暖、朴实自然，语言循循善诱，主动交流感强，注重细节讲解。这类配音因为用声起伏不大很容易使受众在听觉上感到疲乏，在配音时要加强配音文稿内部层次的划分处理，特别要理清一些困难解决方案步骤，要耐心细致解释，并突出节奏层次感。在读到一些生活警示语言及一些专业名词时，可通过加重语气、减慢语速、加强对比等方式来加以突出强调。

1. 台风来袭 如何防范保安全 (音视频8-14)

口播：那么面对台风来袭，我们应该怎样去防范呢？一起再来了解一下。

配音：对于生活在城市的居民来说，在台风来临前应该及时收听、收看或上网查阅台风预警信息，了解政府的防台行动对策。同时要关紧门窗，紧固容易被风吹动的搭建物，还要从危旧房屋中转移至安全地带。处于可能受淹的低洼地区的人们要及时转移，检查电路、炉火、煤气等设施是否安全。幼儿园、学校应该采取暂避措施，必要的时候要停课，露天集体活动或室内大型集会应该及时取消，同时做好人员疏散工作。更重要的是，不要到台风经过的地区旅游或者到海滩游泳，更不要乘船出海。而对于居住在沿海地区的居民来说，台风来临前还要加固各类危旧住房、临时建筑、路灯、脚手架、电线杆、广告牌、铁塔等。另外，千万不要在这些地方躲风避雨。台风来临的时候也千万不要在河、湖、海的路堤或桥上行走，不要在强风影响的区域开车。此外，台风带来的暴雨容易引发洪水、山体滑坡、泥石流等灾害。居民一旦发现危险征兆，应该尽早转移。

——2015年6月22日中央电视台《朝闻天下》

播读提示：台风作为一种破坏性极强的灾害性天气，如果不及时采取防范措施，会给人民群众生命财产带来极大的损失。这则安全提示，在配音时语言要深入浅出，将台风来袭前民众应该做的防范措施细致深入地讲清楚说明白。因为配音文字提示点较多，在配音时要特别注意节奏层次上的转换，把文稿的内部层次表现出来。同时也要注意与视频画面图画及文字的声画对位。

2. 关注网络安全：普通用户如何防范隐私泄露？(音视频8-15)

口播：那么作为普通用户，如何加强防护，以防止隐私泄露、网络财产受到威胁呢？

配音：据了解，目前还有一些软件厂商没有发布补丁或者及时升级软件，如果电脑涉密，应先禁用或者删除这些软件。无论是手机还是电脑，暂时不要访问不可信的网站，尤其不要轻易点击弹窗，因为此次事件涉及IE等多个浏览器。另外连接公开的Wi-Fi时一定要小心，即使连接也不要打开淘宝、支付宝等涉及银行信息、财产安全的软件。不要将手机连接不可信的电脑，对第三方发送的邮件附件要谨慎打开。使用安卓系统的手机用户应该下载杀毒软件并定期清理缓存，而对于公司来讲应该配备更加全面和高级的安全防护功能。

——2015年7月30日中央电视台《新闻直播间》

播读提示：近年来网络隐私泄露事件时有发生，引起人们的广泛关注。这样的安全警示类提醒，在配音时，重在讲明防范措施，语言带有一定警示性。在这段视频中配音文字较多，视频画面较短，且视频内容与配音文字关联度不大，在配音时，语速可稍快，以增强语言层次感。

3. 假车牌严重危害交通安全 (音视频8-16)

口播：套用假车牌引发的交通事故不在少数，严重危害交通安全。

配音：这是今年1月份贵州省安顺市交警部门查处套牌车辆的现场视频。两辆车都挂着相同的牌照，一辆是奥迪，一辆是三菱。交警进行信息比对后发现，三菱车竟是套牌了奥迪车的车牌，而真车牌的主人告诉交警，这辆套牌车挂着自己的车牌可没干什么好事儿。

谢先生(奥迪车主)：三个月以前，至少有三个月了，这个车子的ETC在高速公路上不能正常通行了。最后就去高管处(高速公路管理处)问是什么情况，他说你的车子被套牌了，有冲关的记录，这个车牌已经录入黑名单了。

配音：套牌车危害的不仅仅是车主。2015年4月18日，在贵州省六盘水市交管部门通过路网监控发现一辆涉嫌套牌的面包车后，立即调度民警在路口拦截。当交警截停对面包车进行询问时，面包车突然强行启动并加速行驶，将交警拖行近十米，之后将交警重摔在地上逃离现场。愈演愈烈的套牌、假牌车辆不仅危害着道路交通秩序，更成为不法之徒的作案工具。

——2015年5月15日中央电视台《新闻直播间》

播读提示：肆意套用他人车牌号这种"损人利己"的行为，不仅直接影响车牌实际主人的车辆出行，更严重危害道路交通安全。在配音中，要将两起套牌事件的来龙去脉讲述清楚，将这种违法行为的危害告知受众。因为属于道路交通安全警示，配音语气要严肃郑重，既有对两起套牌事件中套牌违法者的强烈谴责，又有对受众的提醒与警示。

第三节　实训材料

1. 习近平等参观《伟大胜利 历史贡献》主题展览 (音视频8-17)

口播：在全民族抗战爆发78周年之际，中共中央总书记、国家主席、中央军委

第八章 新闻配音

主席习近平7日前往中国人民抗日战争纪念馆,参观纪念中国人民抗日战争暨世界反法西斯战争胜利70周年主题展览《伟大胜利 历史贡献》。他强调,全党全国各族人民要牢记由鲜血和生命铸就的中国人民抗日战争的伟大历史,牢记中国人民为维护民族独立和自由、捍卫祖国主权和尊严建立的伟大功勋,牢记中国人民为世界反法西斯战争胜利作出的伟大贡献,珍视和平、警示未来,坚定不移走和平发展道路,坚定不移维护世界和平,万众一心把中国特色社会主义推向前进。

中共中央政治局常委李克强、张德江、俞正声、刘云山、王岐山、张高丽参观展览。

配音:下午3时20分,习近平等领导同志来到位于卢沟桥畔的中国人民抗日战争纪念馆。馆前广场上,鲜艳的五星红旗高高飘扬,一年前由习近平总书记揭幕的"独立自由勋章"雕塑熠熠生辉。习近平等领导同志拾阶而上,步入纪念馆序厅,并依次从花台上拿起鲜花,敬献在象征中华民族团结抗战的大型浮雕《铜墙铁壁》前。

随后,习近平等走进展厅参观展览。展览以"铭记历史、缅怀先烈,珍爱和平、开创未来"为主题,通过1170幅照片、2834件文物和大量视频影像,全景式展现了全体中华儿女冒着敌人炮火共赴国难,英勇抵抗日本军国主义侵略的光辉历史,突出表现了中国共产党在抗战中的中流砥柱作用,反映了中国作为东方主战场为世界反法西斯战争胜利作出的不可磨灭的贡献。

赵一曼留给儿子的诀别信,再现全民族抗战爆发场景的巨幅"半景画",记载中国共产党从严治党优良传统的陕甘宁边区政府施政纲领,中国共产党创建敌后抗日根据地示意图,中国抗战对世界反法西斯战争贡献示意图,苏联对华援助和军事合作的珍贵史料,中共七大会场复原景观,反映中日关系发展和中国人民缅怀先烈铭记历史的文献……一幅幅图片、一张张图表、一件件实物、一段段视频,吸引了习近平等领导同志的目光。他们不时停下脚步仔细观看,认真听取工作人员讲解,并详细询问有关情况。

在京中共中央政治局委员、中央书记处书记,全国人大常委会副委员长,国务委员,最高人民法院院长,全国政协副主席以及中央军委委员,中央和国家机关有关部门和北京市负责同志等参观了展览。

——2015年7月7日中央电视台《新闻联播》

2. 第七届海峡论坛在厦门举行 俞正声出席并致辞 (音视频8-18)

配音：第七届海峡论坛14日在厦门隆重举行。中共中央政治局常委、全国政协主席俞正声出席论坛开幕式并致辞。

俞正声在致辞中首先受习近平总书记的委托，向参加论坛的两岸同胞特别是来自台湾的乡亲们致以诚挚问候。

俞正声说，本届论坛以"关注青年、服务基层"为主题，充分体现了论坛面向两岸基层民众的方向，彰显了"两岸一家亲"的理念。两岸交流，归根到底是人与人的交流，最重要的是心灵沟通。60多年来两岸关系的发展历程，就是两岸同胞冲破隔绝藩篱、走向交流合作的历程，也是一家人由分离隔阂重新走向交融交心的历程。两岸同胞的交流，增进了彼此理解，拉近了心理距离，为台海摆脱动荡不安，推动两岸关系向前发展提供了强大动力，也拓展了两岸交流领域，丰富了交流内涵，给两岸同胞带来了实实在在的好处。

俞正声指出，"台独"分裂势力及其活动破坏两岸关系发展，是阻扰两岸同胞交流、实现心灵契合的最大障碍。我们将始终如一地支持两岸同胞交流，坚决维护两岸关系和平发展进程，坚决反对"台独"分裂势力的阻扰破坏。继续推动两岸同胞扩大交往，让更多台湾同胞参与到两岸交流的大潮中来。进一步为两岸同胞交流创造更好的条件，包括对台胞来往大陆免予签注，并适时实行卡式台胞证。

俞正声强调，同胞之间的交流关键要从"心"开始，促进心灵契合。心走近了，海峡就是咫尺；心走远了，咫尺也是天涯。希望两岸多举办促进同胞交流的活动，尤其是贴近基层民众生活和情感的各种交流，增加联系理解，交流生活感情，拉近心理距离。对于思想认识的差异，可以相互尊重，逐步聚同化异、增进认同。青年是两岸关系的未来，我们要更多关注两岸青年成长，为两岸青年交流创造更多机会，让两岸青年早接触、多交往，加深了解，增进友谊，成为共同打拼的好朋友好伙伴，成为进一步促进两岸关系和平发展的生力军。

俞正声表示，两岸同胞是一家人，两岸关系的前途掌握在大家手中，两岸关系的未来需要大家共同开创。只要两岸同胞齐心协力，两岸关系和平发展的前景就会更加光明，中华民族伟大复兴的梦想就会早日实现。

中国国民党副主席郝龙斌以及两岸青年代表、台湾基层代表在发言中表示，两岸关系和平发展是大势所趋，也是两岸民众的共同心愿。两岸民众是两岸关系发展的最有力推动者，两岸民众对两岸关系和平发展的期待和追求，必能使两岸关系行稳致远。

开幕式前，俞正声还参观了海峡论坛回顾展，在展板前同两岸残障人士代表亲切交谈，并会见了参加论坛的部分两岸嘉宾和主办单位代表。

——2015年6月14日中央电视台《新闻联播》

3. 中纪委新设7家派驻纪检组组长就位 (音视频8-19)

口播：近日，中央纪委新设7家派驻纪检组组长，分别赴中央办公厅、中央组织部、中央宣传部、中央统战部、全国人大机关、国务院办公厅、全国政协机关任职报到。这是党的历史上，中央纪委首次向党的工作部门和全国人大机关、国务院办公厅、全国政协机关派驻纪检组，是实现派驻全覆盖的重要一步。

配音：各驻在部门领导班子高度重视，主要领导同志分别主持见面会并讲话。大家一致认为，党的十八大以来，在以习近平同志为总书记的党中央坚强领导下，党风廉政建设和反腐败工作取得新成效，赢得了党心民心。按照党中央"四个全面"战略布局的要求，坚持全面从严治党，中央纪委向中央一级党和国家机关派驻纪检组，实现派驻全覆盖，是落实党章规定和党的十八大、十八届三中、四中全会精神的重要举措，是加强党内监督、深化党的纪律检查体制改革的重要措施，是深入推进中央和国家机关党风廉政建设和反腐败斗争的组织制度创新，具有重要意义。各单位拥护中央的决定，表示切实履行好党风廉政建设的主体责任，大力支持纪检组工作，更加自觉地接受监督。

7名新任纪检组组长表示，坚决与以习近平同志为总书记的党中央保持高度一致，聚焦党风廉政建设和反腐败斗争，转职能、转方式、转作风，强化监督执纪问责，发挥"派"的权威和"驻"的优势，全力以赴履行好监督责任。

目前，已经从中央纪委机关、驻在部门(归口监督单位)和其他派驻机构选调了一批优秀干部，计划在3个月内全面完成组建和培训任务。

——2015年3月31日中央电视台《新闻联播》

4. 北京高校图书馆将面向中小学生开放 (音视频8-20)

口播：北京高校众多，拥有非常丰富的图书馆的资源。昨天，清华大学、北京大学、中国人民大学等北京52所高校的图书馆宣布,要设立中小学参观开放日。

配音:开放日分为平时开放日和主题开放日。平时开放日,采取集体预约方式,以周为主,在固定时间面向中小学生开放。主题开放日,各高校将根据自身特色,定期打造适合中小学生的主题活动。近期,将有35场图书馆特色活动举办,包括北京航空航天大学的"历史上的航空航天"、北京化工大学的"化学发展史"等。高校图书馆开放日具体安排可以登录北京高校图书馆工作委员会网站进行查看。

黄侃(北京市教委委员、高教处处长):52所高校中有极具专业特色的。比如我们有北京中医药大学,他们是以中医药文化为主要的专业特点的;我们还有北京服装学院,以我们中华服饰服装文化为主要载体的。

配音:另据了解,目前北京还有12所高校图书馆有条件的接待社会公众。北大、清华等高校均允许校外人员前来查阅资料。

——2015年4月24日中央电视台《新闻直播间》

5. 教育部:明年起学位证书将自行设计印制 (音视频8-21)

口播:国务院学位委员会、教育部日前印发关于学位证书和学位授予信息管理办法的通知。自2016年1月1日起,学位证书将由各学位授予单位自行设计印制,国务院学位委员会办公室印制的学位证书不再使用。

配音:《办法》对学位证书应包括的内容作了明确要求,新学位证书统一采取十六位阿拉伯数字的编号方法,前五位为学位授予单位代码;第六位为学位授予的级别,博士为2,硕士为3,学士为4;第七至第十位为授予学位的年份(如2016年授予的学位,填2016);后六位数为各学位授予单位自行编排的号码。

据介绍,学位证书统一格式和印制,是在特定历史条件下与我国学位制度和高等教育发展阶段相对应的,起到了规范学位证书使用、防止滥授学位和伪造学位证书等作用。学位证书制发方式调整后,学位授予单位在学位证书的信息表达上具有较大空间,可以根据培养或学位授予实际作出本单位的规定。根据学位证书和学位授予信息管理办法规定,学位授予单位印制的学位证书不得使用国徽图案,学位证书是否制作外文副本由学位授予单位决定。对于撤销的学位,学位授予单位应予以公告,宣布学位证书作废。

——2015年7月14日中央电视台《新闻直播间》

6. 美国纽约7月起禁用泡沫塑料餐具 (音视频8-22)

口播：根据今年初纽约市长签署的法案，从7月1日起，纽约市的食品制造商、食品商店、餐馆等全面禁止生产和使用泡沫塑料餐盒，宽限期为六个月。从2016年开始，违规者将面临高额的罚款。纽约市成为美国继旧金山、西雅图等之后，又一个禁用泡沫塑料餐具的城市。

配音：虽然禁令已经开始实施，但是在唐人街街头还是能经常看到泡沫塑料餐具的身影。泡沫塑料餐具由于其低廉的价格成为纽约市餐饮业主要使用的餐具之一，但是由于不可回收，对环保影响很大。纽约市每年产生近三万吨的泡沫塑料垃圾，需要很长时间才能降解。

记者：你知道这种泡沫塑料餐盒对身体是有害的吗？

纽约市民：知道啊。

记者：那我看你今天还是来买了。

纽约市民：没办法，需要带饭啊。

配音：根据唐人街商家介绍，一个泡沫塑料餐盒的成本大约为0.1美元，纸盒成本为0.3至0.4美元，塑料盒则为0.6至0.7美元。有消费者担心，泡沫塑料餐盒换成纸质或者塑料餐盒，成本会提高，也将导致外卖食品涨价。

——2015年7月2日中央电视台《新闻直播间》

7. 双发动机失灵 航班下降数千米 (视频资料8-23)

口播：视线再转向新加坡。新加坡航空近日正在对刚发生不久的一起航空事故进行调查。上周六，新航一架空客A330-300机型的客机，在飞行途中突遭恶劣天气，飞机的两个发动机同时失灵，从万米高空下降数千米。万幸的是，飞行员成功重启发动机，化险为夷。

配音：本月23日晚上，新加坡航空公司一架客机从新加坡起飞飞往上海。三个半小时后，飞机爬升至大约11 800米高空时，突遭暴雨，飞机的两个发动机同时失灵，几秒钟之内，客机下降了13 000英尺，大约4000米。此时，飞机上共载有乘客和机组人员194人。

玛丽·夏沃(航空专家)：发动机失灵后，飞行员只能让飞机处于俯冲下降状态，风吹过发动机，带动涡轮旋转，帮助飞行员。

配音：不过专家表示，在这种情况下，风力对飞机的助力可谓微乎其微。双发失灵后，飞机将成自由落体状态，而乘客也处于失重状态。幸运的是，几秒钟后，其中一侧的发动机突然恢复工作，同时飞行员根据规定，完成一系列飞行操作。最终，这架航班在当晚10点56分顺利降落在上海。新航发言人表示，飞机降落后，航空公司对发动机进行了系统检查，但没有发现异常，接下来他们将联合空客公司和引擎制造商对事件展开进一步调查。

——2015年5月28日中央电视台《国际时讯》

8. 乘扶梯出现意外怎么办？（音视频8-24）

男口播：咱们再来说说乘电梯的时候如果遇到危险该怎么办？专家告诉我们，其实电梯在设计的时候就已经考虑到了可能会存在的安全隐患，并且相对应地设计了安全保护的装置。

女口播：这个装置简单地来说有两部分，一是电梯遇阻的时候自动停止装置，二是人为停止开关。

配音：首先，自动扶梯两侧都安装有毛刷，这个毛刷的作用就是提醒乘梯的人，脚不要太靠近电梯的围裙板，以免鞋子裤子等被夹住。为防止意外，围裙板的上下两个拐弯处一般设置有围裙板开关。

记者：围裙板开关什么时候会起作用？

张怀继（深圳市特种设备安全检验研究院工程师）：当人的脚或者衣物挤在这个梯级和围裙板中间的时候，它会造成围裙板的变形，围裙板向外膨胀弯曲以后，会顶住后面的开关，但是这个开关总的来讲效果不是太好。

配音：此外，容易被卡住的地方还有电梯梯级与梳齿板间的空隙，为了防止这个隐患，在梳齿板的下面有两个保护开关。

张怀继：脚啊、鞋啊或者一些异物夹进去的时候，整个这块板就会挪动。

记者：就是往外挪动？

张怀继：它会往外翘起来，就是夹进东西就翘起来，往外移动，那么这里头有两个开关，也会使这个电梯立马就停下来。

配音：专家介绍，2012年7月31日开始实施的《自动扶梯和自动人行道的制造与安装安全规范》要求，新出厂的自动扶梯，盖板下面必须安装感应装置，在盖板被移开之后，电梯自动停止运行。

张怀继：检修盖板和盖板打开的时候，那么电梯应该停下来。

记者：这是一个强制标准？

张怀继：是强制要求。是一个安全保护的监测功能必须要有的。

配音：上面提到的都是电梯的自动停止装置。如果这些自动停止装置失效，大家又能采取什么样的措施呢？一是在电梯的上下两端还各安装有一个红色的急停开关，梯级较多的电梯在扶梯中部也安装有急停开关。出现意外时，可按下急停开关。此外，在扶手带与电梯的每个连接处还设置有扶手带入口保护开关，出现意外时也可按下这个开关使电梯停止。

张怀继：扶手带的入口在这个地方，这是因为如果是有异物很容易(进去)，尤其小孩子很容易手就随着这个扶手带，进入这个机构里头，这样会造成伤害，所以扶手带都是有入口保护开关的。

——2015年7月30日中央电视台《朝闻天下》

9. 东京街头一道风景——遛宠物龟 (音视频8-25)

口播：喜欢养宠物狗的人都有这样的经验，每天拉到街上遛遛是必做的功课。这样做呢不仅可以让宠物狗呼吸新鲜一下空气，还可以和其他宠物狗玩耍。不过呢，遛狗的人一般不会吸引别人的目光。但是在日本东京街头，一个遛宠物的老人，却成了一道风景。

配音：这就是东京街头的那道风景，62岁的三谷久郎正拉着他的宠物龟——一只非洲苏卡达龟，在东京街头悠闲的散步。这只宠物龟今年19岁，体重大约有70公斤，它还有个响当当的昵称叫"龟仙人"，这个名字正是来自于日本动漫《龙珠》中"龟仙人"。三谷久郎从事的是殡葬业，"龟仙人"可是帮了主人一个大忙。

三谷久郎：来到我们店里的顾客都特别悲伤，但当他们见到"龟仙人"，脸上都会露出笑容，我觉得这样特别好。

配音："龟仙人"和三谷久郎相伴了19年，遛弯是他们长久以来的习惯。只是最近他们遛弯的照片被传上网，"龟仙人"才成了红人。三谷久郎说，如今"龟仙人"不仅体重每日剧增，脾气也越来越大。

三谷久郎：它("龟仙人")有点儿自私，总是要求走和原来不一样的路线，去探寻新的路线,这让我有点儿困扰,它不愿意走老路。

——2015年6月18日中央电视台《新闻直播间》

10. 90岁老人瘫痪在床,补办身份证遇难题(音视频8-26)

口播:最近呢,唐山市路北区的王丽敏大姐一家人遇到了一件烦心事,因为她的公公今年都90岁高龄了,但是呢一直没有办理二代身份证,现在想要补办却成了一件非常棘手的事情。

王丽敏:我老公公的单位年前来电话,说要更换第二代一卡通的医保卡,原来的医保卡要作废,二代身份证我们没有。

配音:王丽敏的公公名叫周杨宽(音),今年都90岁高龄了,在他50多岁时,从石家庄的一家机械厂退休。今年年初,工厂要为退休职工更换医保卡,必须要用二代身份证。可是老人当初因为年纪问题并未办理。如今想要补办,却遇到难题了。

王丽敏:我老公公必须得到派出所摁手印,因为公安系统必须有一个指纹的认定。但是我老公公瘫痪在床,没办法去。我老公公已经90岁了,怕他一动以后出啥危险。

配音:周杨宽老人十几年前突发脑血栓,基本上下半身不能动弹。为此,一家人想尽了办法,比如雇医院120急救车,但是急救车只管送到医院,不能拉到派出所,而别的车又没有急救设备。但要是办不了二代身份证,这医保卡又换不了,老人报销医疗费用就成了问题。

王丽敏:老人要是有病了,要是更换(一代医保卡作废)了以后,我们没办法享受医保待遇。

配音:虽然当地公安机关也为老人办理了临时身份证,但是更换医保卡必须用正规的二代证件,而且需要本人去派出所录制指纹。这件事就陷入了僵局。

王丽敏:必须得让我们印指纹,我上派出所去了一次,他说你必须得来。老人这么大岁数,我们什么办法都想了,实在是没办法了。

配音:为了帮老人解决这个问题,记者来到了老人户籍所在地唐山市路北区大里派出所。民警告诉记者,基层公安机关还不具备上门采集指纹的功能,需要向上级单位请示。随后,记者又找到了唐山市公安局路北分局。户籍科的董科长告诉记者,为了个别群众无法去派出所录制指纹的事儿,分局已经申请购买了一套移动设备，目前尚在调试阶段，他们会立即和技术人员联系，用最快的时间上门帮老人采集指纹，办理证件。

齐坤(记者)：路北区公安分局户籍科的工作人员告诉我，再过一两天的时间，设备调试就能完毕了，届时他们会亲自上门进行服务，到时候困扰王大姐老公公办理二代身份证的问题，就能得到有效的解决了。资讯记者唐山报道。

口播：就在我们节目播出之前，王大姐给我们打来电话了，她说路北公安分局的民警和派出所的民警已经上门给她的公公进行了指纹采集，而且答应在一个月之后就将二代身份证制作完毕。她也能够尽快地将证件邮寄给老公公的原单位办理医保卡的更换手续了。

——2015年6月18日河北广播电视台经济频道《今日资讯》

第四节　延伸思考

1. 新闻口播与新闻配音的相似点与不同点？
2. 新闻配音的方式及呈现形式有哪些？
3. 新闻配音的语言特点？
4. 新闻配音的类型？
5. 什么是主播口播配音一体化？
6. 不同类型新闻稿件配音的异同？

附录A
容易读错的地名、姓氏字音

一、容易读错的地名读音

1. 北京市

白纸坊(fāng)　　阜(fù)城门　　奋(hǎ)叭(bā)屯　　濡(huǒ)县镇
十里堡(pù)　　峒(tóng)峪村　　白家疃(tuǎn)　　燕(yān)山
潭柘(zhè)寺

2. 天津市

蛏(chēng)头沽(gū)　　宝坻(dǐ)区　　南仁埠(fú)乡　　蓟(jì)县
浽(yīn)溜(liū)镇　　陈咀(zuǐ)镇

3. 河北省

柏(bǎi)乡县　　瀑(bào)河　　俫(bèn)城镇　　泊(bó)头市
柴沟堡(bǔ)镇　　揣(chuāi)骨　　疃(tuǎn)镇　　大(dài)城县
藁(gǎo)城区　　黄骅(huá)市　　滹(hū)沱河　　涞(lái)水县
乐(lào)亭县　　新乐(lè)市　　蠡(lǐ)县　　滦(luán)县
鄚(mào)州镇　　曲(qū)周县　　任(rén)丘市　　任(rén)县
洨(xiáo)河　　井陉(xíng)县　　井陉(xíng)矿区　　行(xíng)唐县

蔚(yù)县　　　　　临漳(zhāng)县　　涿(zhuō)州市

4. 山西省

万柏(bǎi)林区　　临汾(fén)市　　　崞(guō)阳镇　　　侯(hóu)马市
稷(jì)山县　　　　新绛(jiàng)县　　岢(kě)岚县　　　薛圐(kū)圙(lún)乡
静乐(lè)县　　　　祁(qí)县　　　　曲(qū)沃县　　　芮(ruì)城县
繁峙(shì)县　　　洪洞(tóng)县　　虒(sī)亭镇　　　赤泥洼(wā)乡
甽(wā)底镇　　　隰(xí)县　　　　襄(xiāng)垣(yuán)县
忻(xīn)州市　　　临猗(yī)县　　　岚漪(yī)河　　　应(yìng)县
垣(yuán)曲(qū)县　孟(yú)县　　　　西南舁(yú)乡　　长(zhǎng)子县

5. 内蒙古自治区

磴(dèng)口县　　　阿巴嘎(gā)旗　　扎赉(lài)特旗　　巴彦淖(nào)尔市
白灵淖(nào)乡

6. 辽宁省

调(diào)兵山市　　阜(fù)新市　　　桓(huán)仁满族自治县
迟家崴(wǎi)　　　岫(xiù)岩满族自治县

7. 吉林省

桦(huà)甸市　　　珲(hún)春市　　浑(hún)江区　　　蛟(jiāo)河市
镇赉(lài)县　　　图们(mén)市　　洮(táo)南市　　　肇(zhào)州县

8. 黑龙江省

阿(ā)城区　　　　穆棱(líng)市　　讷(nè)河市　　　绥(suí)棱(líng)县
梅里斯达斡(wò)尔族区　　　　　　嘉荫(yīn)县

9. 上海市

陆家浜(bāng)路　　堡(bǔ)镇　　　　重(chóng)固镇　　八埭(dài)头
北翟(dí)路　　　　汾(fén)阳路　　牯(gǔ)岭路　　　闵行(háng)区
庄行(háng)镇　　　南汇(lè)村　　　蕰(wēn)藻浜　　 莘(xīn)庄镇
闸(zhá)北区　　　颛(zhuān)桥镇

10. 江苏省

栟(bēn)茶镇　　　圌(chuí)山　　　氾(fàn)水镇　　　如皋(gāo)市
邗(hán)江区　　　㵉(jiàng)港镇　　溧(lì)水区　　　溧(lì)阳市

附录A　容易读错的地名、姓氏字音

六(lù)合区	甪(lù)直镇	邳(pī)州市	栖(qī)霞山
溱(qín)潼镇	北厍(shè)镇	沭(shù)阳县	睢(suī)宁县
盱(xū)眙(yí)县	浒(xǔ)墅关镇	桠(yā)溪镇	建邺(yè)区
新沂(yí)市	鼋(yuán)头渚(zhǔ)		

11. 浙江省

崔家岙(ào)	澉(gǎn)浦(pǔ)镇	北麂(jǐ)乡	筧(jiǎn)桥镇
会(kuài)稽山	丽(lí)水市	西泠(líng)桥	甪(lù)堰
渌(lù)渚(zhǔ)镇	天姥(mǔ)山	瓯(ōu)海区	虎跑(páo)
泉浦(pǔ)江县	衢(qú)州市	景宁畲(shē)族自治县	
嵊(shèng)州市	嵊(shèng)泗(sì)县		遂(suì)昌县
台(tāi)州市	天台(tāi)县	婺(wù)城区	南浔(xún)区
黄垟(yáng)乡	鄞(yín)州区	乐(yuè)清市	

12. 安徽省

蚌(bèng)埠(bù)市	亳(bó)州市	槎(chá)水镇	天长(cháng)市
长(cháng)丰县	滁(chú)州市	凌笪(dá)乡	砀(dàng)山县
涡(guō)阳县	濠(háo)河	泾(jīng)县	阚(kàn)疃(tuǎn)镇
六(lù)安市	祁(qí)门县	南谯(qiáo)区	谯(qiáo)城区
歙(shè)县	泗(sì)县	濉(suī)溪县	垌(tóng)炀(yáng)镇
黟(yī)县	南漪(yī)湖	弋(yì)江区	颍(yǐng)上县
埇(yǒng)桥区	无为(wéi)县	普济圩(wéi)	枞(zōng)阳县

13. 福建省

虎浿(bèi)镇	南埕(chéng)镇	北厝(cuò)镇	筶(gào)杯岛
冠(guàn)豸(zhài)山	闽侯(hòu)县	笏(hù)石镇	将(jiāng)乐(lè)县
琅(láng)岐镇	太姥(mǔ)山	莆(pú)田市	长汀(tīng)县
厦(xià)门	芗(xiāng)城区	东庠(xiáng)岛	曾(zēng)厝(cuò)垵(ān)
柘(zhè)荣县			

14. 江西省

| 新干(gàn)县 | 淦(gàn)河 | 岿(kuī)美山镇 | 醪(láo)桥镇 |
| 鄱(pó)阳县 | 婺(wù)源县 | 盱(xū)江 | 浔(xún)阳区 |

铅(yán)山县　　　　　弋(yì)阳县

15. 山东省

茌(chí)平县　　　徂(cú)徕(lái)山　　无棣(dì)县　　东阿(ē)县
沣(fēng)水镇　　　芝罘(fú)区　　　　堽(gāng)城镇　　峆(hè)塔埠
獾(huān)城镇　　　桓(huán)台县　　　莒(jǔ)县　　　　鄄(juàn)郓(yùn)河
鄄(juàn)城县　　　岢(kě)岚县　　　　大夼(kuǎng)镇　茆(màn)山镇
牟(mù)平区　　　　梁山泊(pō)　　　　曲(qū)阜市　　　临朐(qú)县
任(rén)城区　　　　单(shàn)县　　　　莘(shēn)县　　　临沭(shù)县
泗(sì)水县　　　　郯(tán)城县　　　　郲(táng)鄔(wú)镇
潍(wéi)坊(fāng)市　汶(wèn)上县　　　　兖(yǎn)州区　　　临沂(yí)市
峄(yì)山　　　　　昆嵛(yú)山　　　　郓(yùn)城县　　　淄(zī)博市
岞(zuò)山

16. 河南省

桐柏(bǎi)县　　　　泌(bì)阳县　　　　嵖(chá)岈(yá)山　瀍(chán)河回族区
酂(cuó)城镇　　　　郸(dān)城县　　　　马畈(fàn)镇　　　缑(gōu)氏镇
涡(guō)河　　　　　神垕(hòu)镇　　　　洹(huán)河　　　潢(huáng)川县
郏(jiá)县　　　　　漯(luò)河市　　　　渑(miǎn)池县　　中牟(mù)县
繁(pó)塔　　　　　濮(pú)阳市　　　　浉(shī)河区　　　汜(sì)水镇
睢(suī)县　　　　　睢(suī)阳区　　　　洧(wěi)川镇　　　大隗(wěi)镇
尉(wèi)氏县　　　　荥(xíng)阳市　　　陉(xíng)山　　　浚(xùn)县
鄢(yān)陵县　　　　郾(yǎn)城区　　　　平舆(yú)县　　　长垣(yuán)县
柘(zhè)城县　　　　武陟(zhì)县　　　　潍(zhì)阳镇　　　胙(zuò)城乡

17. 湖北省

掇(duō)刀区　　　　监(jiàn)利县　　　簰(pái)洲湾镇　　黄陂(pí)区
蕲(qí)春县　　　　硚(qiáo)口区　　　　璩(qú)湾镇　　　滠(shè)水
浠(wéi)水　　　　浠(xī)水县　　　　猇(xiāo)亭区　　郢(yǐng)城镇
应(yìng)城市　　　沅(yuán)市镇　　　　郧(yún)阳区　　　秭(zǐ)归县

18. 湖南省

郴(chēn)州市　　　枨(chéng)冲镇　　　　韶山冲(chōng)　吉峒(dòng)坪

筻(gàng)口镇	新晃(huǎng)侗族自治县	崀(làng)山	耒(lěi)阳市
醴(lǐ)陵市	洣(mǐ)水	汨(mì)罗市	祁(qí)阳县
沩(wéi)水	溆(xù)浦县	溁(yíng)湾镇	攸(yōu)县
姜畲(shē)镇	芷(zhǐ)江侗族自治县	茈(zǐ)湖口镇	陬(zōu)市镇

19. 广东省

大埔(bù)县	霞涌(chōng)街道	河涌(chōng)	良垌(dòng)镇
斗(dǒu)门区	东莞(guǎn)市	浛(hán)洸(guāng)镇	
鲘(hòu)门镇	道滘(jiào)镇	泔(jǐng)洲镇	迳(jìng)头镇
河塱(lǎng)镇	乐(lè)昌市	织篢(lǒng)镇	孖(mā)髻(jì)山
硇(náo)洲岛	番(pān)禺区	黄埔(pǔ)区	台(tái)山市
墰(tán)滨镇	高要(yāo)区	肇(zhào)庆市	

20. 广西壮族自治区

百(bǎi)色市	广笪(dá)村	中垌(dòng)镇	乐(lè)业县
平乐(lè)县	猛(měng)鸡特	罗城仫(mù)佬(lǎo)族自治县	
涠(wéi)洲岛	忻(xīn)城县	邕(yōng)宁区	邕(yōng)江

21. 海南省

儋(dān)州市	乐(lè)东黎族自治县

22. 重庆市

北碚(bèi)区	涪(fú)陵区	綦(qí)江区	洛碛(qì)镇
酉(yǒu)阳县			

23. 四川省

珙(gǒng)县	旌(jīng)阳区	筠(jūn)连县	阆(làng)中市
乐(lè)至县	岷(mín)江	郫(pí)县	犍(qián)为(wéi)县
跷(qiāo)碛(qì)藏族乡		邛(qióng)崃(lái)市	
什(shí)邡(fāng)市	遂(suì)宁市	汶(wèn)川县	华蓥(yíng)市
荥(yíng)经县	梓(zǐ)潼(tóng)县		

24. 贵州省

岑(cén)巩县	川硐(dòng)镇	花戛(jiá)乡	湄(méi)潭县
望谟(mó)县	石阡(qiān)县	琊(yá)川镇	桐梓(zǐ)县

25. 云南省

漾濞(bǐ)彝族自治县　　　西畴(chóu)县　　澜沧拉祜(hù)族自治县

勐(měng)海县　　　　　　牟(móu)定县　　怒江傈(lì)僳(sù)族自治州

宁(níng)蒗(làng)彝族自治县　梅子箐(qìng)　畹(wǎn)町(dīng)镇

26. 西藏自治区

噶(gá)尔县　　　岗(gǎng)巴县　　萨迦(jiā)县　　日喀(kā)则市

那(nā)曲地区　　曲(qū)水县　　　察隅(yú)县

27. 陕西省

灞(bà)桥区　　　彬(bīn)县　　　瓦窑堡(bǔ)　　吴堡(bǔ)县

子长(cháng)县　 澄(chéng)城县　虢(guó)镇

华(huà)山　　　 华(huà)阴市　　华(huà)州区

骊(lí)山　　　　安塞(sài)县　　柞(zhà)水县

28. 甘肃省

乩(bié)藏(zàng)镇　两当(dāng)县　宕(dàng)昌县

枹(fú)罕镇　　　　华(huá)亭县　　华(huá)池县

崆(kōng)峒(tóng)区　　　　　　　民乐(lè)县　　碌(lù)曲县

岷(mín)县洮(táo)河　　　　　　张掖(yè)市

29. 青海省

湟(huáng)中县　　乐(lè)都区

30. 宁夏回族自治区

汝箕(jī)沟镇

31. 新疆维吾尔自治区

准噶(gá)尔盆地　　　　　　　　伽(jiā)师县

巴音郭楞(léng)蒙古自治州　　　罗布泊(pō)

焉耆(qí)回族自治县　　　　　　鄯(shàn)善县

乌什(shí)县　　　　　　　　　　阿图什(shí)市

喀什(shí)市　　　　　　　　　　塔什(shí)库尔干塔吉克自治县

尉(yù)犁县

32. 香港特别行政区

大埔(bù)区　　深水埗(bù)　　湾仔(zǎi)　　尖沙咀(zuǐ)

33. 澳门特别行政区

氹(dàng)仔岛

34. 台湾省

西门町(dīng)　　茄(jiā)萣(dìng)区　　赤嵌(kàn)

二、容易读错的姓氏字音

A

蔼：ǎi　　　　卬：áng　　　　敖：áo

B

把：bǎ　　　霸：bà　　　柏：bǎi　　　摆：bǎi　　　拜：bài

葆：bǎo　　　暴：bào　　　瀑：bào　　　鲍：bào　　　梖：bēi

背：bèi　　　贲：bēn　　　奔：bēn　　　犇：bēn　　　邲：bì

芘：bì　　　　泌：bì　　　秘：bì　　　薜：bì　　　　辟：bì

扁：biǎn　　　卞：biàn　　　汴：biàn　　　弁：biàn　　　邠：bīn

邴：bǐng　　　泊：bó　　　孛：bó　　　薄：bó　　　　卜：bǔ

簿：bù

C

采：cǎi　　　藏：cáng　　　操：cāo　　　岑：cén　　　镡：chán/tán

单于：chán yú　　长：cháng　　　苌：cháng　　　昶：chǎng　　　朝：cháo

晁：cháo　　　车：chē　　　忱：chén　　　谌：chén/shèn　　　称：chēng

晟：chéng　　　乘：chéng　　　庱：chěng　　　郗：chī/xī　　　茌：chí

叱：chì　　　叱干：chìgān　　　冲：chōng　　　种：chóng/zhǒng

重：chóng/zhòng　　　俦：chǒu　　　处：chǔ　　　褚：chǔ　　　揣：chuǎi

啜：chuài　　　传：chuán　　　钏：chuàn　　　椿：chūn　　　刺：cì

爨：cuàn

D

笪: dá	答: dá	达奚: dáxī	大: dà	岱: dài
逮: dài	单: dān/shàn	啖: dàn	当: dāng	档: dàng
砀: dàng	鞮: dī	荻: dí	翟: dí/zhái	邸: dǐ
娣: dì	耵: dīng	栋: dòng	斗: dǒu	窦: dòu
都: dū	度: dù	耑: duān	碓: duì	囤: dùn

E

| 阿: ē | 陑: ér |

F

发: fā	藩: fān	氾: fán	邡: fāng	斐: fěi
蚡: fén	偾: fèn	酆: fēng	缝: féng	鄜: fū
符: fú	苻: fú	宓: fú/mì	洑: fú	父: fǔ
甫: fǔ	阜: fù

G

改: gǎi	盖: gài/gě	干: gān	淦: gàn	冈: gāng
江: gāng	罡: gāng	岗: gǎng	皋: gāo	篙: gāo
杲: gǎo	郜: gào	戈: gē	阁: gé	颌: gé
葛: gě	艮: gèn	赓: gēng	共: gōng/gòng	供: gōng
缑: gōu	勾: gōu/gòu	榖: gǔ	榖梁: gǔliáng	冠: guān/guàn
筦: guǎn	观: guàn	丱: guàn	丱丘: guànqiū	观: guàn
妫: guī	圭: guī	邽: guī	珪: guī	炅: guì
炔: guì	过: guō	呙: guō	虢: guó

H

哈: hǎ	顸: hān	憨: hān	闬: hàn	撖: hàn
蒿: hāo	郝: hǎo	号: hào	皓: hào	鄗: hào
诃: hē	郃: hé	荷: hé	佫: hè	赫: hè
横: héng	侯: hóu	吼: hǒu	候: hòu	郈: hòu
闳: hóng	轷: hū

附录A 容易读错的地名、姓氏字音

斛：hú 斛律：húlǜ 怘：hù 华：huà/huá 话：huà
鮭：huà 还：huán 桓：huán 洹：huán 峘：huán
郇：huán/xún 肓：huāng 皇：huáng 皇甫：huángfǔ 讳：huì
惠：huì 蕙：huì 濩：huò 蠖：huò

J

几：jī 姬：jī 秸：jī 稽：jī 姞：jí
戢：jí 藉：jí 济：jǐ 纪：jǐ/jì 蓟：jì
暨：jì 稷：jì 葭：jiā 郏：jiá 荚：jiá
假：jiǎ 间：jiān 菅：jiān 筏：jiān 蕑：jiǎn
蹇：jiǎn 监：jiàn 渐：jiàn 将：jiāng 降：jiàng
矫：jiǎo 敫：jiǎo 皦：jiǎo 教：jiào 结：jié
絜：jié 靳：jìn 俱：jū 娵：jū 琚：jū
莒：jǔ 遽：jù 隽：juàn 圈：juàn 角：jué
觉：jué

K

阚：kàn 亢：kàng 伉：kàng 可：kě 空：kōng
蒯：kuǎi 郐：kuài 匡：kuāng 邝：kuàng 隗：kuí/wěi
夔：kuí 堃：kūn 适：kuò

L

稂：láng 乐：lè/yuè 羸：léi 郦：lì 栗：lì
溧：lì 枥：lì 莨：liáng 了：liǎo 蔺：lìn
泠：líng 令狐：línghú 禄：lù 逯：lù 甪里：lùlǐ
闾：lú 闾丘：lúqiū 栾：luán 滦：luán 銮：luán
论：lùn 雒：luò

M

厐：máng 茆：máo 冒：mào 蒙：méng 祢：mí
糜：mí 弥：mí 芈：mǐ 弭：mǐ 宓：mì/fú
祕：mì 丏：miǎn 沔：miǎn 缪：miào 闵：mǐn

麽：mó　貊：mò　貉：mò　万俟：mòqí　牟：móu/mù
沐：mù

N

那：nā　迺：nǎi　能：nài　伲：nài　铙：náo
倪：ní　倪：ní　粘：nián　乜：niè　宁：níng
甯：nìng　侬：nóng

O

区：ōu　偶：ǒu　欧阳：ōuyáng

P

番：pān　泮：pàn　逄：páng　裴：péi　邳：pī
匹：pǐ　骈：pián　朴：piáo　泙：píng　鄱：pó
繁：pó　仆：pú　仆固：púgù　莆：pú　蒲：pú
璞：pú　濮：pú　濮阳：púyáng　溥：pǔ

Q

其：qí　戚：qī　奇：qí　亓：qí　亓官：qíguān
圻：qí　祁：qí　綦：qí　蕲：qí　綮：qí
岂：qǐ　綮：qǐ　卡：qiǎ　乾：qián　茜：qiàn
强：qiáng　谯：qiáo　硚：qiáo　且：qiě　切：qiè
郄：qiè　芩：qín　覃：qín/tán　仇：qiú　曲：qū
诎：qū　麴：qū　瞿：qú　璩：qú　蘧：qú
阙：què

R

荛：ráo　饶：ráo　任：rén　壬：rén　戎：róng
肜：róng　儒：rú　茹：rú　汝：rǔ　阮：ruǎn
芮：ruì

S

撒：sā　萨：sà　散：sǎn　色：sè　莎：shā

附录A 容易读错的地名、姓氏字音

杉：shān　　苫：shān　　单：shàn/dān　　稍：shāo　　少：shào
召：shào/zhào　　韶：sháo　　邵：shào　　绍：shào　　佘：shé
折：shé/zhé　　舍：shè　　厍：shè　　莘：shēn　　砷：shēn
谌：shèn/chén　　昇：shēng　　陞：shēng　　省：shěng/xǐng　　盛：shèng
什：shí　　实：shí　　莳：shì　　奭：shì　　殳：shū
术：shù　　戍：shù　　庶：shù　　闩：shuān　　谁：shuí
侣：sì　　姒：sì　　俟：sì　　宿：sù　　傫：sù
眭：suī　　睢：suī　　崇：suì　　遂：suì　　莜：suǒ

T

褟：tā　　台：tái　　邰：tái　　覃：tán/qín　　澹台：tántái
镡：tán/chán　　汤：tāng　　提：tí　　逷：tí　　佟：tóng
仝：tóng　　钭：tǒu　　魋：tuí　　庹：tuǒ　　拓：tuò
拓跋：tuòbá

W

宛：wǎn　　雯：wén　　韦：wéi　　为：wéi　　隗：wěi/kuí
薳：wěi　　尉：wèi　　汶：wèn　　邬：wū　　毋：wú
吾：wú　　仵：wǔ

X

浠：xī　　郗：xī/chī　　奚：xī　　淅：xī　　谿：xī
羲：xī　　鄎：xī　　螇：xī　　隰：xí　　系：xì
郤：xì　　舃：xì　　叚：xiá　　夏侯：xiàhóu　　鲜：xiān
鲜于：xiānyú　　琄：xián　　冼：xiǎn　　藓：xiǎn　　线：xiàn
相：xiāng/xiàng　　襄：xiāng　　巷：xiàng　　相里：xiànglǐ　　筱：xiǎo
校：xiào　　浡：xiào　　颉：xié　　解：xiè　　偰：xiè
澥：xiè　　燮：xiè　　忻：xīn　　歆：xīn　　兴：xīng
行：xíng　　省：xǐng/shěng　　夐：xiòng　　脩：xiū　　胥：xū
顼：xū　　襺：xuān　　旋：xuán　　咺：xuǎn　　铉：xuàn
穴：xué　　血：xuè　　郇：xún/huán

Y

轧：yà	燕：yān	兖：yǎn	彦：yàn	焱：yàn
幺：yāo	要：yāo	铫：yáo	耶律：yélù	邺：yè
揖：yī	沂：yí	扆：yǐ	弋：yì	荫：yīn
鄞：yín	尹：yǐn	应：yīng	瀛：yíng	嬴：yíng
雍：yōng	湧：yǒng	攸：yōu	尤：yóu	浟：yóu
酉：yǒu	祐：yòu	於：yū	予：yú	馀：yú
虞：yú	语：yǔ	与：yǔ	庾：yǔ	蔚：yù
尉迟：yùchí	垣：yuán	沅：yuán	爰：yuán	苑：yuàn
乐：yuè/lè	妘：yún	郓：yún	员：yùn	恽：yùn
郓：yùn				

Z

载：zài	昝：zǎn	臧：zāng	迮：zé	择：zé
笮：zé	曾：zēng	查：zhā	扎：zhá	翟：zhái/dí
砦：zhài	祭：zhài	占：zhān	湛：zhàn	漳：zhāng
仉：zhǎng	长孙：zhǎngsūn		爪：zhǎo	肇：zhào
召：zhào/shào	折：zhé/shé	柘：zhè	甄：zhēn	正：zhèng
芷：zhǐ	只：zhǐ	芷：zhǐ	郅：zhì	锺：zhōng
种：zhǒng/chóng	重：zhòng/chóng		诸葛：zhūgě	邾：zhū
竺：zhú	颛孙：zhuānsūn	转：zhuǎn	禚：zhuó	訾：zī
梓：zǐ	鬷：zōng	驺：zōu	俎：zǔ	卒：zú

附录B
新闻稿件中常见的专业词语

一、时政类专业词语

"国事访问"——指一国元首或政府首脑受到另一国家元首或政府首脑的邀请而对该国进行的一种正式访问,接待规格非常正式,是两个国家间最高规格的外交交流。

"正式访问"——指一国领导人应另一国领导人的正式邀请,对邀请国进行的访问。

"工作访问"——指一国元首或政府首脑应另一国家元首或政府首脑之邀,对该国进行的以工作为主的访问,访问时间较国事、正式访问短。

"两会"——是对历年召开的"中华人民共和国全国人民代表大会"和"中国人民政治协商会议"的统称。由于两场会议会期基本重合,而且对于国家运作的重要程度都非常的高,故简称"两会"。各级地方人大及政协的全体会议的会期全部基本重合,所以两会的名称可以同时适用于中央及地方。

"常委"——是"常务委员"或"常务委员会委员"的简称,是常务委员会的成员,一般习惯上常委指党委常委较多。常委在代表大会闭会期间,担负该组织的日常决策任务。如：中共中央政治局常委、省委常委、市委常委、县委常委、区委常委。

"四大班子"——是指中央到县(区)各级政府部门的领导群体：一是党委领导班子；二是人大领导班子；三是政府领导班子；四是政协领导班子。简称"四大班子"。

"四风问题"——指形式主义、官僚主义、享乐主义和奢靡之风。这"四风"问题，由习近平总书记2013年6月18日在北京召开的党的群众路线教育实践活动工作会议上提出。

"四个全面"——即全面建成小康社会、全面深化改革、全面依法治国、全面从严治党。由习近平总书记2014年年底在江苏调研时首次提出，是实现治国理政现代化的顶层设计，是中国复兴伟业的战略路线图。

"一带一路"——是指"丝绸之路经济带"和"21世纪海上丝绸之路"。丝绸之路经济带，2013年9月由习近平总书记在哈萨克斯坦纳扎尔巴耶夫大学演讲时提出。是中国与西亚各国之间形成的一个在经济合作区域，大致在古丝绸之路范围之上，东边牵着亚太经济圈，西边系着发达的欧洲经济圈。21世纪海上丝绸之路，是2013年10月习近平总书记访问东盟时提出的战略构想。海上丝绸之路自秦汉时期开通以来，一直是沟通东西方经济文化交流的重要桥梁，而东南亚地区自古就是海上丝绸之路的重要枢纽和组成部分。"一带一路"不是一个实体和机制，而是合作发展的理念和倡议，是充分依靠中国与有关国家既有的双多边机制，借助既有的、行之有效的区域合作平台，旨在借用古代"丝绸之路"的历史符号，高举和平发展的旗帜，积极主动地发展与沿线国家的经济合作伙伴关系，共同打造政治互信、经济融合、文化包容的利益共同体、命运共同体和责任共同体。

"APEC"——是亚洲太平洋经济合作组织的简称，是亚太地区最具影响的经济合作官方论坛。截至2014年9月，亚太经合组织共有21个正式成员和3个观察员。

"自贸区"——自由贸易区的简称，是指在贸易和投资等方面比世贸组织有关规定更加优惠的贸易安排；在主权国家或地区的关境以外，划出特定的区域，准许外国商品豁免关税自由进出。实质上是采取自由港政策的关税隔离区。

"顶层设计"——工程学术语，工程学中的本义是统筹考虑项目各层次和各要素，追根溯源，统揽全局，在最高层次上寻求问题的解决之道。"顶层设计"在中共中央关于"十二五"规划的建议中首次出现,目前正成为我国新的政治名词,是政府统筹内外政策和制定国家发展战略的重要思维方法。

"互联网+"——是互联网思维的进一步实践成果,它代表一种先进的生产力,推动经济形态不断地发生演变,从而带动社会经济实体的生命力,为改革、创新、发展提供广阔的网络平台。通俗来说,"互联网+"就是"互联网+各个传统行业",但这并不是简单的两者相加,而是利用信息通信技术以及互联网平台,让互联网与传统行业进行深度融合,创造新的发展生态。

"京津冀协同发展"——核心是京津冀三地作为一个整体协同发展,要以疏解非首都核心功能、解决北京"大城市病"为基本出发点,调整优化城市布局和空间结构,构建现代化交通网络系统,扩大环境容量生态空间,推进产业升级转移,推动公共服务共建共享,加快市场一体化进程,打造现代化新型首都圈,努力形成京津冀目标同向、措施一体、优势互补、互利共赢的协同发展新格局。

"NGO"——非政府组织。是"Non-Governmental Organizations"的英文缩写,是指除政府和企业以外的其他非营利性的社会组织。主要从事济困扶贫、环境保护、社区发展等公益事业。在我国称为民间组织,包括社会团体、基金会、民办非企业单位等。

"G7"——是指七国集团首脑会议,是七个最发达的工业化国家(美国、日本、德国、英国、法国、意大利和加拿大)的国家元首或政府首脑就共同关心的重大问题进行磋商会晤的机制。

"G20"——是指20国集团,是一个国际经济合作论坛,于1999年9月25日由八国集团(G8)的财长在华盛顿宣布成立,属于布雷顿森林体系框架内非正式对话的一种机制,由原八国集团以及其余12个重要经济体组成。该组织的宗旨是为推动已工业化的发达国家和新兴市场国家之间就实质性问题进行开放及有建设性的讨论和研究,以寻求合作并促进国际金融稳定和经济的持续增长。

"金砖国家"——最初是指巴西、俄罗斯、印度和中国四国。因为这四国英文首字母组成的"BRIC"一词发音与英文的"砖块"非常相似,所以被称为"金砖四国"。2010年12月,南非正式加入后,其英文单词变为"BRICS",并改称为"金砖国家"。

"新常态"——是指由过去的状态向一种新的相对稳定的常态的转变。党的十八大以来,我国经济、政治、文化和社会生活方方面面呈现出一系列新常态,主要有经济新常态、从严治党新常态、社会治理新常态、文化强国新常态、生态文明新常态等。

二、财经类专业词语

"恩格尔系数"——是指居民家庭中食物支出占消费总支出的比重,是衡量一个家庭或一个国家富裕程度的主要标准之一。

"同比增长"——是指和上一时期、上一年度或历史相比的增长(幅度)。

"环比增长"——是指现在的统计周期与上一个统计周期相比的增长(增幅)。

"预算"——是指国家机关、团体和事业单位等对于未来一定时期内的收入和支出的计划。

"决算"——是指根据年度预算执行的结果而编制的年度会计报告。

"存款准备金"——是指金融机构为保证客户提取存款和资金清算需要而准备的在中央银行的存款,中央银行要求的存款准备金占其存款总额的比例就是存款准备金率。

"基准利率"——是金融市场上具有普遍参照作用的利率,其他利率水平或金融资产价格均可根据这一基准利率水平来确定。基准利率是利率市场化机制形成的核心,它在整个金融市场和利率体系中处于关键地位,起决定作用,它的变化决定了其他各种利率的变化。在我国,以中国人民银行对国家专业银行和其他金融机构规定的存贷款利率为基准利率,也称为法定利率。

"国际货币基金组织"——简称IMF,与世界银行同时成立、并列为世界两大金融机构之一,其职责是监察货币汇率和各国贸易情况,提供技术和资金协助,确保全球金融制度运作正常。

"经济软着陆"——指国民经济的运行经过一段过度扩张之后,平稳地回落到适度增长区间。

"美联储"——全称为美国联邦储备系统,是美国的中央银行。

"欧元区"——是指欧洲联盟成员中使用欧盟的统一货币——欧元的国家区域。

"GDP"——是指国内生产总值,即一个国家(国界范围内)所有常住单位在一定时期内生产的所有最终产品和服务的市场价格，是国民经济核算的核心指标，也是衡量一个国家或地区总体经济状况重要指标。

"GNP"——是指国民生产总值，指一个国家(或地区)所有国民在一定时期内新生产的产品和服务价值的总和。

"WTO"——世界贸易组织的英文简称，是当今最重要的国际经济组织之一，有"经济联合国"之称。

"CPI"——是指居民消费价格指数，是一个反映居民家庭一般所购买的消费商品和服务价格水平变动情况的宏观经济指标。

"C2C"——是电子商务的专业用语，是英文Consumer to Consumer的缩写，意思就是个人与个人之间的电子商务。

"B2B"——是电子商务的专业用语，是英文Business to Business的缩写，是指企业对企业之间的营销关系。

三、体育类名词

"NBA"——美国职业篮球联赛的英文缩写，中文简称"美职篮"，是世界上水平最高的篮球联赛、美国四大职业体育联赛之一。

"CBA"——中国男子篮球职业联赛的英文缩写，是由中国篮球协会所主办的跨年度主客场制篮球联赛，中国最高等级的篮球联赛。

"FIFA"——国际足球联合会的英文缩写，简称国际足联。

"VS"——是拉丁文versus的简写，表示"相对照、相对立"等意思。体育报道中，表示谁跟谁进行比赛。

"KO"——是英语Knock Out的英文简称，在拳击赛时一方把对方击昏(或击倒)时使用。

"大满贯"——在国际体坛上一般是指网球选手在一年内囊括澳大利亚网球公开赛、温布尔登网球公开赛、法国网球公开赛、美国网球公开赛四项赛事的桂冠。在中国体坛，一般是指一个运动员或某支运动队在某个项目中获得过包括奥运会、世界锦标赛，世界杯三大赛的单项个人或集体冠军。现在也延伸于影坛和乐坛奖项，以形容及证明该领域中的杰出性及包揽性。

"赛点"——网球、乒乓球、羽毛球等球类比赛进行到最后阶段,一方再得分即可获胜,这时称为比赛的赛点。

"帽子戏法"——在足球比赛中,一名队员3次将球踢进对方球门(但不包括在决定比赛胜负的点球大战中的进球),叫作"上演帽子戏法"。另外,"帽子戏法"的应用范围不只限于体育领域,人们还用它形容连续3次的成功。

"梅开二度"——是一句成语,意思指同一件事成功地做到两次。此成语在足球比赛中很常见,意指在足球比赛中一名足球员在一场赛事中进两球。

"卫冕"——指竞赛中保住上次获得的冠军称号。

"百步穿杨"——本义指能在一百步以外射穿指定的某一片杨树叶子。后用"百步穿杨"形容射箭和射击比赛中箭法或枪法非常高明。

四、教育类专业词语

"MBA"——是工商管理硕士的英文简称,是培养能够胜任工商企业和经济管理部门高层管理工作需要的务实型、复合型和应用型高层次管理人才的专业硕士学位,在培养过程中特别强调在掌握现代管理理论和方法的基础上,通过商业案例分析、实战观摩、分析与决策技能训练等培养学生的实际操作技能。

"EMBA"——是高级工商管理硕士的英文简称,是培养具有高度政治素养、责任心和职业道德的中、高层管理者的专业硕士学位。

"211工程"——是为了面向21世纪,迎接世界新技术革命的挑战,集中中央、地方各方面的力量,重点建设100所左右的高等学校和一批重点学科,使其达到或接近世界一流大学的水平的建设工程,目前有112所高校入选该工程。

"985工程"——是指为创建世界一流大学和高水平大学的建设工程,即"世界一流大学建设项目"。名称源自1998年5月4日,时任国家主席江泽民在北京大学百年校庆上发表建设世界一流大学的讲话时间命名,目前有39所高校入选该工程。

"独立学院"——是指实施本科以上学历教育的普通高等学校与国家机构以外的社会组织或者个人合作,利用非国家财政性经费举办的实施本科学历教育的高等学校。独立学院是民办高等教育的重要组成部分,属于公益性事业。

"自考"——高等教育自学考试的简称,是对自学者进行以学历考试为主的高等教育国家考试制度,是个人自学、社会助学、国家考试相结合的高等教育形式。

"成教"——指有别于普通全日制教学形式的教育形式。成人教育不限年龄,通过这个教育过程,使社会成员中被视为成年的人增长能力、丰富知识、提高技术和专业资格。

五、铁路列车班次

"G",代表高速列车的意思,读作:高。

"D",代表动车组的意思,读作:动。

"Z",代表直达列车的意思,读作:直。

"T",代表特快列车的意思,读作:特。

"K",代表快速列车的意思,读作:快。

"C",代表城际列车(城际)的意思,读作:城。

"L",代表临时旅客列车(临客)的意思,读作:临。

"Y",代表临时旅游列车的意思,读作:游。

参考文献

[1] 白龙.电视新闻播音技巧[M].北京：中国广播电视出版社，2004.

[2] 卜晨光，邹加倪.电视节目配音教程[M].北京：中国广播电视出版社，2011.

[3] 柴璠编.广播电视播音主持[M].北京：北京大学出版社，2014.

[4] 陈力丹.新闻理论十讲[M].上海：复旦大学出版社，2011.

[5] 陈雅丽.实用播音教程第3册——广播播音与主持[M].北京：中国传媒大学出版社，2002.

[6] 成文胜.广播新闻[M].北京：中国人民大学出版社，2013.

[7] 高钢.新闻报道教程：新闻采访新作的方法与技术[M].北京：高等教育出版社，2010.

[8] 高蕴英.教你播新闻[M].北京：中国广播电视出版社，2005.

[9] 何志武，石永军.广播电视新闻采访与写作[M].北京：高等教育出版社，2012.

[10] 李良荣.新闻学概论[M].第5版.上海：复旦大学出版社，2013.

[11] 李晓华.新闻播音节律特征研究[M].北京：中国传媒大学出版社，2008.

[12] 罗莉.实用播音教程第4册——电视播音与主持[M].北京：中国传媒大学出版社，2003.

[13] 罗莉.当代电视播音主持教程[M].北京：中国传媒大学出版社，2011.

[14] 莫林虎.财经新闻概论[M].杭州：浙江大学出版社，2013.

[15] 钱锋.广播栏目与广播主持[M].广州：暨南大学出版社，2012.

[16] 上海广播电视台播音主持业务指导委员会.播音员主持人语言文字规范手册

[M]. 上海：上海人民出版社，2015.

[17] 孙玉胜. 十年：从改变电视的语态开始[M]. 北京：生活·读书·新知三联书店，2003.

[18] 田园曲. 电影电视配音艺术[M]. 第2版. 北京：清华大学出版社，2014.

[19] 童云，周云. 文稿播读和新闻播音实务[M]. 北京：中国广播电视出版社，2011.

[20] 吴郁. 当代广播电视播音主持[M]. 第2版. 上海：复旦大学出版社，2011.

[21] 张颂. 中国播音学[M]. 北京：中国传媒大学出版社，2003.

[22] 赵俐，李昕. 实用口语表达与播音主持[M]. 北京：中国传媒大学出版社，2009.

[23] 中国传媒大学播音主持艺术学院. 广播节目播音主持[M]. 北京：中国传媒大学出版社，2015.

[24] 中国传媒大学播音主持艺术学院. 电视节目播音主持[M]. 北京：中国传媒大学出版社，2015.

[25] 仲梓源. 电视新闻播音主持教程[M]. 北京：中国传媒大学出版社，2008.

[26] 周旭东，唐远清. 新闻评论精要与案例评析[M]. 北京：中国传媒大学出版社，2014.

[27] [美]卡尔·豪斯曼，菲利普·本诺特，弗里兹·梅塞瑞，欧唐尼尔. 美国播音技艺教程[M]. 第5版. 王毅敏，刘日宇，译. 上海：复旦大学出版社，2007.